JN213735

世界一やさしい お金の教科書1年生

Dr.ちゅり男

ソーテック社

ご利用前に必ずお読みください

本書は株式、投資信託、ETF、保険、年金等の金融およびその他の商品の売買、投資の参考となる情報提供や技術解説をしています。投資商品の売買、投資の意思決定、最終判断はご自身の責任において行ってください。

本書に掲載した情報に基づいた投資結果に関しましては、著者および株式会社ソーテック社はいかなる場合においても責任は負わないものとします。

また、本書は2025年3月現在の情報をもとに作成しています。掲載されている情報につきましては、ご利用時には変更されている場合もありますので、あらかじめご了承ください。

以上の注意事項をご承諾いただいたうえで、本書をご利用願います。

※ 本文中で紹介している会社名、製品名は各メーカーが権利を有する商標登録または商標です。なお、本書では、©、®、TMマークは割愛しています。

Cover Design & Illustration…Yutaka Uetake

はじめに

近年、日本でも急激にインフレが進んでおり、食料品、日用品、燃料などの値上げが私たちの家計を直撃しています。

さらに、少子高齢化の影響で税金や社会保険料など現役世代の負担は年々増しており、毎月生活していくのがやっとで貯金する余裕がないという人も多いのではないでしょうか?

日本人は昔から「貯金好き」で、株式投資などのリスクを嫌う傾向があります。

ところが、日本人が好きな貯金はインフレに対して最も脆弱であり、預金中心の家計ではインフレ時代を生き抜くことはできません。インフレに対抗するためには、預金だけでなく、株式や債券、不動産などのインフレに強い資産をバランスよく保有する必要があります。

これらは値動きがあるリスク資産なので、元本割れで損をする可能性がありますが、リスクを抑えるコツを知り、長期的な視点で取り組めば将来大きな成果が期待できます。

近年では、手数料の安いネット銀行やネット証券が普及し、コストが激安な投資信託が登場するなど、私たちの「投資環境」は劇的に改善しています。

若い頃から資産形成の必要性に気がつきコツコツと実践してきた人と、お金に関して無頓着なままま老後を迎えた人で、ますます差が拡大する時代になっています。

本書では、お金の知識がゼロの方でもスムーズに資産形成に取り組めるよう、社会人であれば全員知っておくべきお金の知識を網羅しました。

世の中には、「お金を増やしたい！」という気持ちが強すぎるあまり、身の丈に合わないハイリスクな投資に手を出し、貴重なお金を失ってしまう方が後を断ちません。

実は、資産形成の土台となるのは「家計管理」と「貯蓄習慣」です。自分が毎月いくら稼ぎ、いくら使って、いくら貯金できているのかを正確に把握しなければ何をやってもうまくいきません。

「節約」と言うと苦しいイメージをお持ちの方も多いですが、固定費を中心に上手に削減すれば、苦労せずに年間数万円以上の節約になるケースもあります。

これまで家計に無頓着であった人ほど、本書でご紹介する節約術は効果が高いのでぜひ実践してみてください。

家計管理や貯蓄習慣が確立できたら、株式や債券、不動産などへの投資を検討する段階です。

数ある投資手法の中で、私が初心者の方におすすめするのはインデックス投資です。

インデックス投資とは、個別銘柄への投資と異なり、日経平均やS&P500などの株価指数そのものに投資する方法です。

投資信託やETFを通じて多数の銘柄に分散投資する方法なので一攫千金は狙えませんが、長期的にはお金が増える確率が高い堅実な方法です。

積立設定が可能で、銘柄を分析したり売買のタイミングを図る必要性がないため、多忙なビジネスマンには最適な方法だと思います。

インデックス投資の運用成果を最大化するためには、ＮＩＳＡやｉＤｅＣｏなどの非課税制度の利用が欠かせません。どちらも投資の運用益にかかる税金がゼロになる優れた制度ですが、ＮＩＳＡとｉＤｅＣｏは目的や制度設計が大きく異なります。

本書では、ＮＩＳＡとｉＤｅＣｏの上手な活用法から、両者の使い分けまで解説したのでぜひ参考にしてください。

本書の5時限目では「節税」について解説しました。

サラリーマンの方は所得税や住民税が給料から天引きされているため、税金に対して無頓着な方が多いです。ところが、実際にはサラリーマンでも活用できる「所得控除」がたくさんあり、年末調整や確定申告できちんと申請すれば年間10万円以上節税できるケースもあります。

毎年のように増税が続く世の中だからこそ、合法的な節税方法を知っておくことには大きな価値があります。

最後になりますが、本書を多くの人に読んでいただき、読者の皆様のお金に関する悩みを減らす一助になればそれに勝る喜びはありません。

お金の悩みがない豊かな老後に向けて、一緒にがんばっていきましょう！

目次

2時限目 資産形成の考え方を学ぼう！

3時限目 お金を増やす最も効率のいい方法は投資です！

4時限目 インデックス積立投資でお金を増やそう！

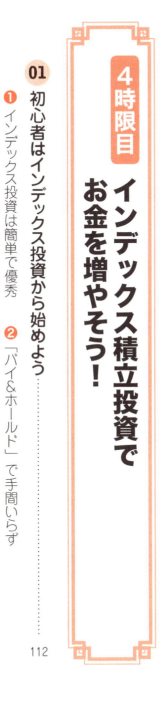

5時限目 支出を徹底的に減らそう！ 家計の節約術

6時限目 保険と年金の賢い入り方・辞め方

7時限目 転職、副業、スキルシェア、働いてお金を稼ぐ

1時限目

お金ってなんだろう?

お金について考えたことってありますか?
お金で自立を目指す前に、ちょっと考えてみましょう!

01 お金の歴史と役割を知っておこう！

1 お金は「信用」の上に成り立っている

私たちは日々の生活の中で当たり前のようにお金を使っており、世の中のあらゆる物やサービスを受け取るにはお金が必要なことを知っています。

しかし、日本ではお金に関する教育を受ける機会は少なく、お金について真剣に考えたことがある人は意外に少ないのではないでしょうか。

お金が誕生する以前、人々はお互いに自分の持っている物を交換（**物々交換**）して生活していました。

しかし、物々交換はお互いのニーズが合わないと交換が成立しないため、必要な物を確実に入手できないというデメリットがありました。

お金は時代によって形を変えてきましたが、どの時代でもお金はそれを使う人の「信用」の上に成り立っています。
お金の役割を見てみましょう。

そこで、誰もが価値を認めるものを用意し、**欲しいものと交換できる仕組み**を作り始めたのが**お金の始まり**と言われています。

お金の歴史は古く、貝や布、塩などの価値が明らかで保存が利くものをお金（物品貨幣）として使っていた時代から、銅銭や銀銭などの金属貨幣中心の時代、紙幣中心の時代へと移り変わってきました。その後、世界各国の中央銀行が発行した紙幣を同額の金と交換できる「**金本位制**」の時代を経て、現在は**中央銀行が自由に紙幣を発行できる「管理通貨制度」**に移行しています。

このように、お金は時代とともに姿形を変えてきましたが、**いつの時代も人々がお金の価値を信じているという「信用」の上に成立しています**。

現在私たちが使っているお金は、発行主体である国家の信用に基づいています。１００円玉や1万円札はただの金属や紙でしかなく、それ自体に価値があるわけではありません。

では、なぜ私たちはお金を使って様々な商品やサービスと交換できるかと言うと、それは国がお金の価値を保証してくれているからです。

国が硬貨や紙幣の信用を保証してくれなければ、私たちは毎日安心してお金を使うことはできません。よって、お金の本質は人々の信用を形にしたものと言えるのです。

2 お金には3つの役割があります！

お金には、**交換機能**、**価値尺度機能**、**価値保存機能**という3つの役割があります。

交換機能

私たちは**「お金には価値がある」という共通認識**を持つことで、物々交換をしなくてもお金を介して物やサービスを交換できるようになりました。お金の誕生によって取引が容易になったことで、世の中はどんどん便利かつ豊かになっていきました。

価値尺度機能

お金は物やサービスの**価値を測る尺度**になります。

お金によって価値を数値化したことで、**全く異なる商品やサービスの価値を比較できる**ようになり、人々は安心して取引できるようになりました。また、このお店は相場よりも価格が安い、高いといった判断を下せるようになったのです。

価値保存機能

物々交換や物品貨幣の時代と異なり、現在使われている貨幣や紙幣は腐ることがないので、**将来のために使わずに価値を貯めておくことができます**。

お金の「価値保存機能」によって、何年も貯金して**大きな買い物をしたり、長期的な資産形成や投資ができる**ようになりました。

交換機能

モノをお金に交換しておけば、いつでも好きなモノに交換できる

価値尺度機能

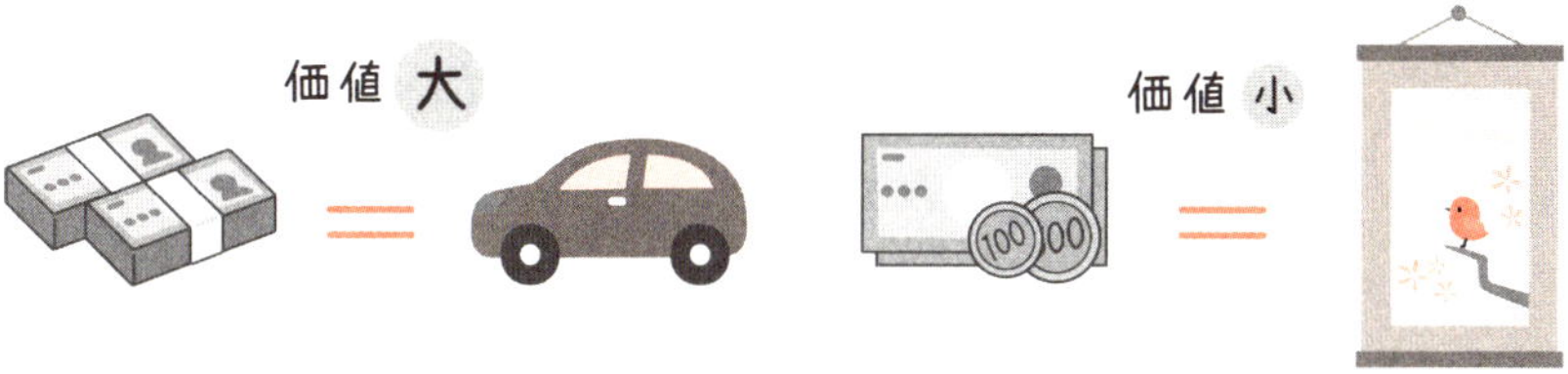

値段があれば、モノやサービスの価値がわかり比較できる

価値保存機能

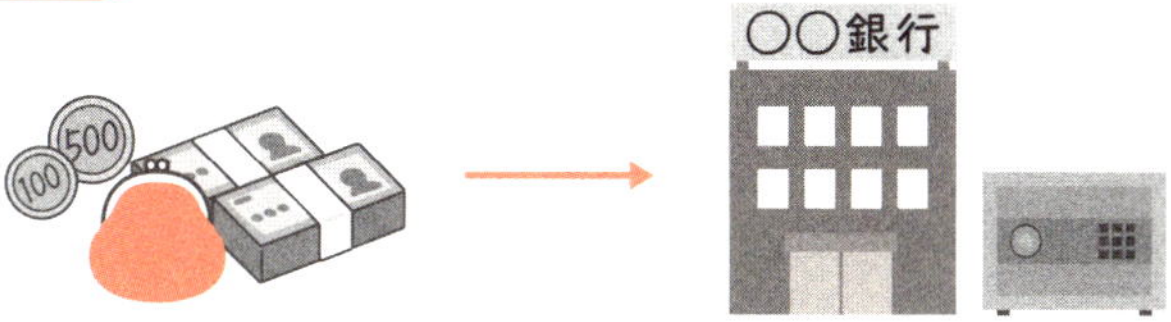

将来に備えて貯めておけば、高価なモノも手に入る

● お金の姿はこうして変わってきた

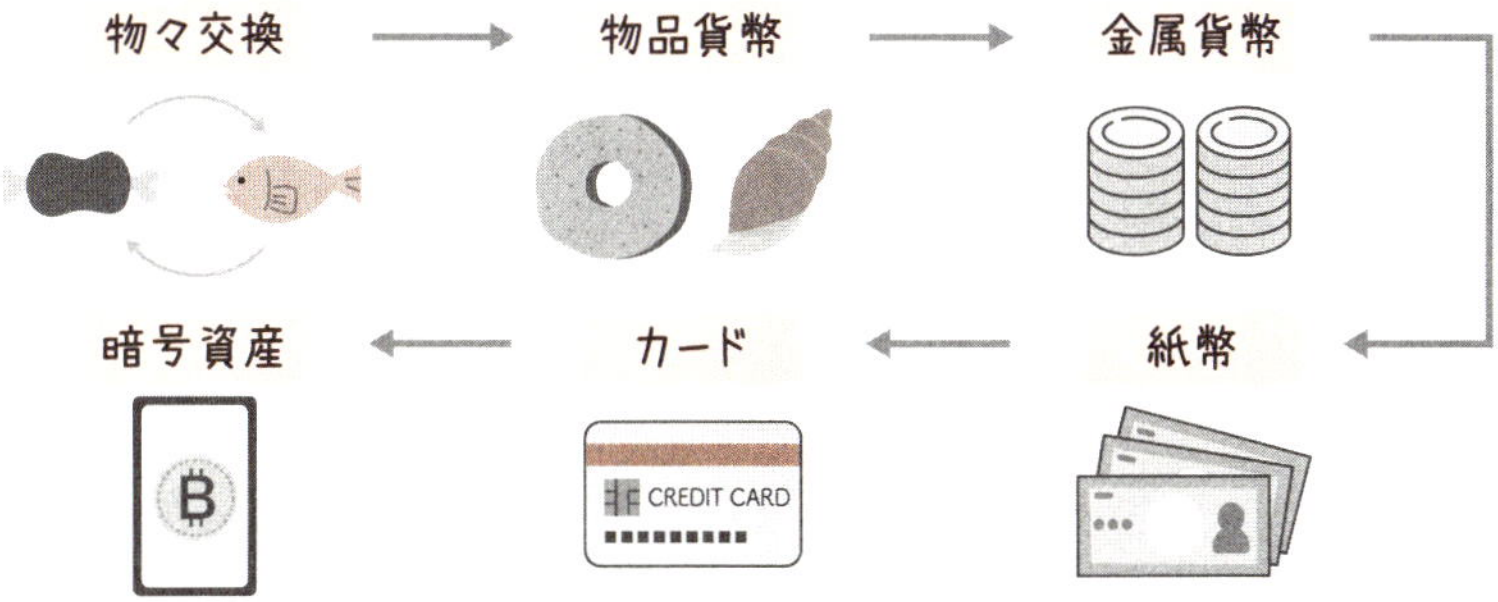

02 お金は通貨から電子データの時代へ

1 キャッシュレス決済の普及と注意点

インターネットが普及したことによって、現金ではなく、クレジットカードや電子マネー、スマホのコード決済などの「**キャッシュレス決済**」が広く利用されるようになりました。

お金を電子データでやり取りできるようになったことで、国際間の取引も活発になり、グローバル化の流れがどんどん加速しています。

日本国内にとどまらず、海外との商品やサービスのやり取りが促され、世界経済全体が活発化するのは大きなメリットです。

最近ではお財布を持たず、スマホでチャリーンと買物ができます。
形や国籍がない暗号資産も登場し、形の見えない通貨の時代がやってきました。

実感のないキャッシュレス

一方、消費者目線で考えた場合、キャッシュレス決済は現金決済と異なり**お金を使ったという実感が得られにくい**点に注意が必要です。

キャッシュレス決済は現金を持ち歩かなくて済み、便利なので今後ますます普及する可能性が高いですが、**お金の使いすぎに注意**しましょう。

特に、クレジットカードはカードで支払ったタイミングと実際の引き落としのタイミングがずれるので注意が必要です。

キャッシュレス決済であっても、自分が頑張って稼いだ大事なお金を使っているという事実は変わりません。

キャッシュレスだからと言ってあれもこれも無駄遣いするのではなく、これから自分が買う物に本当にその価値があるか、買う前に慎重に判断する習慣を身につけましょう。

● キャッシュレスのメリット、デメリット

キャッシュレスのメリット	キャッシュレスのデメリット
・お財布をもたなくても、支払いができる	・導入されていない店舗では使えない
・ポイントやマイルが貯まり、キャッシュバックやクーポンなどの割引がある	・複数のカードやアプリを使っていると、管理が面倒になる
・何にいつくら使ったかの履歴が残るので、お金の管理がしやすい	・カード番号や暗証番号を盗まれ不正利用される恐れがある
・タッチで支払いができるので、衛生的で清潔	・実物が見えないので、使いすぎてしまう
	・スマホのバッテリーが切れたり、不具合で使えないことがある

2 個人が海外資産に投資できる時代へ

国際的なお金のやり取りは、現金ではなく、各国の金融機関が利用する**決済ネットワーク**を通じて行われています。

お金が情報化され、国を超えて瞬時にやり取りできるようになったことで、私たちが利用できる金融商品や金融サービスの種類も急速に増えました。

昔は、日本人なら日本国内の株式や債券、不動産だけに投資するのが主流でしたが、今では米国やヨーロッパなどの**海外資産に簡単に投資できる**ようになっています。

投資にはリスクがあり、一部には自身のお金稼ぎを目的とした詐欺的な商品もあるので、実際に投資する時には慎重な判断が求められます。

しかし、現在ほど私たちがお金を増やせる投資機会が多い時代は未だかつてなく、一般人にも大きなチャンスが広がっている時代と言えるのです。

● 海外投資も国際的な決済ネットワークで簡単に

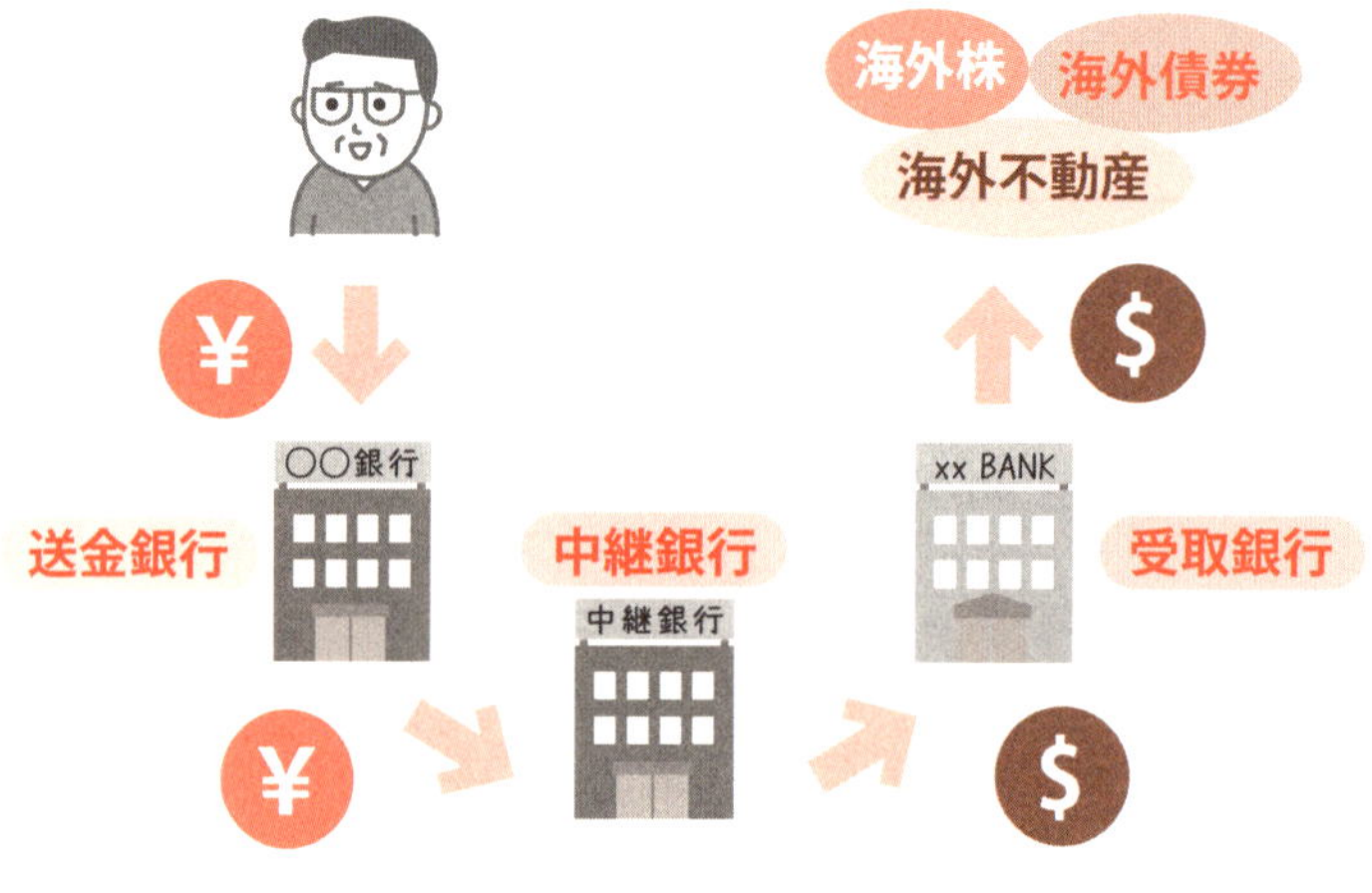

3 形も国籍もない「暗号資産」の誕生

２００８年には**ビットコインが誕生**し、史上初の形も国籍も持たない**暗号資産（仮想通貨）**が生まれました。

日本円や米ドルのように、国家が発行し、法律によって強制通用力が認められているものを「**法定通貨**」と言います。お金の本質は信用にありますが、法定通貨の場合は**発行主体である国家や銀行がその価値を保証**しています。

私たちが日々使っているキャッシュレス決済では現金は使いませんが、これは目に見えない形で日本円をやり取りしているだけなので、法定通貨の範疇になります。

発行主体がない暗号資産

一方、ビットコインなどの暗号資産には、法定通

● お金の信用元の移り変わり

	特徴	取引媒介	信用の裏付け
金本位制 1971年米ドルの金兌換停止まで	金と貨幣が交換可能(兌換紙幣)。経済成長の足かせになる	貨幣	金
管理通貨制 国家による法定通貨の発行と管理	不換紙幣。経済成長に合わせ貨幣量を調整できる	貨幣	国家
データ化・暗号資産 ITの発達に伴うデジタル貨幣の登場	決済や送金が簡便化。紛失や盗難のリスクが少ない。	トークン（暗号資産）	国家 or データ

貨のように国家や銀行などの**中央集権的な発行主体が存在しません**。また、暗号資産は全て電子データとして取引されるので、紙幣や硬貨のような物体が無いのも特徴です。

暗号資産は、市場の流通量や需給のバランスなどによって**法定通貨との交換レートが決定されており、暗号資産の取引所などを通じて法定通貨との交換**ができます。

しかし、国家が管理をせず、国家がその価値を保証しないという点で法定通貨とは全くの別物と言えるのです。

4 暗号資産の種類と将来性

暗号資産は「**ビットコイン**」とビットコイン以外の「**アルトコイン**」に分けられます。

世の中には2万種類以上の暗号資産がありますが、その中でビットコインが時価総額比率約60%と圧倒的な存在感を示しています。**初心者の方は暗号資産に関してはビットコインだけフォローすれば十分**です。

２０２４年の米国大統領選挙でトランプ氏が勝利した影響で、暗号資産への注目度が高まっています。トランプ氏は「米国を暗号資産の首都、ビットコイン超大国とする」などビットコイン投資に積極的な発言をしているからです。

また、ビットコインの戦略的備蓄を行うとも発言しており、米国政府がビットコインを備蓄した場合、市場供給量が減少するため、さらなる価格上昇が期待されています。

03 お金の価値は刻一刻と変化する

1 インフレとデフレでモノの価値が変わる

私たちが銀行に預けているお金の残高は、お金を引き出して使わない限り減ることはありません。

しかし、**現金そのものの実質的な価値は物価の変動によって刻一刻と変わっています。**

インフレ、デフレって？

物価が持続的に上昇傾向になることを**インフレーション（インフレ）**と言います。

インフレでは同じお金で買える商品やサービスの量が減ってい

モノの値段が上昇していくことをインフレといいます。その反対がデフレです。インフレが続くと、現金の価値がどんどん落ちていくことを知っていましたか？

くので、商品の価値が上がり、お金の価値が下がっている状態と理解できます。

逆に、**物価が持続的に下落**することを**デフレーション（デフレ）**と言います。

不景気になって消費が落ち込むと、企業側は商品の価格を下げるしかありません。これによって商品の価値が下がり、お金の価値が上がっていく状態がデフレです。

2 今の日本は「悪いインフレ」下にあります

バブル崩壊後の日本は「失われた30年」と呼ばれ、長期にわたって経済が低迷していました。

不況によって**デフレが続き、物価の上昇が抑えられていた**ので、資産の大半が預貯金でも問題ありませんでした。

２０２２年以降、ウクライナ紛争や円安などの影響によって日本でも**急速にインフレが進行**しています。

● インフレとデフレの違い

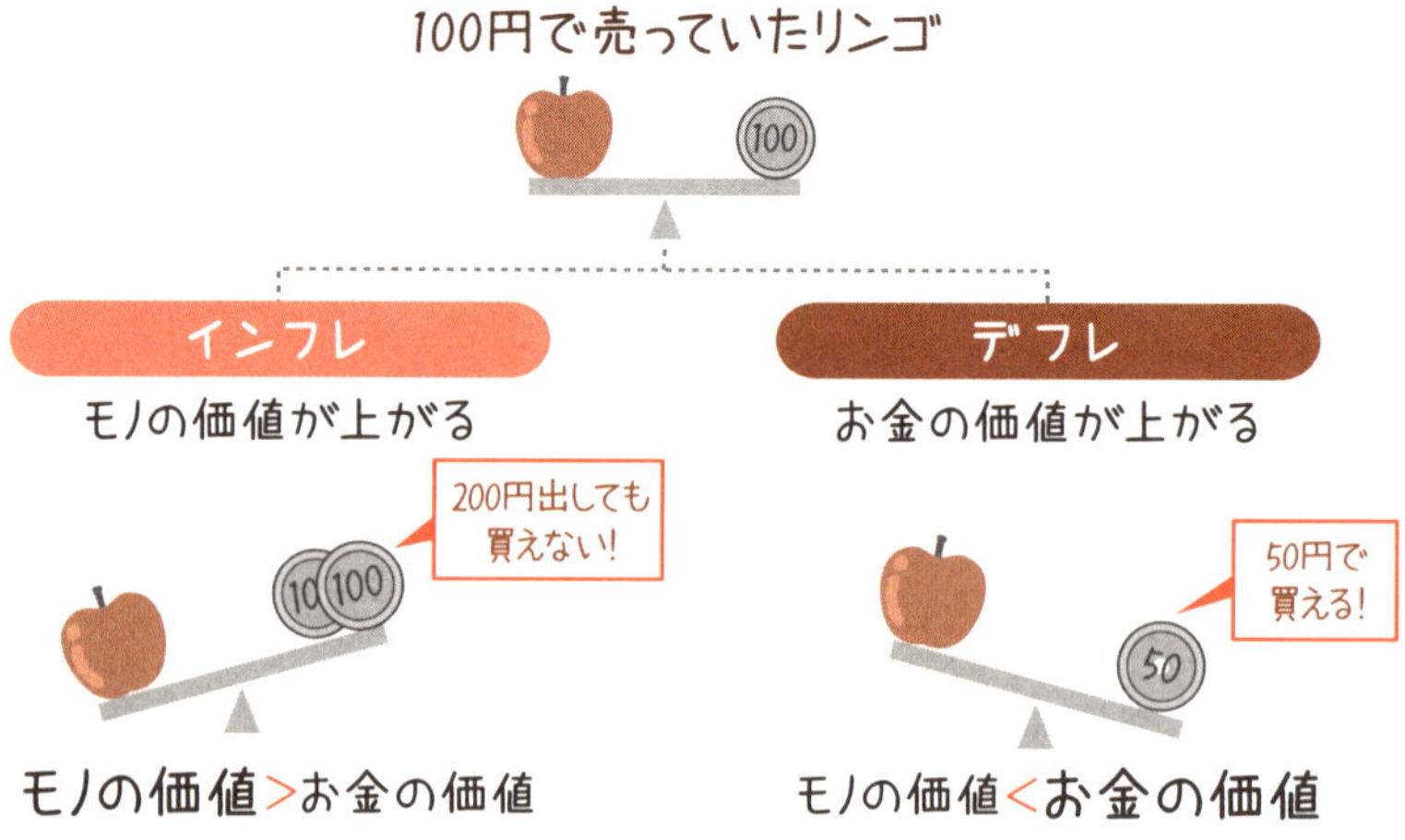

100円で売っていたリンゴ
100
インフレ
モノの価値が上がる
200円出しても買えない!
100
モノの価値>お金の価値
デフレ
お金の価値が上がる
50円で買える!
50
モノの価値<お金の価値

食料品、日用品、燃料などの生活必需品の価格はどんどん上がっており、日本人の家計を圧迫しています。

インフレによって、私たちが銀行に預けている**お金の価値はここ数年で急激に低下している**ことを知っておきましょう。

では、インフレそのものが悪かと言うとそうではなく、実は健全な経済成長のためには毎年2％程度の緩やかなインフレは望ましいものとされています（**リフレーション**）。

インフレがゆっくり進んでいる状態では、商品やサービスがどんどん生産され、消費者が買う量が増えるため、企業の収益が伸び、その結果労働者の賃金も伸びていくという好循環が生まれるからです。

悪いインフレの原因とは？

しかし、今の日本で起きているのは「**悪いインフレ**」です。

物価上昇の主な原因が、消費や需要の増加によるものではなく、**円安や原材料費の高騰など別の要因**だからです。

物価だけが上昇しても、不景気で需要が落ち込んだままであれば商品は売れません。商品が売れなければ企業は儲からず、従業員の賃金も上がらないため、ますます消費が冷え込みます。これを**スタグフレーショ**

● スタグフレーションとは

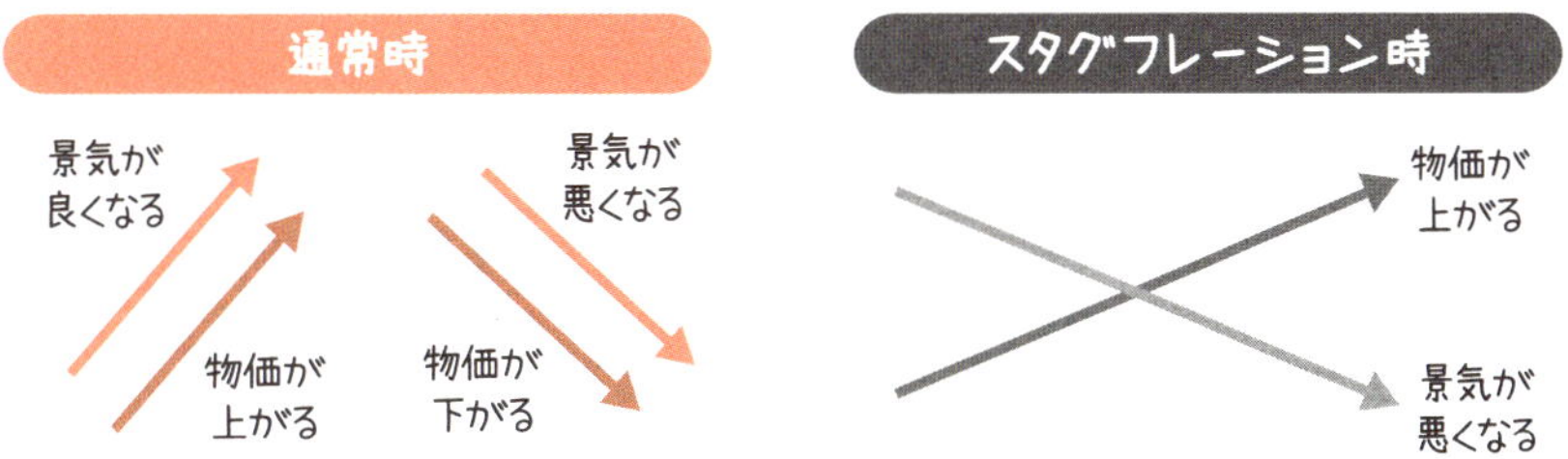
通常時
景気が良くなる
物価が上がる
景気が悪くなる
物価が下がる
スタグフレーション時
物価が上がる
景気が悪くなる

ンと言います。

物価の上昇に合わせて消費が活性化し、賃金も伸びるのが良いインフレの特徴ですが、今の日本ではインフレのスピードに賃金上昇のスピードが全く追いついていないのが現状です。

3 インフレ時代に預貯金では対応できない

今の日本のように、インフレや円安が急速に進み、賃金が伸び悩んでいる状況では、**預貯金だけでは自分の資産を守ることができません**。

資産の一部に**株式や債券、不動産、金（ゴールド）などのインフレに強いものを組み入れて**、インフレや円安から資産を守る工夫が求められます。

株式などの預貯金以外の資産は、相場によって資産価値が変動するため、**元本が保証されていない**点に注意が必要です。

「投資は損をする可能性がある怖いもの」というイメージをお持ちの方が多いですが、少ない金額から始め、長期的な視

● インフレでお金の価値が急速に低下

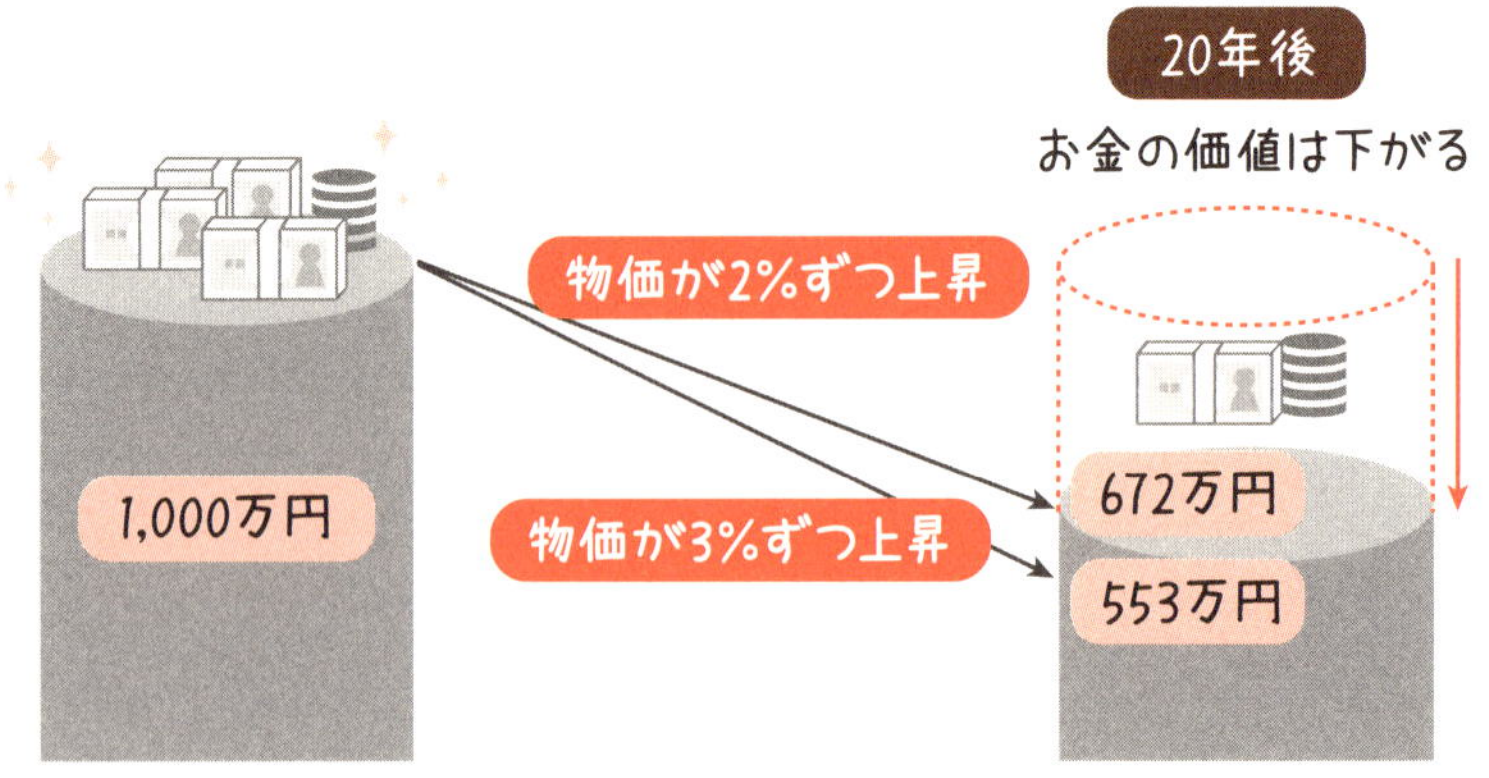

20年後
お金の価値は下がる
物価が2%ずつ上昇
物価が3%ずつ上昇
1,000万円
672万円
553万円

点を持ってコツコツと取り組めば、リスクを抑えながら資産運用することは十分に可能です。

本書では、初心者の方でも簡単に実践できる資産形成術を順番に解説していきます。

ここでは、家計資産の全てが現金や預貯金というのも偏りが大きく、実は危険な状態であるという事実だけ覚えておきましょう。

● インフレに強い資産、弱い資産

インフレに強い資産	インフレに弱い資産
➤ 株式投資	➤ 現金
➤ 投資信託	➤ 預金
➤ 債券投資	
➤ 金投資	
➤ 不動産投資	

04

お金の心理学

1 なぜ不合理な判断をしてしまうのか？

私たちは、日々の生活の中でお金に関する意思決定を何度も行っています。

将来の自分にとってプラスになる合理的なお金の使い方をしようと心がけていても、つい**衝動買いや無駄遣いといった不合理な判断**をしてしまった経験は誰にでもあるのではないでしょうか。

これは、人間がそもそも100％合理的に判断し続けることができない生き物だからです。

人間は常に合理的に行動できるわけではないという前提に立ち、実際の人間の行動の中から、人間が意思決定する時の癖や傾向を

私たちは、得をしようとして、反対に損するような判断をするなど、合理的な判断ができないことが多々あります。
なぜでしょうか？

研究する学問を「**行動経済学**」と言います。

ここでは、行動経済学やお金の心理学に関する過去の研究結果の中から、有名で知っておくと役に立つものをいくつかご紹介します。

2 損失回避性——利益を得た喜びより損した時が辛い

人間は**利益を得た時よりも、同じ金額を失った時の方が重く感じる**ことが分かっています。

たとえば、「絶対に1000万円もらえる案件」と「50％の確率で2000万円もらえる案件」があった場合、期待値はどちらも1000万円で変わりません。期待値とは、1回の試行で確率的に得られる値の平均値のことです。

しかし、人間は得をする時はリスクを避ける傾向（**リスク回避性**）があるので、この2択であれば大半の人が「絶対に1000万円もらえる案件」に集中するのです。

一方、競馬やパチンコなどのギャンブルで負けている状況だと、リスク志向的になる人が多いことが知られています。

10万円の損が発生している段階で、あと10万円かけると「50％の確率で20万円になり、50％の確率で0円になる」ゲームがあったと仮定します。

この時点でやめれば10万円の損失が確定しますが、次のゲームに勝てばその日の損失がチャラになります。次のゲームに負ければマイナス20万円で終了です。

この場合、期待できる最終収支はどちらもマイナス10万円であるにもかかわらず、**損して終わりたくないという心情**から多くの人が賭けに挑戦します。

これは株式投資にも通じる現象で、自分が投資した**銘柄の損失が拡大するにつれて、よりリスクの高い銘柄へ一括投資して一発逆転を狙う現象**がしばしば見られますので注意しましょう。

3 現在バイアス――将来より今の楽しみを優先

人間は遠い将来のことを考えて行動するのが苦手で、**今の楽しみを選んでしまう傾向**があります。今の効用を過大評価してしまうことを「**現在バイアス**」と呼びます。

たとえば、「今すぐに10万円もらえる案件」と「1年後に15万円もらえる案件」があり、どちらか自由に選べるものと仮定します。

1年で10万円が15万円になるということは年利50％です。リスク無しでこのような高リターンが約束されている案件は現実には存在しないほどの好条件と言えます。

ところが、実際には現在バイアスが強く働くため、多くの方が「今すぐにもらえる10万円」を選ぶ傾向にあるのです。

株式投資の世界では、20年～30年後の遠い将来を見据えて、若い頃からコツコツと投資した方が勝てる確率が高いことが明らかになっています。

ところが、実際には「今すぐに使えるお金を増やしたい」という欲求に抗うことは難しく、多くの方が一攫千金を狙ったハイリスクな投資にチャレンジし、貴重なお金を失ってしまうのです。

4 サンクコスト効果——損が分かっていてもやめられない

すでに投入してしまった後で、**今さら回収できないコストのことを「サンクコスト」**と言います。

これまでに投資したお金や時間がもったいないと考えてしまい、このまま続けたら**さらに損をすることが分かっていてもやめられない**ことを「**サンクコスト効果**」と言います。

株価が上がると自信を持って投資した株が、実際には買った後に値下がりし続けたケースを考えてみましょう。

この場合、現在の企業業績や株価から見て、これから株価が上がる可能性があるかどうかを検討するのが合理的な判断です。

ところが、実際には**自分が投資した株価に固執**してしまい、**損失を確定して別の株へ乗り換えることができない**方が大半です。

適切なタイミングで株を売却できずに損失が拡大し続け、どうにもならなくなってから泣く泣く手放す人が多いので注意しましょう。

5 アンカリング効果――最初の印象が後の判断に影響してしまう

人間には、**最初に受けた印象がアンカー（錨）のように心に残る**傾向があります。最初に提示された情報が後の判断に影響を与えることを「**アンカリング効果**」と言います。

みなさんもネットショッピングなどで、はじめは1万円で販売されていた商品が、次々と値下げされて最終的に5000円となり、あまりに安いので今すぐに買わなくてはと飛びついた経験があるのではないでしょうか。

普段なじみがない商品の場合、その価格が妥当であるかの判断基準を持っていないため、はじめに見た金額が妥当であると判断してしまう傾向があります。

アンカリング効果に惑わされ、実際には**全然割安になっていないものを「安く買えた！」と喜んで買ってしまう**ケースが多いので注意しましょう。

6 お金と幸福度の関係

最後に、お金と幸福度の関係についてご紹介します。

年収が上がってお金が増えれば増えるほど幸福度も上がるに決まっていると思われるかもしれません。

ところが、実際には**一定の年収以上になると幸福度はほとんど上がらなくなる**ことが分かっています。

この一定の年収というのは国によって異なりますが、日本では**年収800万円**（共働きの場合は世帯年収1500万円相当）を超えると幸福度がほとんど上昇しなくなることが報告されています。

確かに、東京都心などの一部の地域を除けば、世帯年収が1500万円あれば、マイホームの購入、自動車の保有、子どもの教育、家族旅行などの一般的な家族の幸せは十分に満たすことができます。

これ以上に年収が上がっても、お金で実現できることはあまり変わらないため、生活の満足度もさほど変わらなくなるのです。

逆に、日々の生活にも困るほどお金が足りない状態であれば、幸福度が下がるのは明らかです。

今月の家賃や光熱費を払えるかどうか、今月の食費や授業料は足りるかといった心配を毎日しなければならない状態では、お金に関する多大なストレスを常に抱えることになるからです。

● **年収と幸福度の関係**

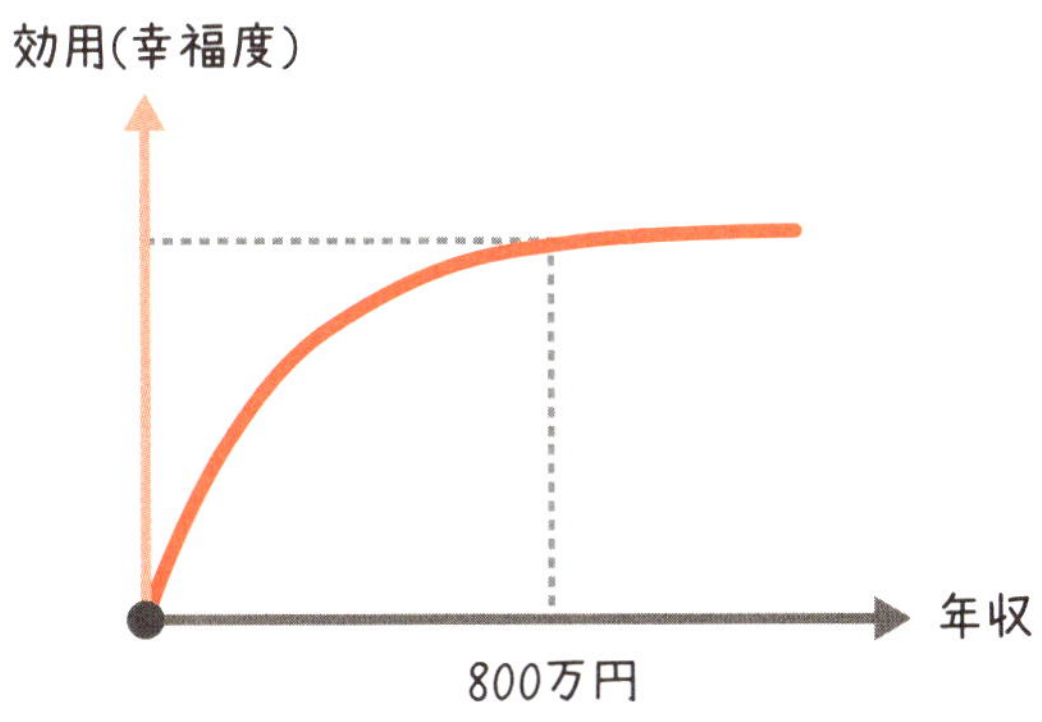

Episode 1

金融リテラシーと金融教育

金融リテラシーとは

金融リテラシーとは、お金に関する知識やスキルを持ち、日常生活でお金に関して正しい意思決定ができる能力のことです。

金融リテラシーの中には、家計管理や貯蓄の方法、投資、保険、年金、借入れや返済プランの立て方など、遠い将来を想定してお金を計画的に準備する能力が含まれます。

若い頃からコツコツとお金の勉強をして金融リテラシーを高めていけば、経済的に不測の事態が発生しても冷静に対応し、安定した生活を送ることができます。

金融リテラシーがなぜ重要か？

現代社会では、昔と比べて経済や金融商品が複雑になっており、それに伴ってお金のリスクが多様化しています。

株式や債券などの伝統的な金融商品だけでなく、投資信託や保険、暗号資産など多種多様な商品に誰でも投資できる時代になっています。

投資の選択肢が増えたのは素晴らしいことですが、各商品の仕組みやリスクを正確に把握し、自分に合った商品を選択するのは非常に難しくなっています。

また、インターネットの普及により、お金の流れが電子化して私たちの生活が便利になった一方で、ネット上には多種多様な金融詐欺が横行しています。

金融リテラシーのある人ならば一瞬で詐欺と見抜けるような投資案件に引っ掛かり、大金を失ってしまう人が後を絶ちません。

巧妙な金融詐欺などの落とし穴を避け、お金に困らない豊かな人生を送るため、金融リテラシーの重要性がますます高まっています。

子どもに必須の「金融教育」

日本では人前でお金の話をするのははしたないこととタブー視される傾向が強く、欧米諸国と比べて金融教育が遅れています。

2022 年 4 月から成年年齢が 18 歳に引き下げられた影響で、日本の高校でも金融教育が始まりましたが、小学生や中学生など、より低年齢から日常生活を通じてお金の知識を身につけることが重要です。

お金の知識は一度身につければ大人になった後も生涯役に立ちますので、最優先で身につけるべき知識の 1 つだからです。

子どもに正しい金融知識を身につけさせるためには、まず私たち親世代がお金についてきちんと勉強し、経済的に安定した生活を送ることが重要です。

子どもは親の日々の行動をよく見て学んでいます。子どもに必要以上のお金を与えて楽をさせるのではなく、生涯使えるお金の知識や知恵を伝えていければベストです。

2時限目

資産形成の考え方を学ぼう！

資産を形成しお金を増やすためには、まず計画を立てましょう！
ここではそのセオリーとリスクについて解説します！

01 資産形成してから資産を運用してお金を増やそう！

1 資産形成と資産運用の違い

「**資産形成**」と「**資産運用**」という言葉の違いについて解説します。

資産形成というのは、仕事で収入を得たり貯蓄や節約によって、**将来必要なお金をゼロから築き上げること**を指します。

一方、資産運用はすでに保有している資産を株式や債券などの金融商品に投資し、**お金をさらに増やしていくこと**を意味します。先に資産形成をして投資の元手となるお金を用意しなければ資産運用はできないので、**資産形成は資産運用の準備段階**とも言えます。

近年は、少額投資非課税制度（ＮＩＳＡ）や個人型確定拠出年金（ｉＤｅＣｏ）などの少額でも投資できる制度が増えてきたので、以前

● 資産形成から資産運用へ

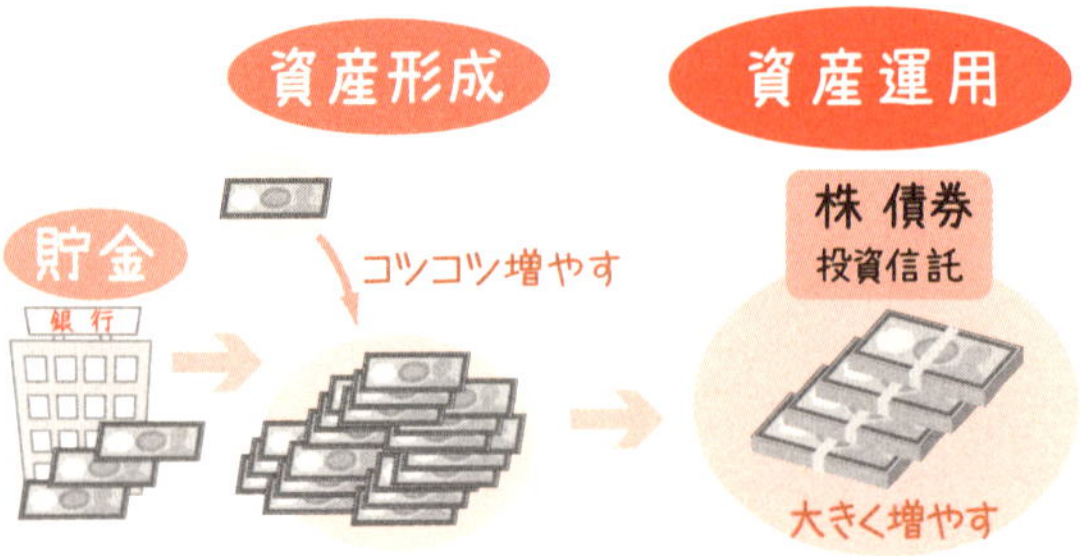

資産形成
資産運用
貯金
銀行
コツコツ増やす
株 債券
投資信託
大きく増やす

よりも資産形成と資産運用の線引きは曖昧になってきています。しかし、資産形成を確実にしてから資産運用に進むという考え方は今でも重要です。

世の中には、「資産を増やしたい！」という気持ちが強すぎるあまり、いきなり儲かりそうな投資商品を探し始める人がいますがそれは誤りです。投資には不確実性やリスクが付きものですが、**貯蓄や節約などの土台部分を盤石にしておくことで、資産運用も安全に進めることができる**ようになるからです。毎月の貯蓄習慣を確立し、資産形成で一定の資産を貯めた後に、資産運用として株式や投資信託などの金融商品に投資するというのが正しい流れになります。

2 老後は「資産保全」に重点をおく

20代～30代の方と異なり、**老後には「資産保全」という考え方が重要**になります。資産保全というのは、資産形成や資産運用で長年積み上げてきた資産を守ることです。

収入が下がるリタイア後に大暴落に巻き込まれると致命的になりますので、リタイア前により安全な資産に資金を移し替えるなどの工夫が必要です。

また、リタイア後に資産を取り崩すペースを上手にコントロールし、老後生活が長くなっても資金が枯渇しない計画を練ることも重要です。

老後に不安なく生活できるだけの資産が確保できた後は、資産を増やすことではなく、リスク管理に重点を置いて資産を減らさずに守る意識を強く持つとよいでしょう。

02 資産形成の目的、ゴールを決めよう

1 ライフプラン表で人生のお金の計画をたてる

資産形成や資産運用を始める前に、**お金を増やす目的やゴールを明確に**しましょう。

そのために、「**ライフプラン表**」を作成することをおすすめします。ライフプラン表は自分の**人生の設計図**のようなものです。

結婚や出産、マイホームの購入、子どもの進学、転職などの人生における大きなイベントを**ライフイベント**と呼びます。

ライフプラン表とは、各ライフイベントが発生する時期やその時の家族構成、必要な金額や家計の収支などを時系列に一枚の表に落とし込んだものです。

やみくもにお金を増やすことを考えず、まず、自分の人生の設計図となるライフプラン表をつくってみましょう！

ライフプランを考えずに資産形成を始めてしまうと、次のような危険性があります。

- **資金計画が甘く、老後の生活資金が不足してしまう**
- **進学費用の見積もりが不十分で、子どもに教育を受けさせられない**
- **必要以上にリスクの高い投資に手を出して損をしてしまう**

人生は想定通りに行かないことの方が多いため、結婚や出産、マイホームの購入、転職のタイミングなど、多くのライフイベントも正確に見積もることはできません。しかし、概算でもかまわないので、**自分が理想とする人生を思いのままにライフプラン表に書き出してみましょう**。自分の将来にどれくらいの出費が必要なのか考える機会を作り、それを実現できる資金計画を練ることに大きな意味があります。

インターネット上で無料のテンプレートやシミュレーションツールが入手できるので、今では誰でも簡単にライフプラン表を作成できるようになっています。

2 人生の三大支出（住宅、教育、老後）に備えよう

人生の三大支出は住宅資金、教育資金、老後の資金です。

ライフプランを作成する時には、この三大支出に対応できるプランを練る必要があります。

三大支出の中でも、多くの人にとって人生で**最大の支出になる住宅関連費用**について初めに解説します。

賃貸住宅とマイホームどっちがお得？

賃貸住宅とマイホームのどちらが正解というものはありませんが、それぞれのメリット・デメリットを知り、自分に合った住環境を選ぶことが重要です。

賃貸の場合、**気軽に引越し**ができる、建物や設備のメンテナンスが不要、固定資産税などの**税金を払わなくてよい**といったメリットがあります。

特に、転勤や転職で遠方へ引越しの可能性がある場合、マイホームだと身動きがとれないため、賃貸住宅を選んだ方がよいでしょう。

一方で、生涯にわたって**家賃を払い続け**

● 主なライフイベントにかかる費用

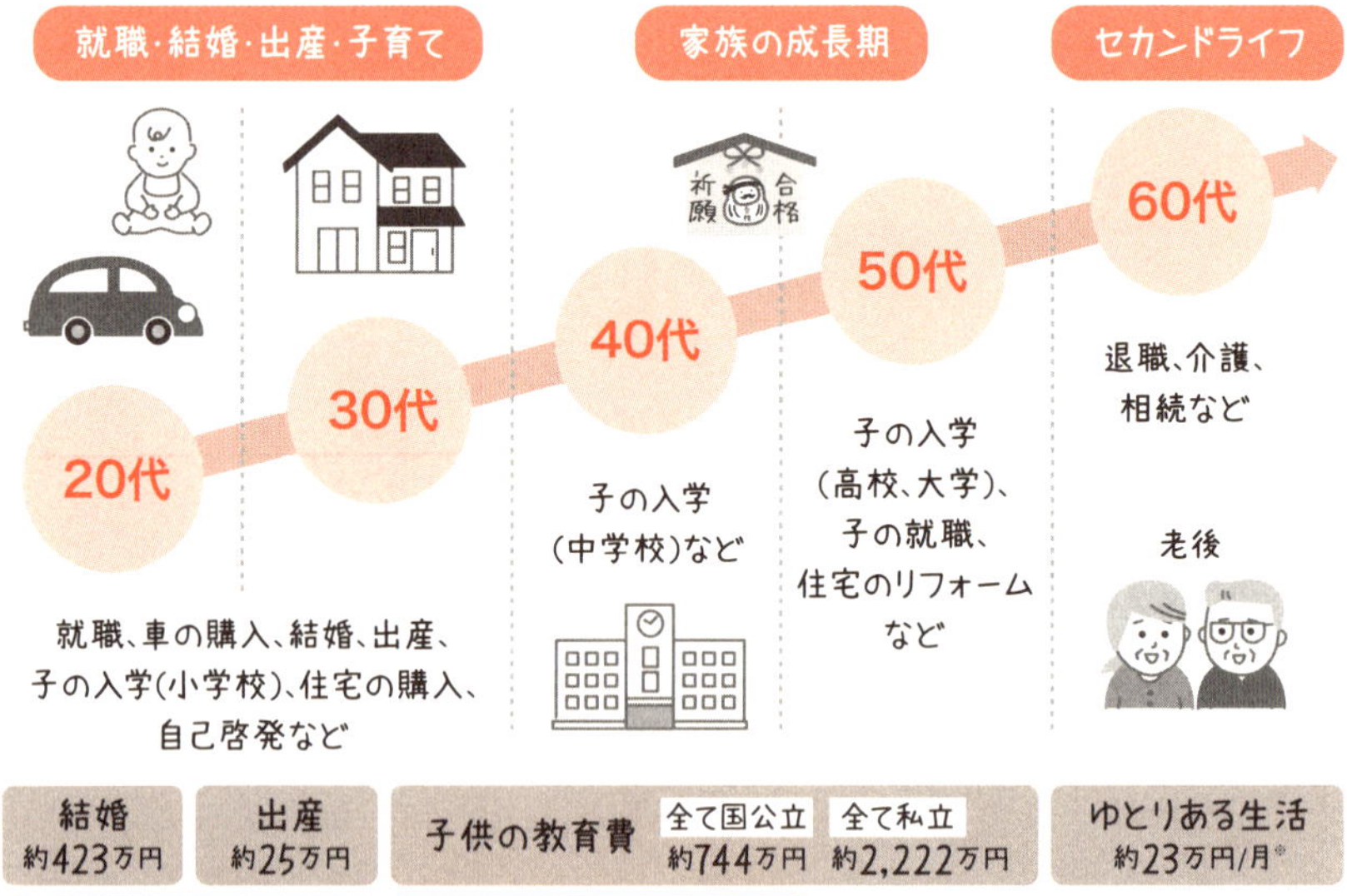

※ 総務省「家計調査」高齢者無職世帯(世帯主60歳以上の無職世帯)2014年平均。消費支出231,906円(住宅費を除く)

る必要があり、老後の生活状況によっては賃貸契約を断られるリスクがあります。

マイホームの場合、**住宅ローン完済後は自分の資産になる**ので、老後の住宅費の心配がなくなるのがメリットです。

また、住宅ローンを組む時に**団体信用生命保険**に加入できます。団体信用生命保険に加入していれば、住宅ローンの借主に万が一のことがあった場合、残りのローンは完済されますので、残された家族は安心して持ち家に住み続けられます。

一方で、マイホームは人生最大の買い物であり、**多額のローン**を組むことになります。日本の住宅ローンは金利などの融資条件が良いですが、借金であることには変わりがないため、確実に返済できる計画を立てることが重要です。

マイホームの購入時期や、頭金をいくら用意しておく必要があるか、**ローンは固定金利か変動金利**のどちらで組むかなど事前によく考えておきましょう。

● マイホームと賃貸のメリット・デメリット

	マイホーム		賃貸
メリット	・住宅ローンの支払いには終わりあり。 ・買った住宅は資産になる。 ・住宅ローンを使い団体信用生命保険で生命保険の死亡保障をカバー。 ・賃貸より上質で設備も充実できる。 ・建物・室内を自由にカスタマイズ。	メリット	・ライフスタイルや収入に合わせ住替え。 ・住宅ローンが不要。 ・災害で建物毀損のリスクなし。 ・税金がかからない。
デメリット	・災害で毀損のリスクあり。 ・住替えに時間・コストがかかる。 ・購入・売却で税金がかかる。 ・防犯やメンテナンスの費用がかかる。	デメリット	・家賃や更新料がかかる。 ・資産にならない（家賃は残らない）。 ・自由にリフォーム、カスタマイズができない。 ・退去時に原状回復の義務あり。

教育、子育て費用も人生の大きな支出です

教育費は住宅費用とならび、人生の大きな支出のひとつです。

国公立に進むか私立に進むか、塾にどの程度通うかで金額はかなり変わりますが、大学進学を前提とした場合、**オール国公立で1人あたり800万円、私立ならば2000万円以上**と言われています。子どもに良質な教育を受けさせるには、相応のお金が必要というのが現実です。

妊娠・出産など子どもが生まれる前後も、**働き方や家計が大きく変わる**ので注意が必要です。夫婦共働きの場合、産休育休中はフルタイムで働けなくなるため、一時的に家計収入が下がることになります。

子どもが生まれるとおむつやミルク、服飾費などの子育て関連費用が増えますが、逆に収入は減る可能性が高いので注意しましょう。

3 長生きするほど増える老後のお金のリスク

公衆衛生や医療技術の向上によって世界の平均寿命は伸び続けており、「**人生100年時代**」が到来すると言われています。長生き自体は素晴らしいことですが、一方で**長生きによるお金のリスク**が顕在化してきています。

定年の年齢が60歳や65歳のまま変わらないとすると、**年金に頼って生活しなければならない老**

後の期間が30年以上に及ぶのです。70歳を過ぎた後も働き続けようと考えていても健康上の理由で急に働けなくなったり、通院やお薬代などの医療費が増えて家計を圧迫する可能性もあります。

近年では働き方が多様化しており、昔ながらの終身雇用制度は崩壊してきています。同じ企業で長く勤め続けるほど厚生年金や退職金の支給額が増えていきますが、**離職・転職を繰り返しているると退職金がほとんどもらえない**可能性があります。

また、フリーランスには退職金という概念は存在せず、年金も国民年金のみとなります。

このように、雇用の流動性や多様性が進めば進むほど、従来の終身雇用による退職金、厚生年金を前提とした老後プランでは破綻する可能性が増えています。

4 アクションプランの作成と定期的な見直し

住宅、教育、老後の三大支出以外では、**自動車や保険**は持つか持たないかで生涯でかかる費用が大きく変わります。

これらの要素をライフプラン表に盛り込んでシミュレーションし、途中でお金が不足する可能性がある場合、家計収支の改善策や投資を含めた資産運用の必要性を検討しましょう。

ライフプラン表を作成しただけで満足せず、その後の**具体的なアクションまで考えることが重要**です。また、ライフプラン表は一度作ったら終わりではありません。ライフスタイルや人生の目標が変化した時など、定期的に見直して方向修正するとよいでしょう。

03 生活防衛資金を貯めて万が一のときに備えておく！

1 万が一の出費に備える生活防衛資金

ライフプラン表を作成して人生の大きなお金の流れを把握したら、次にやるべきことは**生活防衛資金を貯める**ことです。

生活防衛資金というのは、**万が一の事態や急な出費が発生した時のために貯めておくお金**のことです。

病気や怪我で働けなくなる、災害で家や車を失う、勤め先が倒産して失業する、といったリスクは誰にでも起こりえます。

これらは保険によってある程度備えることができますが、生活防衛資金を確保しておくことで、予期せぬ事態が発生した時も落ち着いて対処できます。

人生には、怪我や病気、会社の倒産など突発的な出来事が付きものです。
こうしたリスクに備えるためのお金（生活防衛資金）を準備しておきましょう！

生活防衛資金は貯金とどう違う？

生活防衛資金と貯金の違いは、

- **生活防衛資金** 万が一の時のために使わずに取っておくお金
- **貯金** 将来の目的（住宅、教育、老後など）に向け、必要な金額を貯める行為

という点にあります。

生活防衛資金は必要な時にいつでも引き出せなければならないので、**銀行の普通預金口座**に預けておきましょう。

また、**生活防衛資金は万が一の時以外は手出し厳禁**のお金なので、毎月の生活費と混同することがないよう、**専用の銀行口座に預ける**のがおすすめです。

生活防衛資金は万が一の時に家族の生活を守ってくれる大切なお金です。たとえ儲かりそうな案件があっても、元本割れのリスクがある投資などに生活防衛資金を回してはいけません。

生活防衛資金と貯金の違いは？

貯金

目的 ⇒ 予想できる支出のため

用途 ⇒ 旅行、レジャー、結婚、車・住宅の購入など

目安 ⇒ 手取りの10%〜20%

生活防衛資金

目的 ⇒ 病気、怪我、失業など万が一の生活費の確保

用途 ⇒ 生活費、治療費等

目安 ⇒ 生活費の3か月〜1年分

2 生活防衛資金はいくら貯めればOK？

生活防衛資金はいくら貯めればよいのでしょうか。

生活防衛資金の必要金額は、毎月の支出額、家族構成、健康状態、共働きかどうかなどの要素によって大きく変わります。

一般的には「毎月の生活費の3ヶ月〜1年分」が目安とされています。

独身で実家暮らしなら3ヶ月分

独身で実家暮らしの場合、衣食住で困ることはほぼ無く、収入の大半は自分のために使えます。よって、生活防衛資金は3ヶ月分など少額でかまいません。

夫婦二人暮らしは6ヶ月分

次に、夫婦二人暮らしの場合です。夫婦共働きの場合、どちらか片方が働けなくなっても収入がゼロにはならないため、生

● 生活防衛資金の目安

世帯人数	目安	生活防衛資金の目安
1人暮らし（独身）	生活費の3ヶ月分程度	約48万円程度（16万円×3カ月） ※16万円＝平均消費支出
2人暮らし（夫婦）	生活費の6ヶ月分程度	約168万円程度（28万円×6カ月） ※28万円＝平均消費支出
子供のいる家庭（3人暮らし以上）	生活費の1年分程度	約336万円程度（28万円×12カ月） ※28万円＝平均消費支出

平均消費支出は2022年 総務省統計局調べ

活防衛資金を減らすことができます。逆に、夫婦どちらか一方しか働いていない場合は、生活防衛資金を**6ヶ月分**など多めに確保しましょう。

ファミリー世帯は1年分

ファミリー世帯で子どもの人数が多く、収入源が1つというケースでは、働けなくなった時のリスクが大きいため、生活防衛資金は**1年分など多めに確保**しておく方がよいでしょう。

最終的には、家族構成や健康状態、収入源の数や安定性、支出レベルなどを考慮して生活防衛資金の金額を決めるしかありません。

家族全体に関わるお金なので、配偶者がいる場合はパートナーともよく相談した方がよいでしょう。

3 生活防衛資金を貯めるコツ

生活防衛資金は万が一の時の備えなので、**最優先で貯める必要があります**。

そこで、生活防衛資金を効率よく貯めるコツをお伝えします。

給与から天引きして先取り貯金

生活防衛資金を貯めるため、**毎月の給料からあらかじめ貯金するお金を差し引き**、残った金額の範囲内で生活することが重要です。**毎月の手取り収入の10%〜20%を目標**にしましょう。

先取り貯金を成功させるためには、給料が振り込まれる口座とは別に、貯蓄用の口座を作っておくことが大切です。

そして、給料が振り込まれた日に自動的に貯蓄用の口座にお金が振り込まれるように設定しておくとよいでしょう。

ボーナスの50%を生活防衛資金に回す

毎月の貯金に加えて、ボーナスが支給される方はその**50%を貯蓄に回す**ことをおすすめします。ボーナスは一回の支給金額が大きいため、上手に活用すれば生活防衛資金を早く貯めることができます。

これまでボーナスを全額消費してきた方は、ボーナスの一部を家族旅行や新しい家電を買うなどの楽しみに使い、残りを家族の将来のために貯蓄するとバランスがよくなります。

固定費を見直して生活防衛資金に回す

生活防衛資金を効率よく貯めるには、**支出を見直して貯金できる金額を増やす**ことが重要です。支出のうち、毎月一定の支払いが必要な支出を「**固定費**」と言います。固定費には、**家賃や保険料、スマホの通信費、水道光熱費、サブスクリプションサービス**などが含まれます。

スマホを格安プランに乗り換える、家賃の安い物件に引っ越す、契約後ほとんど使っていないサブスクを解約するなど、固定費を削減する方法は様々です。

固定費は一度削減すれば節約効果が永久に続くため、生活防衛資金を効率よく貯められるようになります。

副業や転職で収入を増やす

家計を節約しても貯金ができない場合は、副業や転職で収入が増やせないか検討しましょう（253ページ参照）。

本業で身につけた知識やスキルを活かせて、かつ隙間時間にインターネット上で実践できる副業があれば理想的です。

本業を続けていれば、副業収入は丸ごと貯蓄に回せます。

自分に合った副業を見つけることができれば、生活防衛資金をかなり早く貯められるようになるはずです。

● 固定費を削減する方法

家賃・住宅の見直し

・引っ越しで月々の支払いを減らす。
・シェアハウスやルームシェアで安価な住居に暮らす。

電気、ガス、水道料金を減らす

・料金プランを見直してみる。
・電力会社を乗り換える。複雑な手続き不要。ネットから簡単にできる。
・節電、節水で毎月の支出を減らす。

携帯電話代の見直し

・格安 SIM に乗り換え。大手キャリアから格安スマホの通信会社（MVNO）に。
・自分に合ったプランに変更する。

サブスクリプション（定期購読）の見直し

・映像、音楽、雑誌、料理など使っていないサブスクリプションを解約する。
・家族がそれぞれ入っている場合は、家族共有サービスがあるか確認して変更する。

保険の見直し（生命保険、自動車保険、災害保険等）

・本当に必要な保険かどうかを見直し、不要な場合は解約する。
・使わない補償やオプション、プランを見直す。

04 資産を増やす大原則！貯蓄を増やし長期で運用しよう！

1 資産運用のシンプルな考え方

「資産運用」という言葉は一見難しく聞こえますが、実は1つのシンプルな式で表現できます。

資産 ＝｛（収入 － 支出）＋ 運用益｝× 運用期間

この式によれば、資産を効率的に増やすためには、

❶（収入 － 支出）を増やす（収入を増やし、支出を減らして貯蓄額を増やす）
❷ 投資の運用益を増やす
❸ 運用期間を増やす

の3つしかありません。

この3つのうち、**投資の運用益**は不確定要素が大きく最も不確実なものです。一方、収入から支出を差し引く**貯蓄額**や**運用期間**に関しては本人の意識や努力次第ですぐに改善できます。

資産運用と聞くと、すぐに儲かりそうな投資先を探し始める人がいますが、それは実は遠回りです。

真っ先に手をつけるべきなのは、次の2点です。

❶より若い時期に資産運用を始める
❷毎月の余裕資金を増やす努力をする

2 分散し長期投資すれば確実なリターンが見込めます

資産運用を上手に進めるには「**時間を味方につける**」ことが重要です。

若い時期はお金に余裕がないことが多いですが、実は**老後まで何十年も時間がかけられる**という大きな武器を持っています。

日本人の中には、「株式投資は博打なので怖い」「絶対に損したくないので預貯金が一番」と考える人も多いです。しかし、日本は預金金利が低く、三菱ＵＦＪ銀行などメガバンクの普通預金金利は0・2%しかありません。**銀行に預けていてもほとんどお金が増えない**のです。

たしかに、株式などへの投資は短期的には値動きが大きいため、暴落に巻き込まれて**一時的に損をする可能性**があります。

しかし、**様々な資産への分散投資を心がけて20年以上長期運用すれば、リターンが安定**してきます（下図参照）。

長期投資で得られるリターンは年率5%程度であり、1年で50%以上の利回りが狙えるような投資先は存在しません。

明らかな高利回りを謳っている商品は詐欺なので近づかない方が賢明です。

裏を返せば、どれだけ優れた投資でも1年では5%程度の収益しか期待できないので、大きなリターンを得るには**若い**

● 国内外の株式、債券に積立投資した時の運用実績

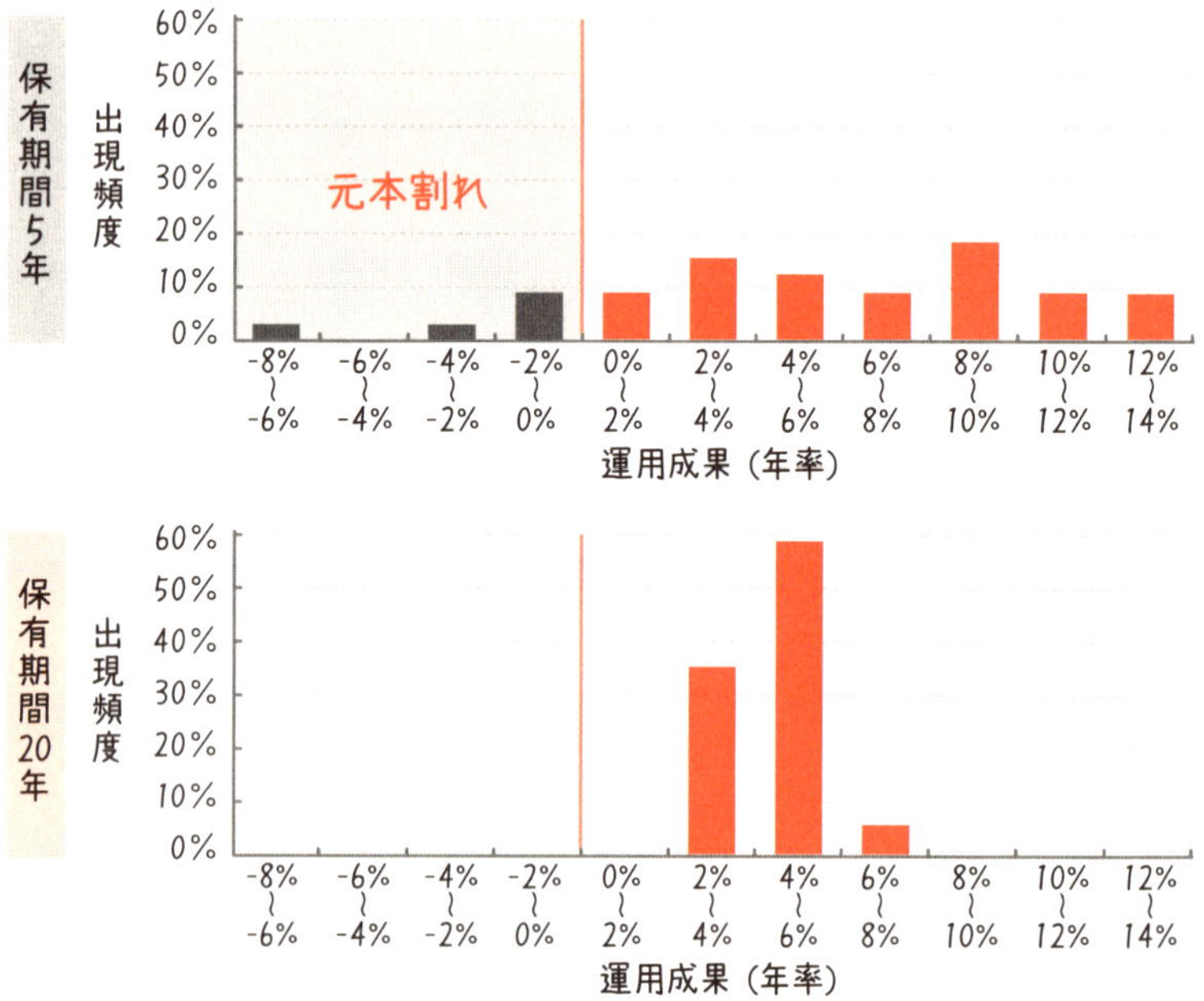

出所：金融庁作成

時期から始めて長く続けることが重要になります。

3 毎月の貯蓄習慣を作ろう

給与天引きの先取り貯金は投資用のお金を貯めるのにも有効ですので、生活防衛資金を貯め終わった後もぜひ継続してください。

毎月確実に一定金額を貯金する習慣は非常に重要で、貯蓄習慣ができていれば資産運用の成功に大きく近づきます。

投資用のお金は、生活費や生活防衛資金用の口座とは別で管理するとよいでしょう。

はじめは生活防衛資金を最優先で貯め、その後は近い将来使うお金は貯金で、10年以上使わずに済むお金は投資用の口座に回すことをお勧めします。

4 貯金で足りない分は投資で補おう

投資というのは、株式や債券など何らかの価値を生み出す資産に対して、**将来の利益を見込んで自分のお金を投じること**です。

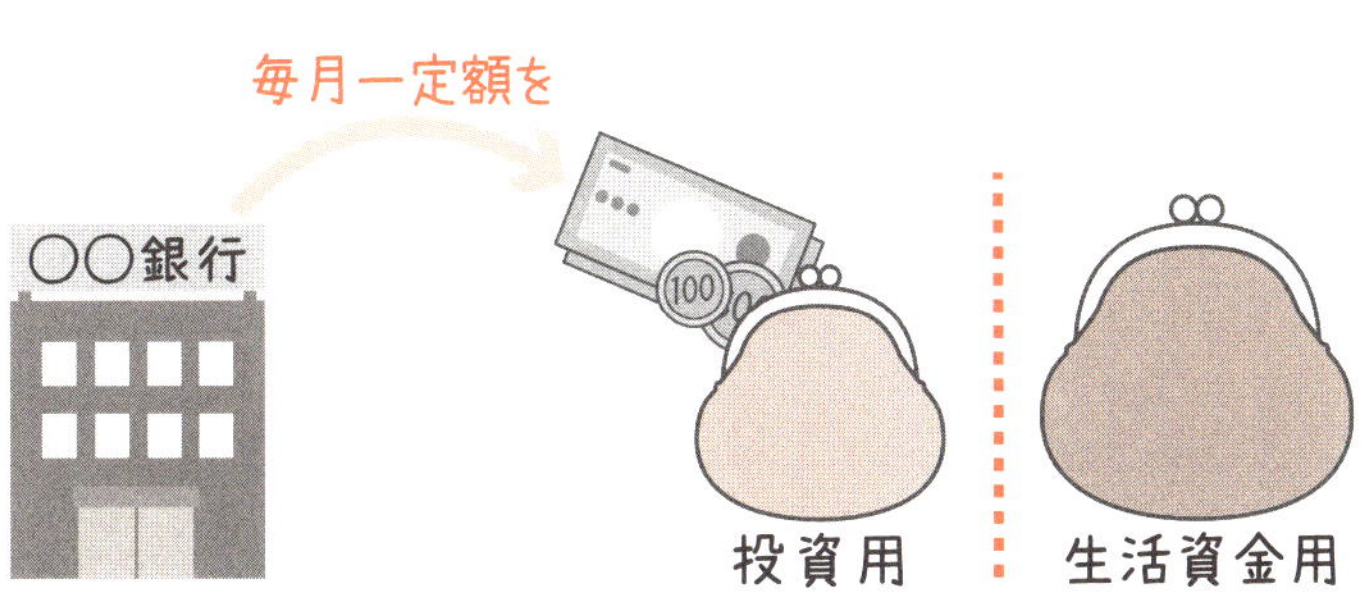

銀行の預貯金とは異なり、株式などの投資先には値動きがあるため、投資家が投じたお金の元本は保証されず、**元本割れのリスク**があります。

私たちが投資できる商品には、個別株式、投資信託、ETF、外貨預金、国債、FX（外国為替証拠金取引）、不動産、金、暗号資産（仮想通貨）などがあります。

投資する商品の種類によって値動きや性質が異なるため、自分に合った適切な手法を選ぶことが重要です（60ページ参照）。

もっとも重要なのは、**ライフプラン表**をもとに将来必要なお金の概算を出し、**貯金で対応できない分だけ投資で補う**という考え方です。

将来設計なしにやみくもに投資を開始し、必要以上にリスクの高い投資に手を出して大損してしまう方が多いからです。

「何歳までにいくらのお金が必要」というゴールが明確になっていないと、自分に必要な投資商品を選ぶのは難しいのです。

● **貯金と投資のメリット・デメリット**

	貯金		投資
メリット	・いつでも入金・出金が可能。 ・急な出費に備えられる。 ・安全に資産を保管できる。	メリット	・将来大きな利益が期待できる。 ・配当・分配金等定期的な収入。 ・NISAなど税金優遇措置あり。 ・将来的なインフレ対策。
デメリット	・利息がごくわずか。 ・元本以上に増えない。 ・自由に引き出せるので使ってしまう。	デメリット	・リスクがあり損失の可能性。 ・投資の専門知識が必要。

3時限目
お金を増やす最も効率のいい方法は投資です！

毎日の仕事を除いて、お金を増やすための一番の方法は投資です。ここでは、投資の考え方や種類などを学びます！

01

投資にはこんな商品があります！

1 元手が減る資産と減らない資産

元本保証の銀行預金や国債ではお金は増えない

元本が保証された安全な資産を**無リスク資産**といいます。銀行の**普通預金**や**定期預金**、**個人向け国債**や一部の貯蓄型保険などが無リスク資産に該当します。無リスク資産は元本が保証されているため、価格はほぼ変動せずマイナスになることはありません。

安全資産が生み出す利息を「**リスクフリーレート**」と言います。たとえば、三菱ＵＦＪ銀行や三井住友銀行などメガバンクの普

お金を増やすためには、株や投資信託などのリスク資産をもつ必要があります。いくら銀行預金に入れておいても増えるお金は微々たるものです！

通預金金利は0・2%です（2025年3月）。

個人向け国債の一種である「変動10年」の金利は預金よりやや高く0・9%前後ですが、それでも1%に届きません。

現在の日本は金利が低いため、預金などの**無リスク資産だけではお金がほとんど増えない**のです。

リスク資産は元本が保証されません

リスク資産とは、**投資した元本が保証されていない資産**のことを指します。

私たちは銀行預金よりも高い利益を期待して株などのリスク資産に投資しますが、相場の変動によって価格が大きく上下するため損をする可能性もあります。

リスク資産には、**株式、投資信託、債券、不動産、暗号資産**などが含まれます。リスク資産の中でも、株式、不動産、暗号資産など値動きが大きいものと、債券のように比較的値動きが小さいものがあります。

リスク資産はどれを選んでも**元本割れの可能性**があ

● リスク資産と無リスク資産の例

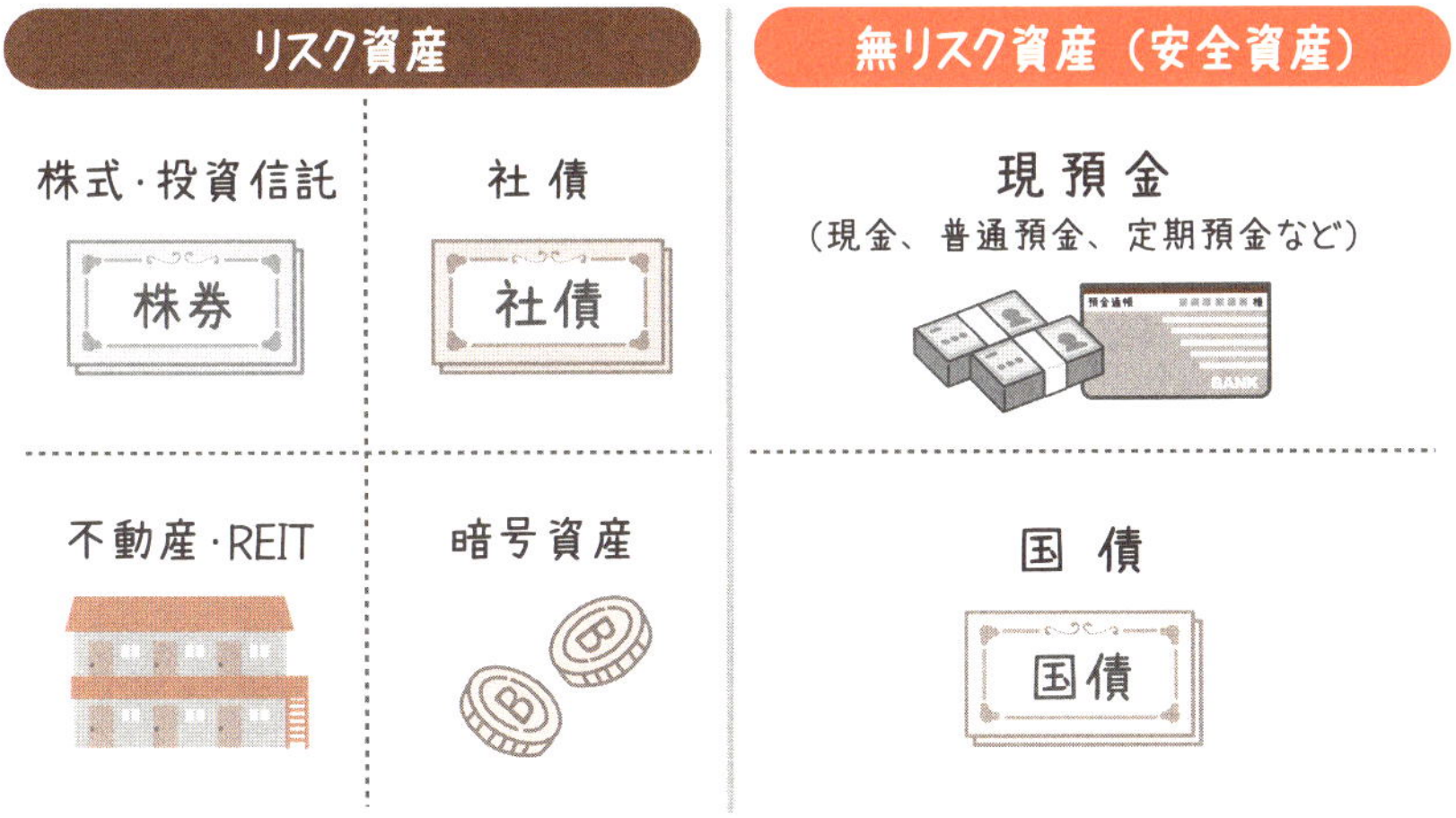
リスク資産
株式・投資信託
株券
社債
社債
不動産・REIT
暗号資産
無リスク資産（安全資産）
現預金
（現金、普通預金、定期預金など）
国債
国債

出典：OECDより

るため、どのくらいの損失までなら許容できるのか、どの資産にいくら投資するかを事前によく考える必要があります。

2 主な投資商品の種類と特徴

私たちが投資できる商品には、個別株式、投資信託やＥＴＦ、外貨預金、債券、ＦＸ（外国為替証拠金取引）、不動産、商品（金や原油など）、暗号資産など様々な種類があります。

投資する商品によって値動きや性質が異なるため、自分の目的に合った投資商品を選ぶことが重要です。

投資商品の中で、**株式、債券、不動産（ＲＥＩＴ）**の３つの資産は昔から多くの人が投資対象としており、選べる商品の種類も豊富なので**初心者にもおすすめ**です。

資産の種類によって異なる値動きを示すため、

● 主な投資商品の種類と特徴

投資種別	特徴
株式	上場する株式銘柄に投資する。国内・海外（米国、新興国など）
投資信託	さまざまな株式銘柄、債券などをパッケージした商品
ETF	上場している投資信託に投資。株と同様、株式市場で購入できる
債券	国、企業などが発行する借入のための有価証券。満期がある
FX	外国為替証拠金取引。証拠金で通貨を売買し差益で利益を得る
暗号資産	ネット上で取引する財産的な価値がある通貨。法定の通貨ではない
不動産投資	一棟、区分マンション、ビルなどを購入し、売却益、賃貸の利益を得る
REIT	さまざまな不動産を小口に分け、パッケージした不動産版投資信託
商品	金、銀、プラチナ、原油、レアアースなどの実物商品に投資
先物取引	商品を、将来の期日に、取引時点の決定価格で売買することを約束する取引

国内と海外の株式、債券、不動産に幅広く投資することで、リスクを抑えながら投資することができます。

GPIFのポートフォリオ

資産配分を考えるうえで参考になるのが、私たちの**年金積立金を運用しているGPIF（年金積立金管理運用独立行政法人）のポートフォリオ**です。

日本では少子高齢化が急速に進んでおり、将来の年金財源が不足する懸念があります。そこで、GPIFが年金の支払いに充てられなかった積立金を運用に回し、増やしたお金を将来の年金財源に充てようとしています。

GPIFの基本ポートフォリオは、「**国内債券 25%、外国債券 25%、国内株式 25%、外国株式 25%**」です。GPIFが運用を開始した2001年以降、**年率約4%という安定したリターン**を残しています。

国内外の株式と債券に広く分散投資することで、リスクを抑えながら、長期的な世界経済成長の恩恵を受けられるバランスの良い資産配分になっています。

● GPIFのポートフォリオ

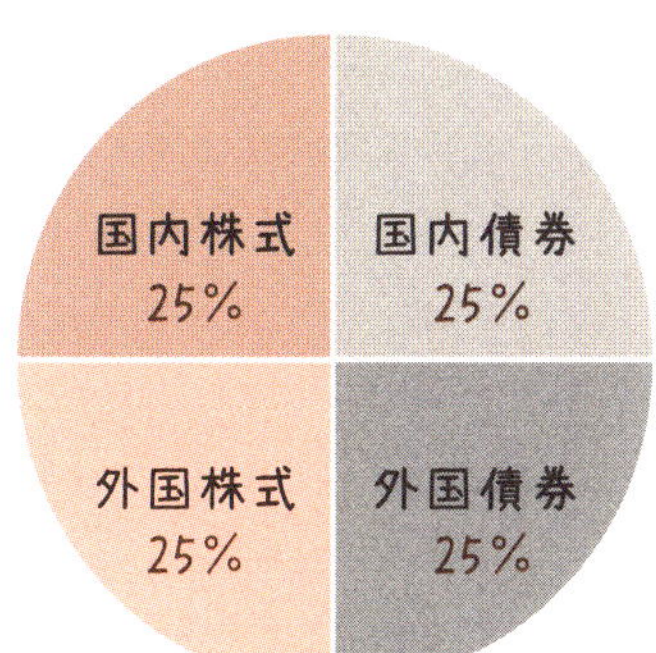

02 投資のリターン・リスクとは

1 投資の世界における「リターン」と「リスク」とは?

投資商品の性質を理解するためには、「リターン」と「リスク」という言葉を正しく理解する必要があります。

リターンは資産運用を行うことで得られる収益のことを指します。株式投資だと、売却益や配当などがリターンです。

投資の世界でリスクという言葉を使う場合、一般的によく使われる「危険」という意味ではありません。

● 投資におけるリスクとリターン

リスクが小さい

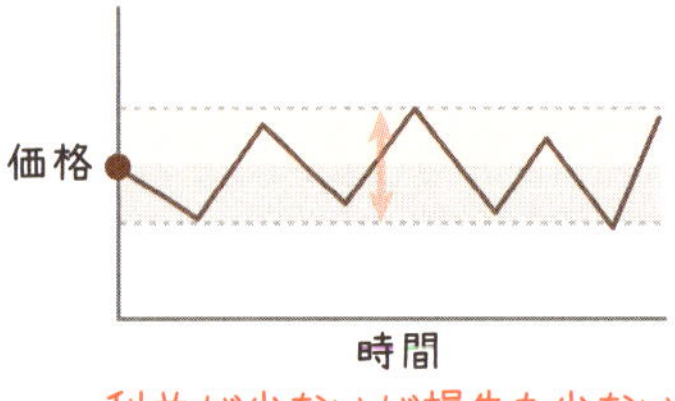

利益が少ないが損失も少ない

リスクが大きい

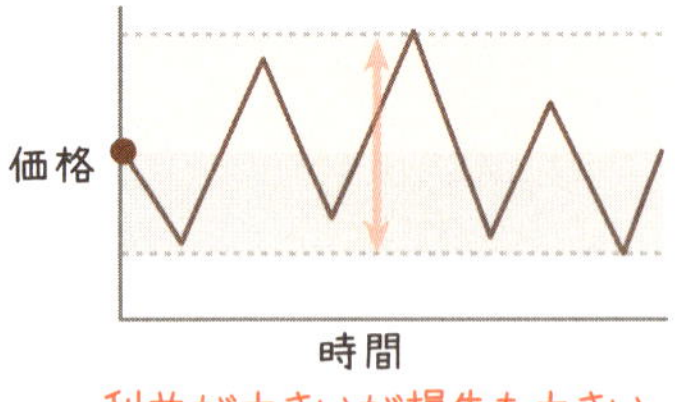

利益が大きいが損失も大きい

リスクとは**金融商品のリターン変動の大きさ（価格の振れ幅）**を示す言葉であり、リスクが大きい商品というのは大きく儲かるかもしれないし、逆に大損するかもしれないことを意味します。

投資のリスクとリターンは比例する

一般的に、金融商品の**リスクとリターンはほぼ比例**します。投資の世界では、ローリスクでハイリターンといった都合の良い投資先は存在しません。

株式は値動きが大きい分、将来期待できるリターンも大きいです。**債券**は、値動きが安定している分リターンも小さく、預貯金に近い性質を持ちます。

「リスクなしで誰でも年利30％が実現可能」といった商品は詐欺なので、一切近づかない方が賢明です。

投資で高い収益（ハイリターン）を狙うならば、大損する可能性や値動きの大きさ（ハイリスク）に耐える忍耐力が求められるのです。

● 金融商品のリスクとリターンは比例する

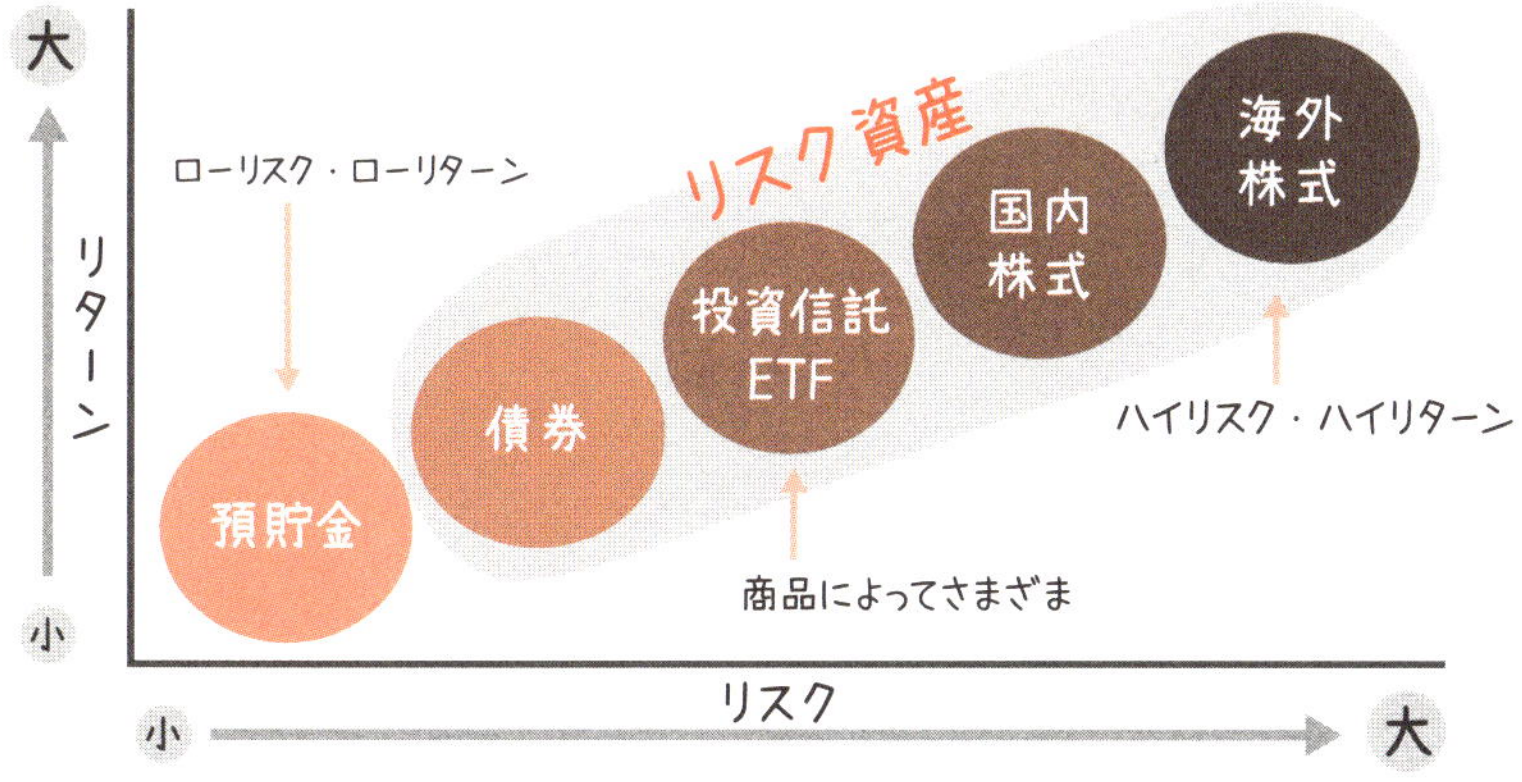

03 最もポピュラーな株式投資を理解しよう！

1 株式とは？　株式投資とは？

株式は投資商品の中で最もメジャーで広く取引されており、私たち個人の資産運用にも欠かせないものです。

はじめに「**株式とは何か**」について解説します。

株式とは、**株式会社が投資家からお金を集めるために発行する有価証券**です。投資家は出資した金額に応じて株式を保有し、その分の会社の権利を保有することになります。

株式会社は多くの投資家からお金を出してもらうことで成立しており、**会社の権利を小分けにしてお金を調達するための仕組み**が株式です。

投資のなかで最も人気があるのが株式投資です！
株式投資で利益が得られる仕組みと、株価について学んでいきましょう！

私たちが投資したいと思った会社の株式を証券取引所を通じて購入すると、会社側はそのお金を使ってより良い商品やサービスを提供しようと努力します。

企業の業績が上向いて株価が上昇すれば、私たち投資家の資産が増えるため、**投資家と企業は「Win-Win」**の関係になるのです。

2 インカムゲインとキャピタルゲイン

投資家が株式投資で得られる収益は、インカムゲインとキャピタルゲインの2つに分けられます。

インカムゲインとは？

インカムゲインとは、資産を保有し続けることで**定期的に得られる収益**のことで、**株式の配当金**などが該当します。

■ 株式の配当金とは

投資先の会社が利益を出すと、**株主はその利益の一部**

● 株式を買ったときのお金の流れ

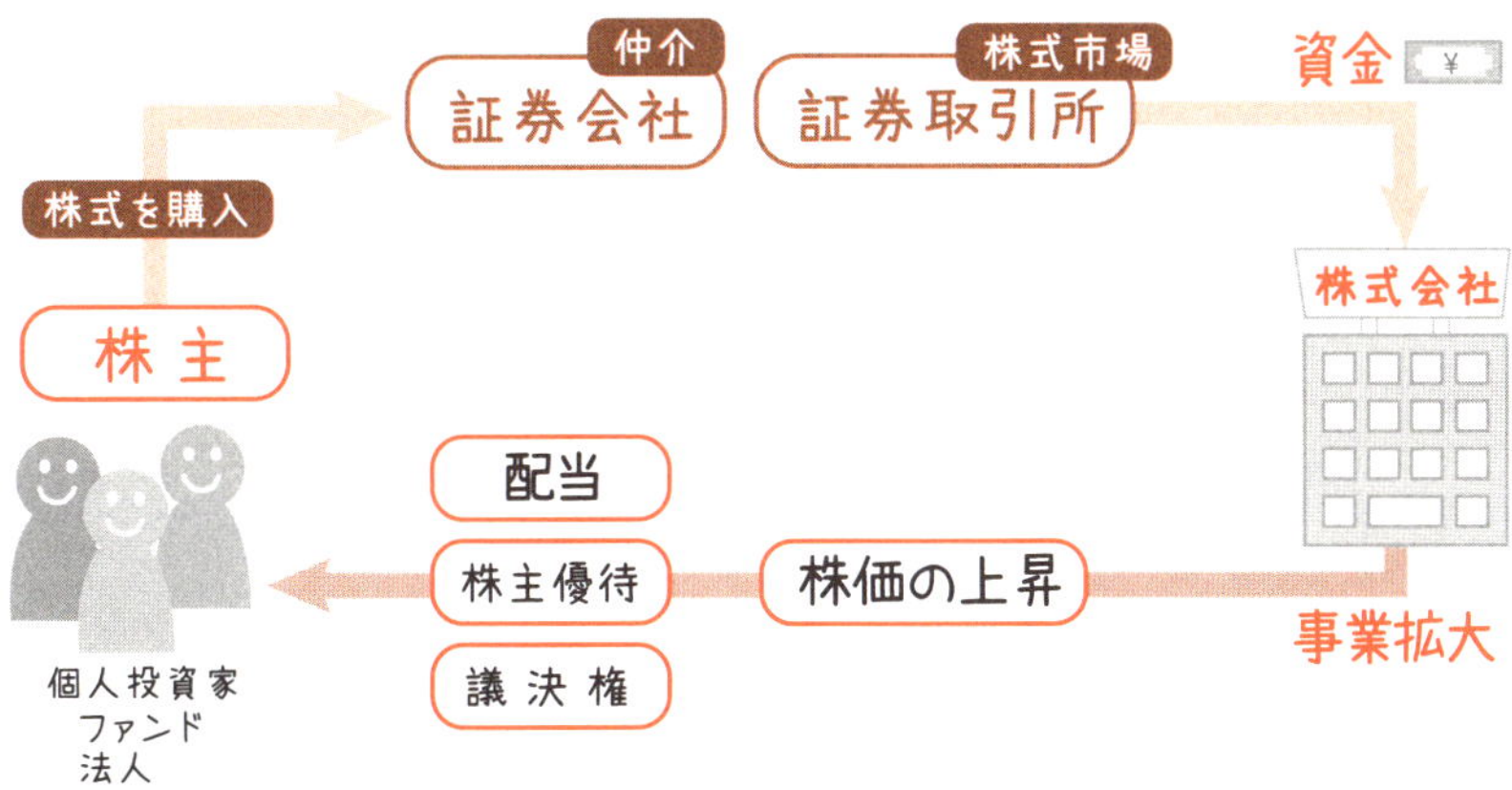

を配当金という形で受け取ることができます。

配当は株価よりも上下動が少なく、株式を保有しているだけで安定した収入源になるのが大きなメリットです。

ただし、配当金を出すかどうかは企業の経営方針によります。企業の業績が下がって資金繰りが厳しくなれば、配当金の金額が減ったり（減配）、配当金の支払いが取りやめになるケース（無配転落）もあるので注意しましょう。

配当金は年1回～4回程度定期的に支払われるのが特徴で、配当金を受け取るには支払い時期にその資産を保有している必要があります。

インカムゲインは、株だけではありません。不動産を保有して貸し出すと、毎月賃料というインカムゲインを得ることができます。銀行の利子もインカムゲインの1つです。

キャピタルゲインとは

キャピタルゲインとは、株の売買によって得られる値上がり益のことです。株価は日々変動するので、安く買った株を株価が上がったタイミングで売れば、値上がりした分の利益を得る

● インカムゲインとキャピタルゲイン

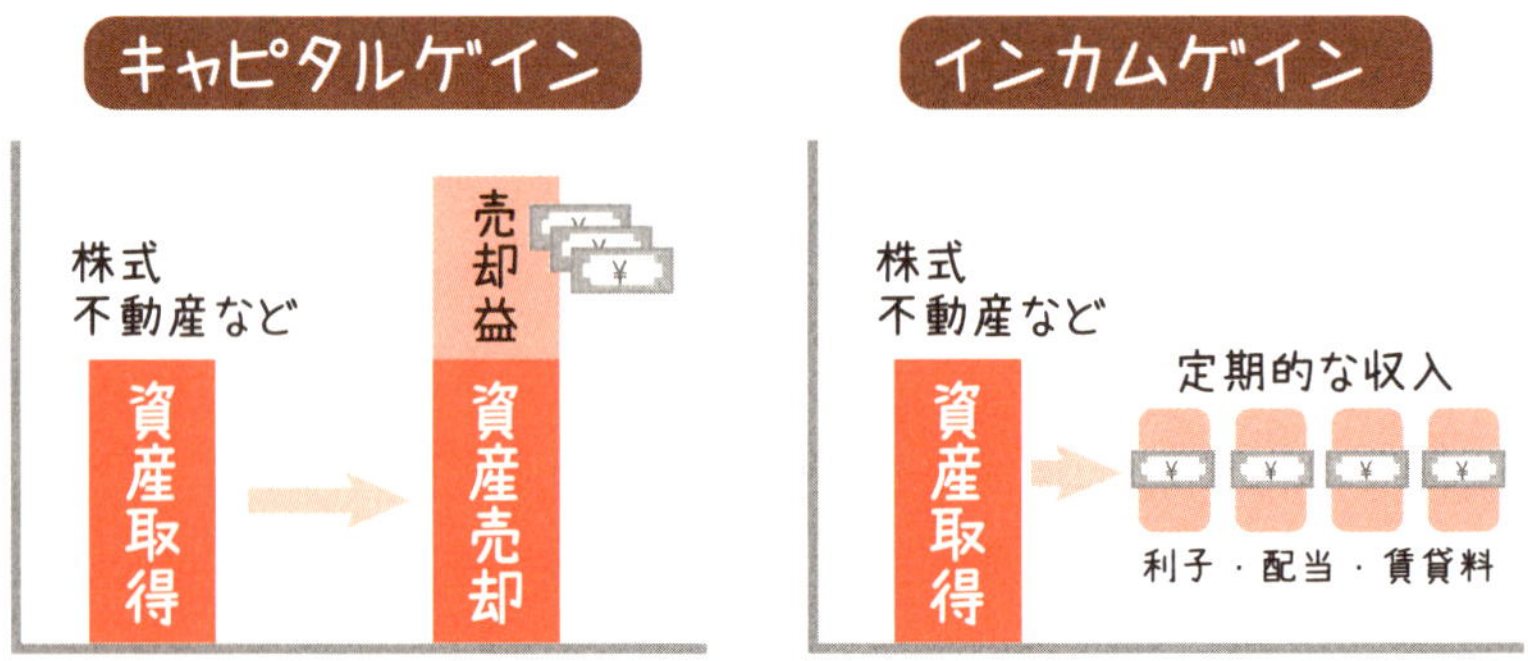

ことができます。

株式市場の中には**短期間で株価が数倍になる銘柄**もありますので、そういった銘柄を見つけ出すことができれば、短期間で大きな利益をあげられる可能性があります。

一方で、株価が暴落した時は大きく損をする可能性もあるので注意しましょう。

不動産投資でいえば、保有するマンションや戸建てを買ったときより高い値段で売却した譲渡益がキャピタルゲインです。

3 株価はこうして決まる！

投資家からの**買い注文と売り注文の価格が一致した値段**が、その時点での株価になります。

株価は短期ではシンプルな需給関係で動くので、その銘柄を**より高い価格で買いたいという投資家が増えれば株価は上昇**し、反対に売りたいという投資家が増えれば株価は下落します。

短期投資はゼロサムゲームと言われ、誰かが大きな利益を得れば、その裏には必ず損失を被っている人がいることになります。

長期の株式市場は拡大し続ける

一方、**長期的な株価はその会社の企業価値に沿った推移**を示します。投資先の企業が正しい経営方針に基づいて優れた商品やサービスを生み出し、利益を増やし続けることができれば、投資家からその企業の株を買いたいというニーズが強まり、株価が上がっていくのです。

株式市場は長期では拡大し続けるため、長期投資は参加者全体の利益が損失を上回る**プラスサムゲーム**と言われています。

特に、優良企業の株を長期保有することでその価値はどんどん大きくなり、リターンも大きくなる可能性が高いのです。

株の売買は証券会社を通じて行う

株は**証券取引所（株式市場）**を通じて売買します。日本最大の証券取引所は**東京証券取引所（東証）**で、財務状況や経営状態など一定の基準を満たす3000銘柄以上の株が売買されています。証券取引所で売買可能になることを**株式の「上場」**と言います。

証券取引所に上場することで、会社側も資金を調達しやすくなったり、企業の信用度が高まるため、多くの会社が上場を目指しています。

● 需要と供給のバランスで決まる株価

東京証券取引所は**プライム市場、スタンダード市場、グロース市場**という3つの市場に分かれています。

この中で最上位に位置するのが「プライム市場」で、流動性やガバナンス水準を含めた上場基準が高く設定されています。

日経平均やTOPIXを構成する大企業はプライム市場に含まれています。

世界の主要な証券取引所には、ニューヨーク証券取引所、ナスダック、上海証券取引所、ユーロネクスト、香港証券取引所などがあります。

実際には、証券取引所で株を直接売買することはできず、**証券会社が窓口になって株の売買を行います**。

よって、私たちが株式投資をするには証券会社に口座を開設する必要があります。

● 株の売買は証券会社と証券取引所を通じて行う

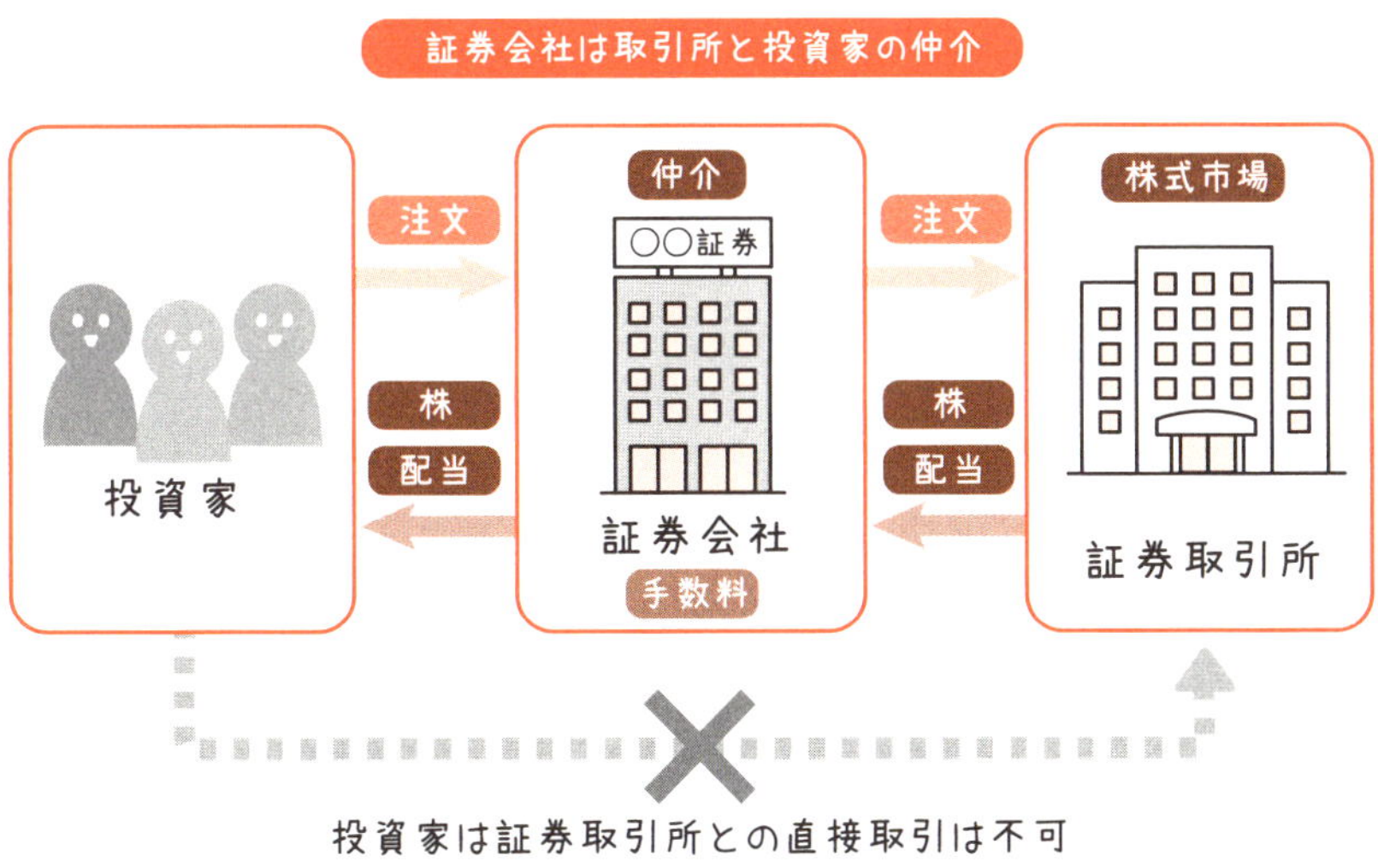

04 インデックス投資（投資信託・ETF）は投資初心者に最適！

1 インデックス投資とは？

インデックス投資とは、**株式市場の全体的な動きを表す指数（インデックス）に投資する方法**です。

株価指数には日経平均株価やNYダウ、S&P500などがあり、これらの指数に連動したインデックス商品に投資することで、数十～数百の銘柄に**分散投資が可能**となり、初心者でもリスクを抑えながら投資できるのがメリットです。

一般的な株式投資のイメージは、トヨタ自動車やエヌビディアといった個別銘柄への投資だと思います。

● インデックス投資は指数との連動を目指す投資法

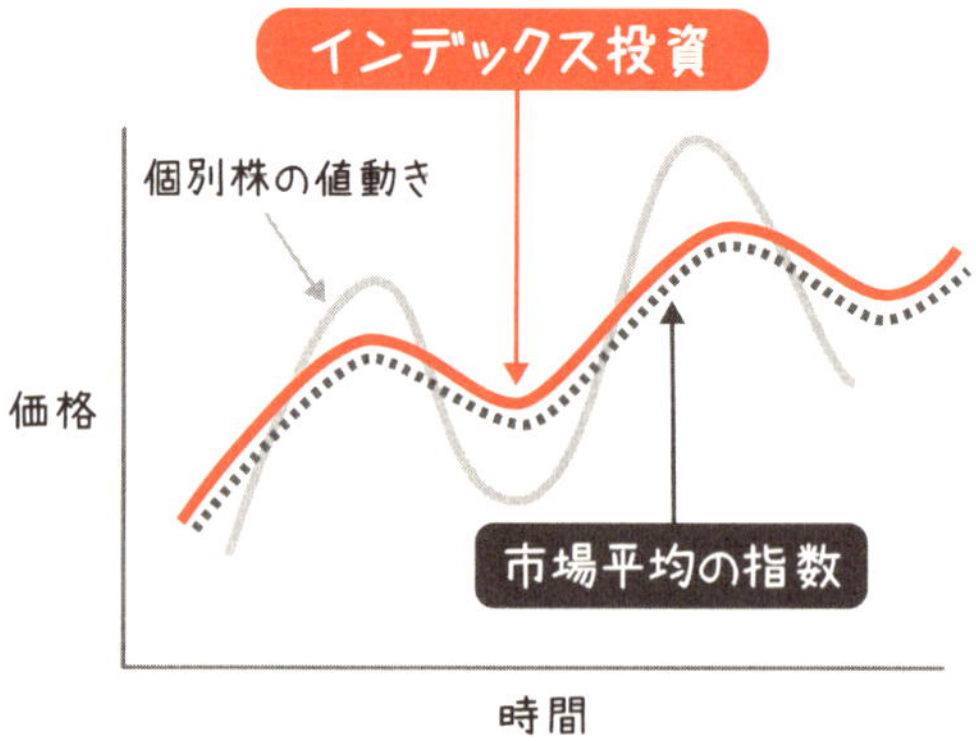

市場平均の指数に連動する

個別株はうまくいけば大きな利益が出ますが、自分の予想に反して株価が長期低迷したり、最悪の場合には倒産して価値がゼロになる危険性もあります。

インデックス投資は株式市場の平均点を狙う投資法なので、**個別株と比べて値動きが穏やかに**なります。短期で大儲けは期待できませんが、指数自体が多数の銘柄から構成されているため、個別株のように倒産して価値がゼロになるリスクはありません。

一時的に市場が暴落しても、景気が回復すればいずれは株価上昇が期待できますので、**長期運用でゆっくりと資産を増やすには最適**な方法です。

これらの理由から、初心者の方はいきなり個別株ではなく、より安全で再現性の高いインデックス投資から始めることをおすすめします。

2 日米の代表的な株価指数

インデックス投資では1つ1つの銘柄について細かく勉強する必要はありませんが、**代表的な株価指数**を知っておくことは大変重要です。

数ある株価指数の中で特に重要なのが、次の5つの株価指数です。

- **日本株** ⇒ 「日経平均株価」「TOPIX」
- **米国株** ⇒ 「NYダウ」「S&P500」「NASDAQ総合指数」

日本の株価指数は「日経平均株価」と「TOPIX」

「日経平均株価」とは？

「日経平均株価」とは、日本経済新聞社が、東証プライム市場に上場する約2000銘柄の中から、**業種などのバランスを考慮して選んだ225社の平均株価**です。

日経平均や**日経225**と呼ばれることもあります。

日経平均を構成する225銘柄の中には、トヨタ自動車、ソニーグループ、三菱UFJファイナンシャル・グループなどの有名企業が含まれています。

日経平均が上がっていれば多くの企業の株価が上がっており、日経平均が下がっていれば多くの企業の株価が下がっていることになるため、日経平均を見ることで日本市場全体の大まかな値動きを知ることができます。

● 日米の代表的な株価指数

市場	指数	特徴
国内株式市場	日経平均株価（日経225）	日本経済新聞社が公表する日本の代表的な株価指数。東証プライムの主要225銘柄の平均株価。
国内株式市場	東証株価指数（TOPIX）	東証プライム銘柄や旧一部に上場のスタンダード市場銘柄を対象とし、JPX総研が算出・公表。
米国株式市場	NYダウ（ダウ工業株30種平均）	米国の主要30銘柄をもとにS&Pダウ・ジョーンズ・インデックス社が算出する平均株価。
米国株式市場	S&P500指数	NASDAQやニューヨーク証券取引所に上場する代表的な500銘柄で構成される株価指数。
米国株式市場	NASDAQ総合指数	米国のナスダック市場に上場している全ての銘柄で構成される株価指数。

■ 「TOPIX」とは？

TOPIXは、**東証プライム市場に上場しているすべての銘柄**を対象とした株価指数で、別名「**東証株価指数**」とも呼ばれます。

日経平均は選別された225銘柄の平均株価をもとに算出されますが、TOPIXは東証プライム市場に上場している2000銘柄以上の時価総額を指数化したものなので、**日経平均よりも東証市場全体の動きを反映した指数**と言えます。

米国の株価指数は「NYダウ」「S&P500」「NASDAQ総合指数」

米国を代表する株価指数には「NYダウ」「S&P500」「NASDAQ総合指数」があります。

■ NYダウとは？

NYダウ（ダウ工業株30種平均）は、ダウ・ジョーンズ社が、**ニューヨーク証券取引所やナスダック市場に上場している主要30銘柄をもとに算出する株価指数**です。

NYダウを構成する30銘柄の中には、アップル、マイクロソフト、ナイキ、マクドナルド、ビザ、コカ・コーラなど、日本人の生活にも欠かせない超有名企業が並びます。

■ S&P500とは？

S&P500は、**ニューヨーク証券取引所やナスダックに上場している米国企業の株式から選出された500銘柄の時価総額**をベースにした指数です。

一般的に、米国株インデックス投資と言えばS&P500を指すほど重要な株価指数です。**S&P500を構成する500銘柄だけで、米国株式の時価総額全体の約80%をカバー**しており、NYダウよりも米国市場全体の動きを反映しやすいのが特徴です。

■ NASDAQ総合指数とは?

NASDAQ総合指数は、**ナスダックに上場する3000以上の銘柄の時価総額**をベースとした指数です。

ナスダック上場企業には、マイクロソフトやアップルなどの大型テック企業や、インターネット関連の新興企業が多く含まれています。

これは、NASDAQ総合指数とは別に、「**NASDAQ100指数**」が存在します。NASDAQ上場企業のうち金融セクターを除いた時価総額上位約100銘柄だけを指数化したものです。

NASDAQ100指数は**50%以上が情報技術セクターの企業で構成**されており、人工知能(AI)や半導体など最先端のテクノロジーに積極的に投資したい人から人気を集めています。

3 投資信託って何?

私たちがインデックス投資をする時には、日経平均やS&P500などの株価指数に投資できる**投資信託**や**ETF**(80ページ)から具体的な投資商品を選ぶ必要があります。

投資信託というのは、投資家からお金を少しずつ集め、集まったお金をプロが運用し、利益を投資家に分配してくれる金融商品です。

私たち個人の代わりに運用のプロがこれから伸びそうな株式や債券を選び、それらを1つの箱の中に詰めて売っている**セット商品**です。

投資信託のメリット

私たちが投資信託を買う最大のメリットは、**少ない資金でも多数の株式や債券に幅広く投資できる**ことです。

世界中の株式市場に投資する投資信託を購入した場合、投資したお金は投資信託の運用会社を通じて、その商品に含まれる世界中の会社に投資されます。

私たち投資家は、**購入した投資信託を通じて少額ずつたくさんの会社の株を買い、保有する**ことができるのです。

1つ1つの株を個別に買い集める

● 投資信託は株式や債券のセット商品

● 投資信託の仕組み

方法もありますが、相当な資金力がなければ数百もの銘柄を買うことはできません。

一方、**投資信託は最低100円や1000円から購入**できるので、資金が少なくても問題ありません。

投資信託の中には数多くの銘柄が含まれているので、全ての企業の業績や株価が順調に推移することはありません。

しかし、私たちが投資したお金を使って各企業が新しい商品やサービスを生み出し、全体的に企業価値を高めることができれば、**長期的には投資信託の価格は上がっていく**ことになります。

このように、投資信託はまとまった資金を持たない個人が**リスクを抑えながら投資するのに最適な商品**なのです

投資信託のデメリット

投資信託は初心者でも扱いやすい金融商品ですが、主に以下の3つデメリットがあります。

■ コストがかかる

投資信託のデメリットの1つは、**購入時、保有中、売却時**

● 投資信託は世界中の株式にまとめて投資可能

に所定の手数料がかかることです。投資信託のコストは商品によって大きく異なります。近年では、**購入時や売却時の手数料がゼロの商品**も増えており、投資環境は大きく改善しています。

特に、投資信託保有中に毎年継続してかかる**「信託報酬」というコストを低く抑えることが重要**なので、コストの低い商品を選びましょう。

運用実績がないのに手数料が割高な商品に注意！

投資信託は株式や債券などの商品を詰める箱ですが、実際に箱の中に何を詰めるかを決めるのは**運用会社**です。中には、派手に広告宣伝しているけれど中身が空っぽで、手数料だけが割高な商品もあるので注意しましょう。

悪質な投資信託を避けるためには、**手数料が割安な「インデックスファンド」を買う**ことをおすすめします。インデックスファンドとは、日経平均やS&P500などの株価指数（インデックス）に投資する投資信託のことです。

インデックスファンドは指数に投資するだけのシンプルな商品なので、銘柄選びや分析などに人件費などの余分なコストがかからず、手数料が抑えられています。

投資信託は株のようにリアルタイムで売買できない

投資信託は取引所に上場していないため、個別株やETFのようにリアルタイムで取引できません。

投資信託の値段のことを「**基準価額**」と言い、**基準価額は1日1回だけ市場の取引終了後に公表**されます。投資信託の基準価額は、投資信託の中に含まれる銘柄の株価や為替レートによって日々変動します。基準価額が公表されるのは当日の注文を締め切った後なので、私たち投資家は買い注文を出した時点では実際にいくらで購入できるか分かりません。

　よって、自分が狙った価格で細かく株の売買をしたいという方には投資信託は不向きです。

4 ETFとは？

　ETFはExchange Traded Fundsの頭文字をとったもので、**証券取引所で取引される投資信託**のことです。日本語では「**上場投資信託**」と言います。
　ETFは投資信託の一種ですので、運用の仕組みは投資信託と同様であり、運用のプロが選んだ多くの株式や債券が詰められたセット商品です。**1つのETFを買うだけで多数の株式や債券に分散投資**ができるので、リスクを抑えながら投資できるのが魅力です。
　一般的な投資信託との違いは、ETFは**取引所に上場**しているため、個別株と同様、**証券会社を通じて取引所でリ**

● 株式、ETF、投資信託の違い

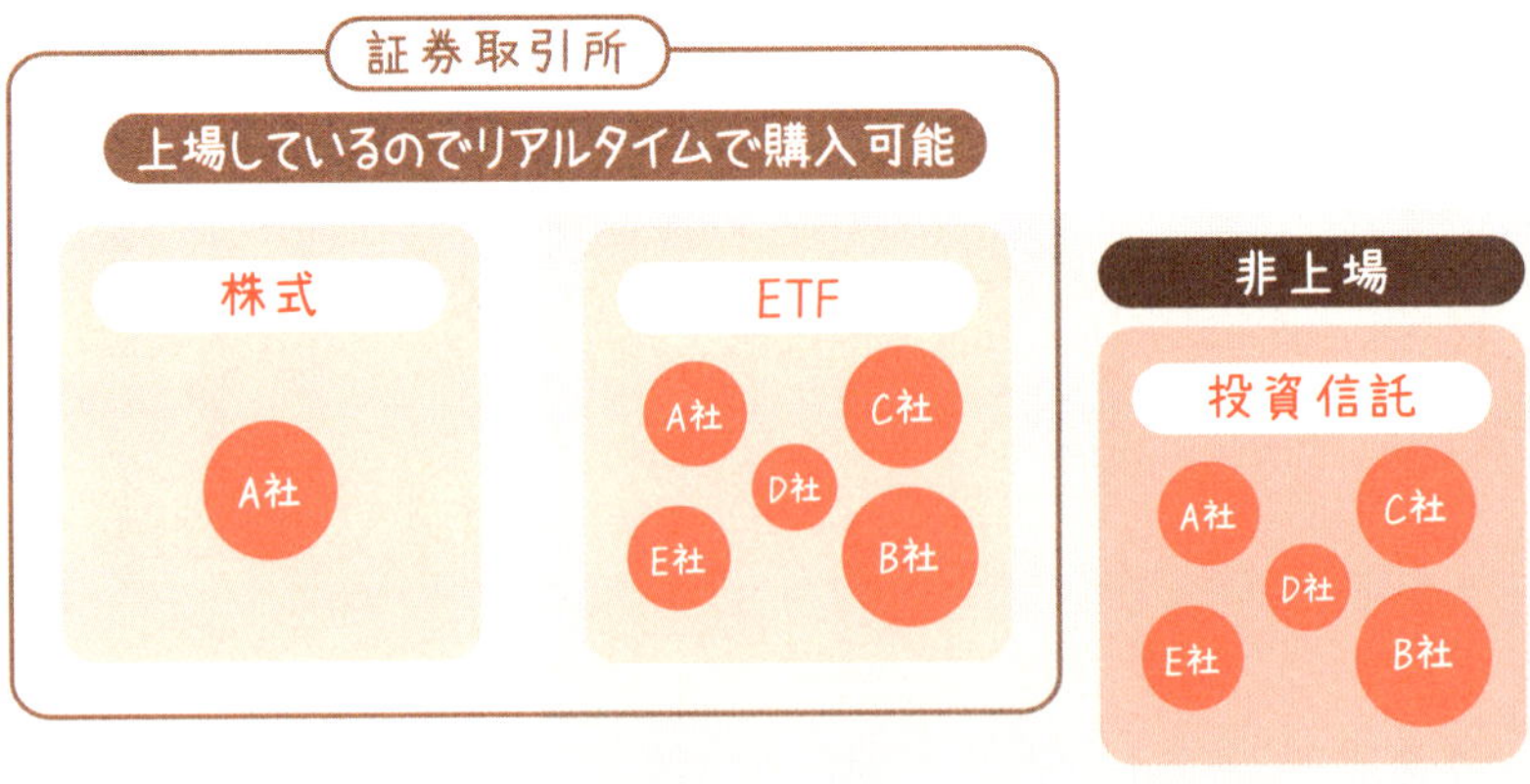

アルタイムに売買できることです。ETFは取引所の時間内であれば株価がリアルタイムで動くので、自分の狙った価格で売買をすることができます。

このように、ETFは**株式と投資信託の両方の特徴を併せ持った商品**と言えます。

■ETFの種類

ETFには次のような様々な指数やテーマに連動する数多くの商品があります。

- **国内株式：日経225、TOPIXなどの株価指数、セクター、テーマ別**
- **外国株式：米国、中国など特定の国や、複数の国・地域を合わせたもの**
- **債券：日本、米国など特定の国や、先進国、新興国など地域別のもの**
- **REIT（不動産）：国内、先進国、新興国など**
- **商品（コモディティ）：金、銀、プラチナなどの貴金属、原油など**

株式ETFの中にも、国や地域別、企業の規模別、業種別、テーマ別といった様々な商品があるので、投資家の好みに応じて自由に選ぶことができます。

ETFを利用すれば、たった数銘柄保有するだけで、世界中の株式や債券、不動産市場、金などに幅広く投資することが可能です。また、ETFは投資信託と比べて**保有コストが安い**ことも多く、投資初心者にもおすすめできる商品と言えます。

5 投資信託とETFはどう使い分ける？

投資信託とETFはよく似ているのでどちらを選ぶべきか悩む方が多いですが、**初心者であれば投資信託を選べば間違いありません**。**投資信託のメリット**で特に重要なのが以下の5点です。

- 最低100円や1000円から投資できる
- 外国株に投資する商品でも日本円のまま投資できる
- 売買手数料のかからない商品が多い
- 積立設定をした後は毎月の入金以外に何もしなくてよい
- NISAやiDeCoなど、国が提供する非課税制度と相性がよい

もちろん、ETFにも投資信託にはないメリットがありますが、投資信託は簡便さという点では群を抜いています。

サラリーマン投資家には投信積立が最適

投資信託は**毎月定額の投信積立ができる**ので、サラリーマン投資家の方には特におすすめです。投信積立は最低100円や1000円から設定でき、「毎月3万円」などぴったり指定して積立

注文することが可能です。

はじめに積立注文をしておけば、毎月決まった日に自動で買い注文を発注してくれるので何もやる必要がありません。

このように、毎月貯金をしているのと同じ感覚で、毎月投資信託を自動的に積み立てられるのは大きなメリットになります。

ETFの場合、個別株と同様に1株単位で売買するため、**毎月定額での積立注文はできません**。

ETFの中には1株で数万円以上の銘柄もあり、そういった銘柄は毎月積立には不向きです。

■投資信託は外国株でも為替コストを気にしなくていい

日本国内の取引所に上場しているETFは**全て日本円で取引できます**が、より低コストで取引規模が大きな米国のETFに投資する

●株式・ETFと投資信託の比較

	株式・ETF	投資信託
販売会社	証券会社	銀行、郵便局、証券会社
上場／非上場	上場	非上場
取引時間帯	証券取引所の取引時間	15時までに申込み
売買価格	取引所での時価 （成行、指値、逆指値注文）	1日1回算出の基準価額
購入時手数料	売買手数料	購入時手数料
売却時手数料	売買手数料	信託財産留保額
運用管理費用 （信託報酬）	ETFは投資信託より安め 株式はなし	一般的にETFより高め
分配金の自動再投資	不可 （受取後に自分で再投資）	可

場合、米ドルへの両替など為替コストを考える必要があります。

投資信託の場合、**両替などの為替コストは手数料に初めから含まれている**ため、外国株に投資する商品でも投資家は何もする必要がありません。

分配金やリアルタイム取引ならＥＴＦ

ＥＴＦを選ぶべきなのはどのような人でしょうか。
ＥＴＦを選ぶべき理由には主に以下の３つです。

❶ **定期的に分配金を受け取りたい**
❷ **投資信託では購入できない指数に幅広く投資したい**
❸ **個別株のようにリアルタイムで取引したい**

■投資信託やＥＴＦの分配金とは

投資信託やＥＴＦは個別株式の集合体なので、その中には配当を支払う銘柄も含まれます。

● 投資信託の積立にはメリットがいっぱい

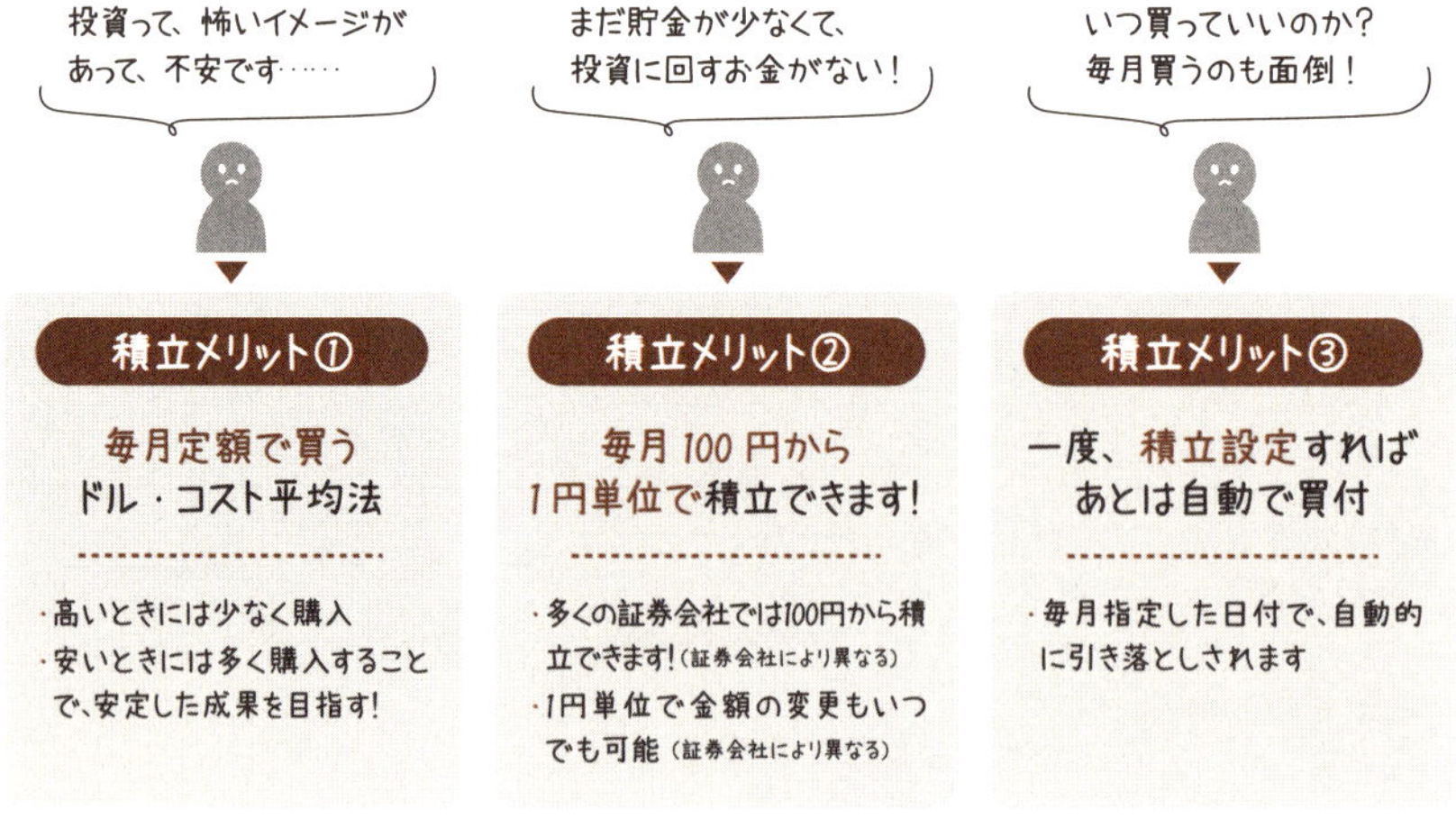

投資って、怖いイメージがあって、不安です……
まだ貯金が少なくて、投資に回すお金がない！
いつ買っていいのか？毎月買うのも面倒！
積立メリット①
毎月定額で買うドル・コスト平均法
・高いときには少なく購入
・安いときには多く購入することで、安定した成果を目指す！
積立メリット②
毎月100円から1円単位で積立できます！
・多くの証券会社では100円から積立できます！（証券会社により異なる）
・1円単位で金額の変更もいつでも可能（証券会社により異なる）
積立メリット③
一度、積立設定すればあとは自動で買付
・毎月指定した日付で、自動的に引き落とされます支払われた配当はいったん投資信託の運用益になり、投資信託の決算時に「**分配金**」という形で投資家に還元されます。

ETFの場合、**分配金は所定の税金（日本国内は20・315%）が引かれた後、現金で支給**されます。

分配金を受け取って生活費の一部として使いたい方にはETFが向いています。

投資信託の場合、分配金を現金で投資家に支払わず、そのまま**自動で再投資される商品**が多いです。

投資信託の分配金の原資はその投資信託の純資産なので、分配金を支払うことで投資信託の基準価額は下がってしまいます。

長期投資では、分配金を再投資に回して利息が利息を生む流れを作った方が、資産が増えるスピードが速くなるため、あえて分配金を支払わない方針で運用されているのです。

● **投資信託、ETF の分配金の仕組み**

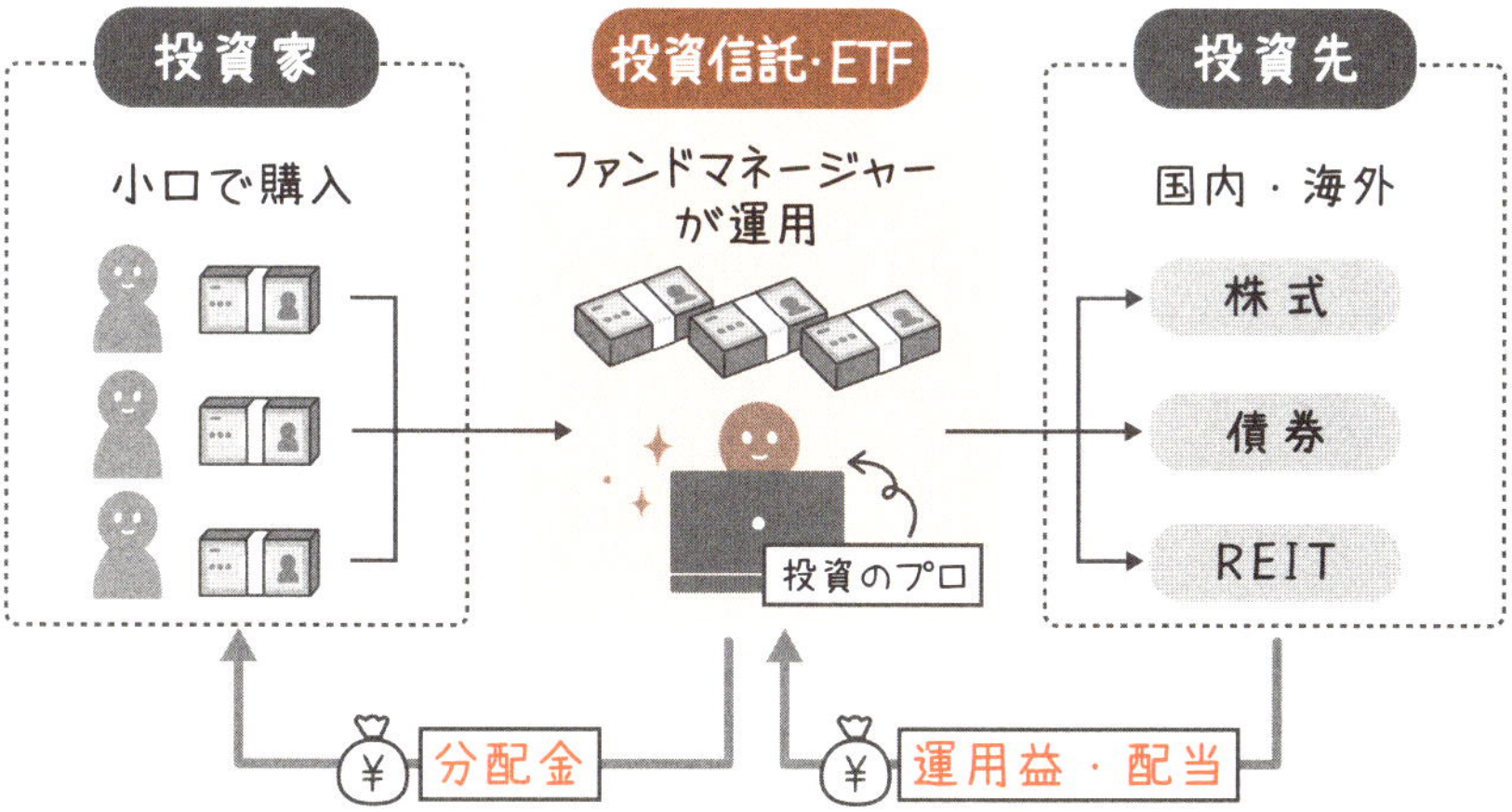

05 元本保証で銀行金利より高い債券を運用する

1 債券とは？

債券とは、**国や地方自治体、一般企業などが投資家から資金を調達するために発行する有価証券**です。

債券は、発行体の違いによって主に以下の3つに分けられます。

- **国や地方自治体が発行する「国債」「地方債」**
- **一般企業が発行する「社債」**
- **外国債券**

債券は発行時に**利率**や**満期**が決まっています。

● 債券の種類

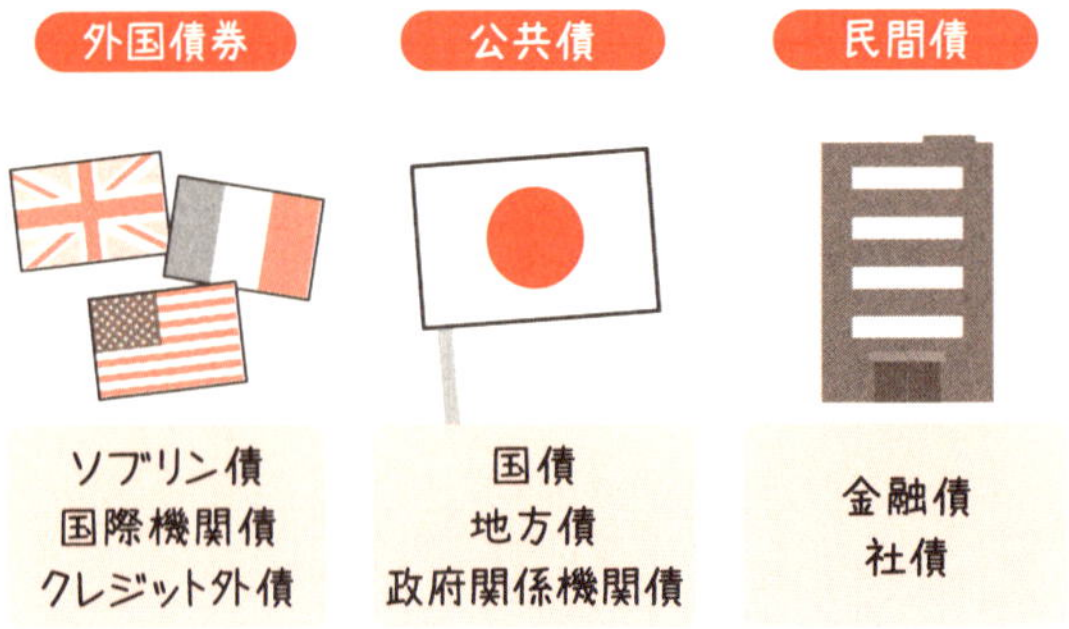

民間債
公共債
外国債券
金融債
社債
国債
地方債
政府関係機関債
ソブリン債
国際機関債
クレジット外債

債券を保有している間は定期的に利子が付き、満期になると額面金額が戻ってきます。

投資したお金が戻ってくる満期日を「**償還日**」と言います。

債券の値動きは株式や不動産（ＲＥＩＴ）と比べると穏やかですが、**中途解約**するとその時点の市場価格（時価）で売却されるため、**元本割れの可能性**があります。

一定のリスクがある分、**債券の利率は銀行預金よりも高め**に設定されています。

債券の利率は発行体の信頼度や安全性によって異なり、破綻リスクが低い国債は利率が低く、発行体が破綻するリスクが高い社債の利率は高い傾向にあります。

2 債券投資のメリット

債券投資のメリットには以下の点があります。

❶ 不景気で株価が下がった時、債券価格は逆に上がる傾向がある

● 債券の仕組み

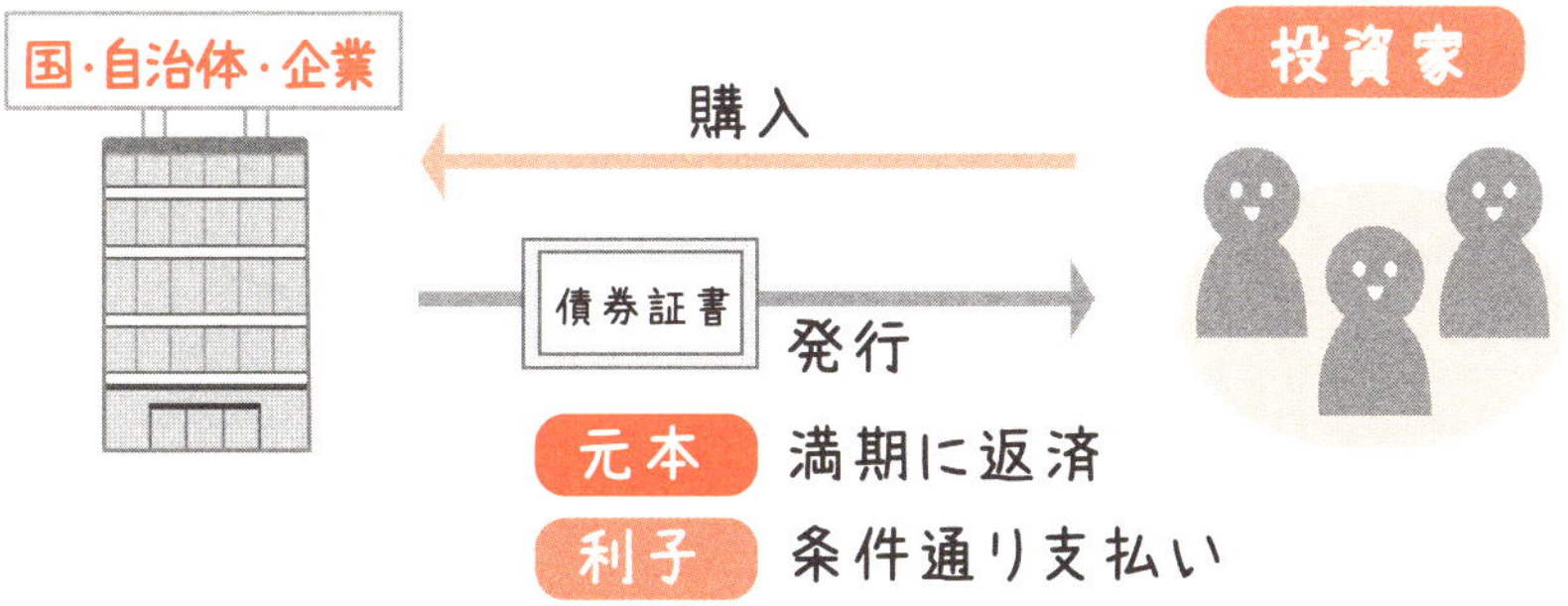

❷ 発行体が破綻しない限り、満期まで保有すれば元本が保証されている
❸ 銀行預金よりも高い利子が期待できる

債券の価格は金利と逆相関を示す

債券価格が金利と逆の値動きを示すことは、債券投資を考えるうえで大変重要なポイントです。

債券の多くは発行時に利子が固定されている（**固定利付債**）ため、購入した後に世の中の金利が変わっても購入済みの債券の利率は変わりません。

債券を購入した後に世の中の**金利が上がる**と、新規発行される債券の利率は上がります。

すると、以前に購入した債券は相対的に利率が低くなり人気が下がるため、**価格が下落**します。

逆に、債券購入後に世の中の**金利が下がる**と、以前に購入した**債券の価格は上がります**。

● 債券価格は世の中の金利と逆に動く

景気と金利の関係

次に、景気と金利の動きについて解説します。

景気が良い時は、多少金利が高くても企業は設備投資などに積極的なので、資金需要が活発になり**金利は上昇**します。

中央銀行は過剰な好景気を抑制するために金利を上げるので、その間は**債券の利率も上昇**します。

一方、世の中が不景気になると、中央銀行は景気対策として**金利を引き下げ**、設備投資などの資金需要を促します。その結果、**債券の利率も下がる**のです。

不景気の時は株価が下落しますが、景気対策として金利が下がると、投資家が保有している債券の価格は上昇します。債券を保有しておくことで株式が不調な時のクッション役が期待できるのです。

債券発行元の信用度を確認する

債券投資で注意すべきなのが、**発行体の破綻リスク**です。

● 景気と金利の動き

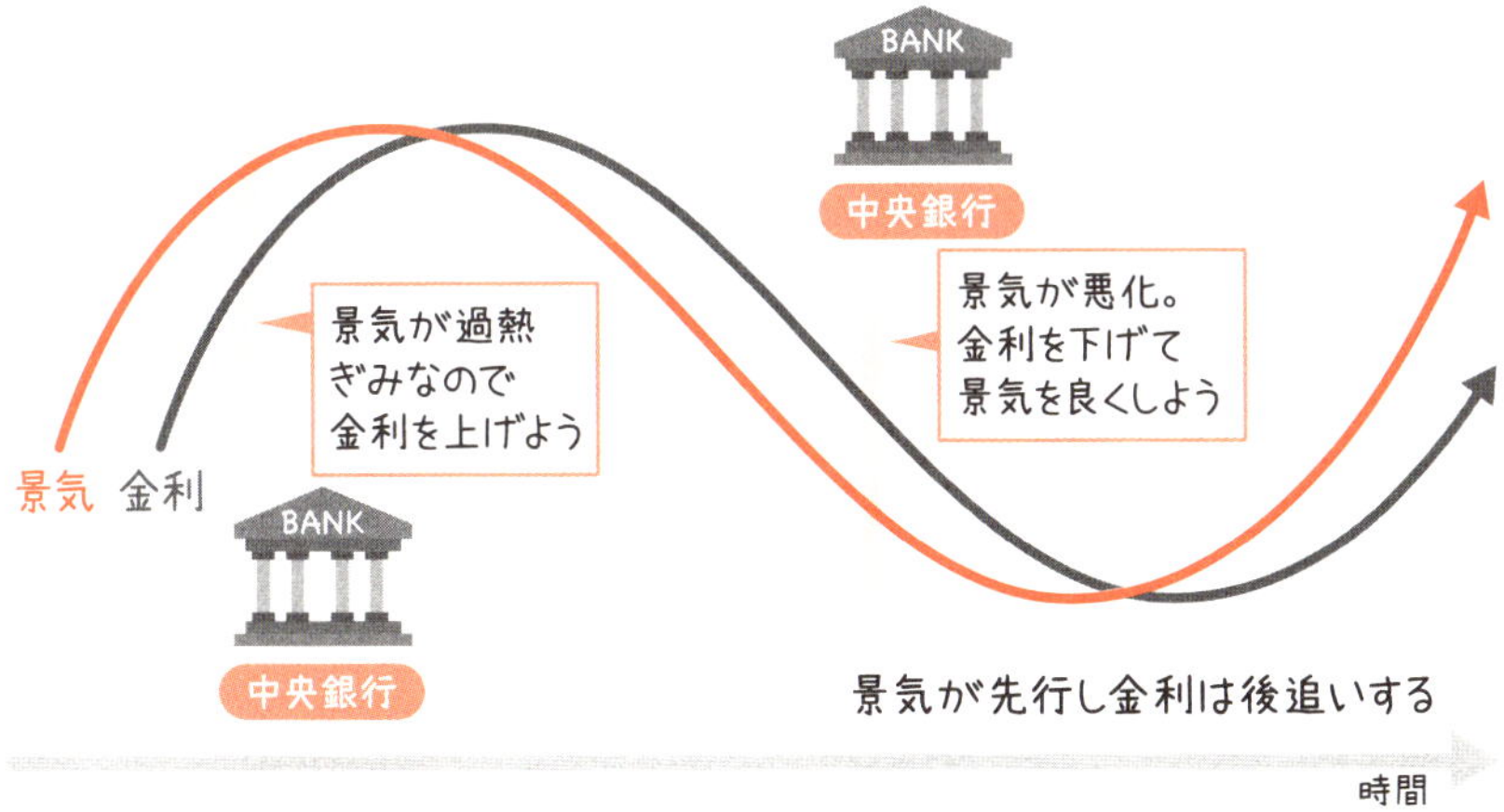
BANK
中央銀行
景気が悪化。
金利を下げて
景気を良くしよう
景気が過熱
ぎみなので
金利を上げよう
景気
金利
BANK
中央銀行
景気が先行し金利は後追いする
時間

発行体が財政破綻や経営難に陥ると、投資した元本が戻ってこない可能性があるからです。

債券には**信用度を測る格付けが存在**し、一番上のAAAから一番下のDまで10段階で評価されます（格付け機関によって異なります）。

一般的に、BBB以上の債券は債務不履行（デフォルト）のリスクが低い「**投資適格債券**」と言われています。

株式よりも安全な投資先として債券を選ぶ場合、元本が戻ってこないデフォルトリスクは絶対に避けたいものです。

よって、債券を選ぶ時は投資適格債券の中から選ぶことをおすすめします。

3 債券投資のデメリット

債券投資の注意点やデメリットには以下の点があります。

● 債券（長期個別債務）の信用格付け

安全性	区分	格付け	定義
高	投資適格	AAA	債務履行の確実性が最も高い
	投資適格	AA	債務履行の確実性は非常に高い
	投資適格	A	債務履行の確実性は高い
	投資適格	BBB	債務履行の確実性は認められるが、上位等級に比べて、将来債務履行の確実性が低下する可能性がある
	投機的水準	BB	債務履行に当面問題はないが、将来まで確実であるとはいえない
	投機的水準	B	債務履行の確実性に乏しく、懸念される要素がある
	投機的水準	CCC	現在においても不安な要素があり、債務不履行に陥る危険性がある
	投機的水準	CC	債務不履行に陥る危険性が高い
	投機的水準	C	債務不履行に陥る危険性が極めて高い
低	投機的水準	D	債務不履行に陥っているとJCRが判断している

出典：日本格付研究所（JCR）の長期個別債務格付の定義より

- 中途解約時には元本割れのリスクがある
- 外国債券の場合、為替レートの変動で損をする可能性がある

中途解約すると元本割れの可能性あり

債券を購入する時に重要なのが、購入時～購入後の景気や金利の動きです。

一般的に、**債券価格は金利と逆に動く**ため、購入後に世の中の金利が上がると債券価格は下がり、その時点で中途解約すると損失が発生します。金利の動きによる債券価格のブレの大きさは、満期までの残存期間によって異なります。

債券は償還期間によって、次の４つに分類されます。

1. 短期債：償還期間が１年以下
2. 中期債：償還期間が１年～５年
3. 長期債：償還期間が５年～10年
4. 超長期債：償還期間が10年以上

● 残存年数の長さで債券の値動きは異なる

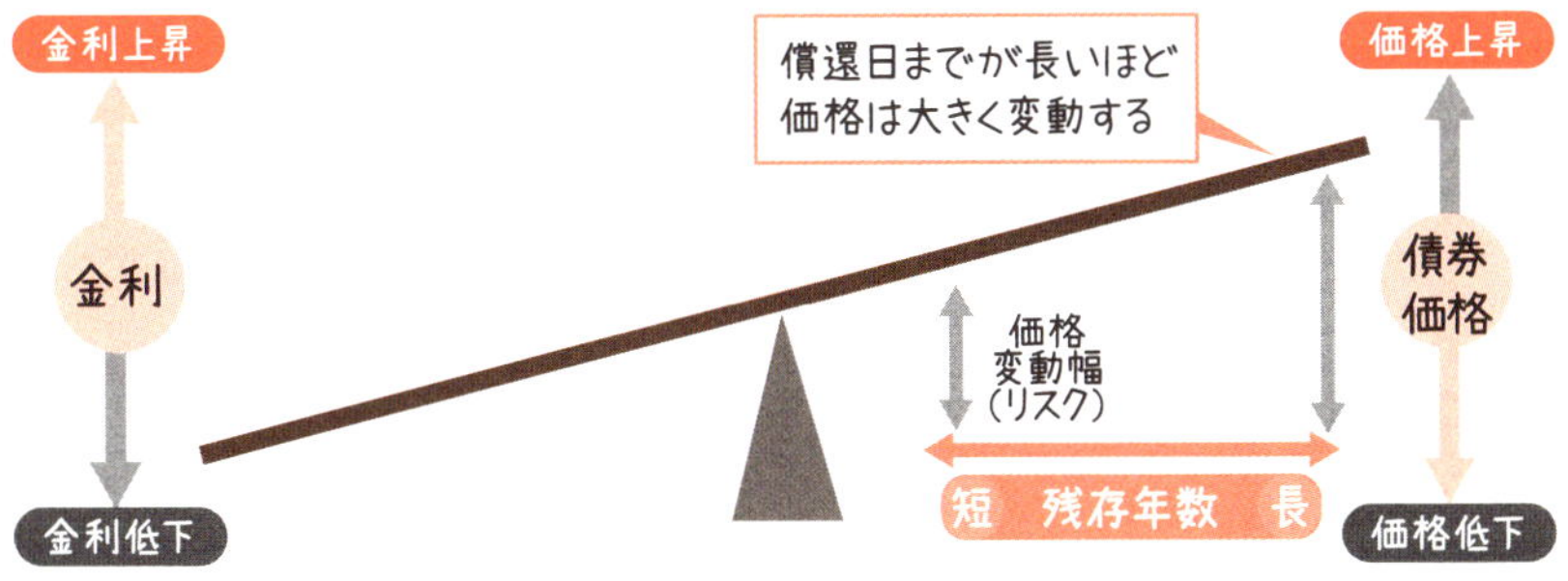

一般的に、満期までの残存期間が**長い長期債や超長期債になるほど、金利の動きによる債券価格のブレが大きくなります**。

債券投資に安定性を求める投資家は、短期債や中期債を中心に投資した方がよいでしょう。

外国債券は為替リスクに要注意

外貨建ての債券に投資する場合、為替レートによって受け取る金額が大きく変動します。

購入時より**円安になると為替差益**が生じ、**円高になると為替差損**が生じます。

外国債券の元本保証というのは「外貨建てで考えれば」という話です。

購入後に急速に円高が進んだ場合、安定性を求めて債券に投資したのに受け取り時に大損する可能性もあるので注意しましょう。

● 外国債券は為替リスクに注意

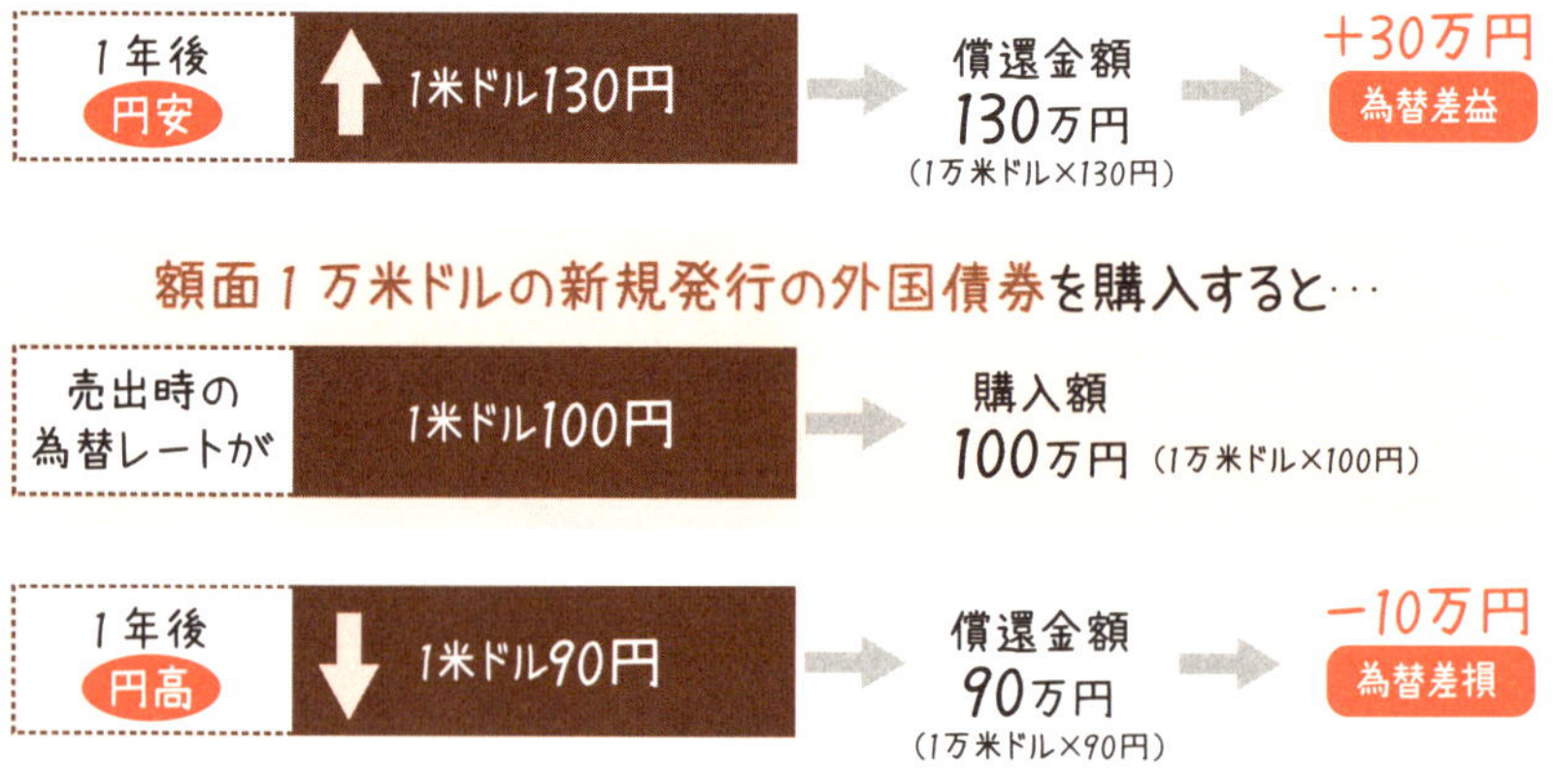

期間1年・額面金額の100%で売出し・償還した場合

06 信頼度が高く安定した資産価値の金に投資する

1 金（ゴールド）投資の特徴

世の中に投資が広まるにつれ、近年では金やプラチナなどの貴金属、原油などのエネルギーといった**コモディティ（商品）**が分散投資の対象として注目されています。

コモディティの中でも、金は世界中どこでも換金でき、**信頼度が高く資産価値も安定していることから投資先として人気**があります。特に、2024年は金が史上最高価格を更新したこともあり、金投資への注目が高まっています。

投資の世界では「**有事の金**」という言葉があり、金は政治・経済の混乱期、戦争や災害時、インフレの時に値上がりする傾向があります。

金は株式や債券のように配当や利子などの付加価値を生み出すものではありませんが、**危機の時に自分の資産を守ってくれる効果**に期待し、分散投資の対象とする人が増えています。

2 金投資の方法――おすすめは金投資信託、金ＥＴＦ

金に投資する主な方法は次の３つです。

❶ **金貨やゴールドバーなど現物を購入する**
❷ **金投資信託やＥＴＦを活用する**
❸ **純金積立**

このうち、私がおすすめするのは**金投資信託や金ＥＴＦ**です。

金は分散投資の対象として魅力がありますが、株式や債券のように長期保有で大きな値上がり益や利子が期待できる投資対象ではありません。よって、金投資は**少額で簡便に投資できる方法**を選ぶことが重要になります。投資信託やＥＴＦであれば、少額から購入でき、現物のように紛失や盗難のリスクもありません。ネット証券であれば、実店舗に行かなくても売却注文をすれば数日以内に現金化できるのもメリットです。

純金積立は少額から開始でき、自動積立にも対応しているメリットがありますが、年会費や購入時手数料などコスト面が割高なことが多いです。もちろん、金投資信託や金ＥＴＦも購入時や保有中にコストがかかりますが、純金積立と比較すれば割安です。特に、**金ＥＴＦは投資信託と**

比較してもコストが低い優れた商品が多く、金を長期保有する場合には最もおすすめです。

3 金投資のメリット、デメリット

金投資のメリット

金投資の主なメリットは以下の３つです。

❶ インフレに強い
❷ 有事に強い
❸ 世界中で一定の需要と信頼性がある

金投資の最大の魅力は、**インフレや有事に強い**ことです。インフレでは物の値段が上がり、現金の価値が下がります。実物資産である金は、金そのものに貴金属としての資産価値や希少性があるため、**インフレ時には価格が上がりやすい**のです。

● さまざまな金投資の方法とメリット、デメリット

	商品の特徴	メリット	デメリット
金地金	現物の金を購入する延べ棒やインゴット	・家や銀行の金庫にしまっておける	・盗難、紛失のリスク ・少量だと手数料が割高
金貨	外国の政府が発行する金貨	・家や銀行の金庫にしまっておける ・趣味として楽しめる	・盗難、紛失のリスク ・単価は金地金よりも高くなる傾向
純金積立	毎月一定額を金の現物に積立投資	・少額から始められる ・ドルコスト平均法になる ・現物引き出しも可能	・利息がなく複利効果が得られない
金投資信託	金で運用する投資信託に投資する	・金の値動きを手軽に資産運用に生かせる ・運用をプロに任せられる ・少額から積立投資可能	・現物と交換できない ・保有中のコスト(信託報酬)がかかる
金ETF	金で運用するETF(上場投資信託)に投資する	・金の値動きを手軽に資産運用に生かせる ・金投資信託より低コスト	・現物と交換できない ・保有中のコスト(信託報酬)がかかる

家計資産の一部で金を保有することで、**インフレによる資産価値減少を抑えられる**のがメリットです。

また、戦争や災害など有事の際は世界経済が混乱に陥るため、株式市場は暴落することが多いです。金は世界中で取引され、希少性や資産価値が広く認められているため、**危機時の安全資産として金を買い足す人が増え、金価格は上昇する傾向**があります。

金投資のデメリット

金投資の主なデメリットは以下の3点です。

❶ 配当や利息などの付加価値を生まない
❷ 現物の金は紛失や盗難のリスクがある
❸ 株式や債券と比較して管理コストが高い

金は実物資産なので、株式のように大きな値上がり益は期待できず、配当や利子などの付加価値も生まないため、長期投資の主役には不向きです。

近年は低コストで優れた金投資信託やＥＴＦが増えていますが、株式や債券に投資する商品と比べると、**保有中にかかるコスト（信託報酬など）が割高**な点にも注意しましょう。

● 金、世界株、ドル円価格の長期チャート

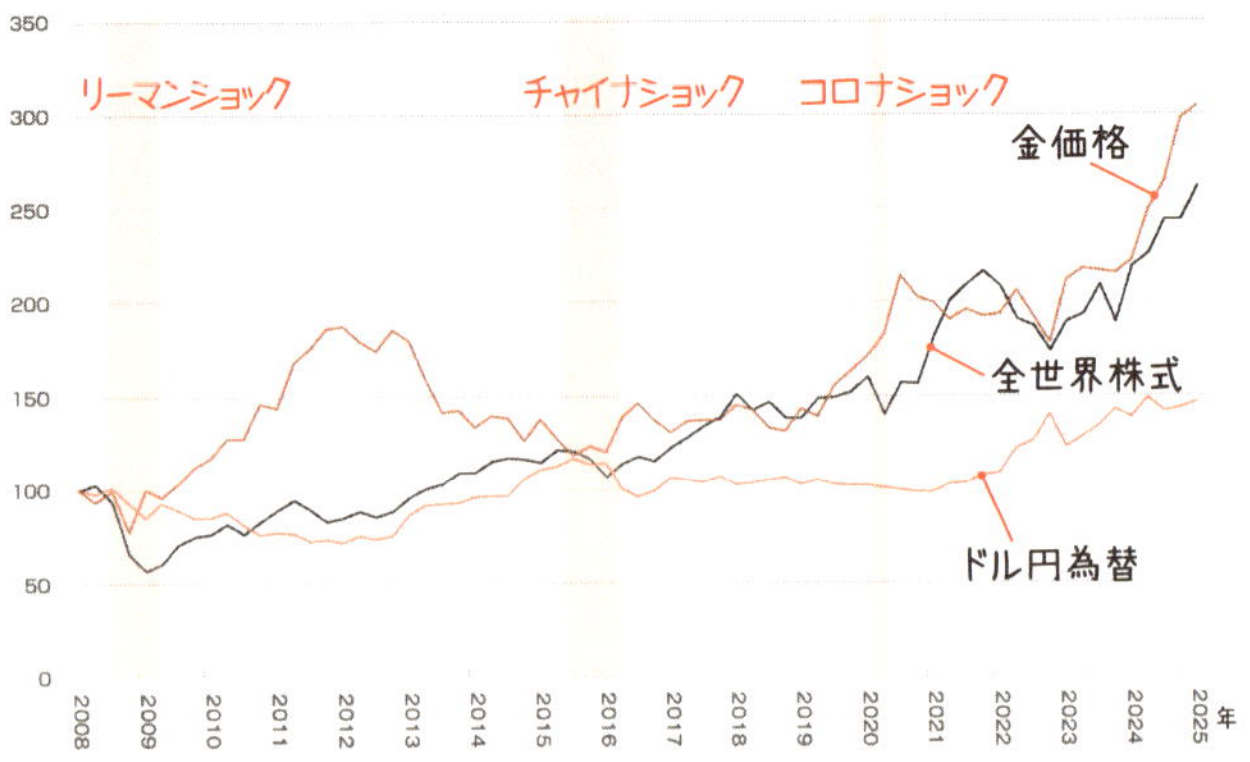

金はドルベース、全世界株式はMSCIワールドインデックスより（各年1月から3ケ月ごとのデータ）

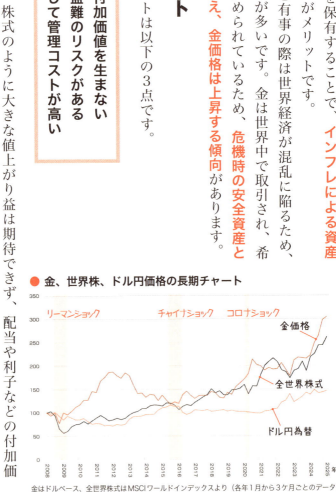

07 不動産（REIT《リート》）投資で運用する

1 現物不動産とREITの違い

不動産投資には、**現物不動産投資**と**REIT**（Real Estate Investment Trust：不動産投資信託）の2つがあります。

現物不動産投資のメリット、デメリット

現物不動産投資とは、**賃貸物件のオーナー**のことです。マンションやオフィスビルなどの不動産を実際に購入して、**賃料や物件の売却益で収益を得る**方法です。

一般的な「不動産投資」のイメージは現物不動産だと思いますが、物件取得に巨額の費用がかかるうえ、物件管理のノウハウも求められ

不動産を所有すると賃貸料の収入、売却益が期待できます。また、不動産を小口証券化したREITは少額から購入することができます。

るので、初心者が手を出すにはハードルが高いです。

現物不動産は購入時に銀行から資金の借り入れが可能なので、少ない資金で大きなリターンを狙える（高レバレッジ）のが魅力です。

一方で、**投資に失敗した時のリスクも高くなる**ため、不動産投資に相当な時間や労力を割ける人でなければ現物不動産投資はおすすめできません。

また、**現物不動産は売り手が見つからないと現金化できない**のもデメリットです。

不動産市況が悪いと、いつまでも物件が売れなかったり、たとえ売れても購入時価格を大きく下回る可能性があるので注意が必要です。

REITの仕組み

私たちが家計資産の一部として不動産に少額投資する時は、REITを使うのがおすすめです。

REITとは、多くの投資家から集めた資金でオフィスビルや商業施設などの不動産に投資し、得られ

● REITの仕組み

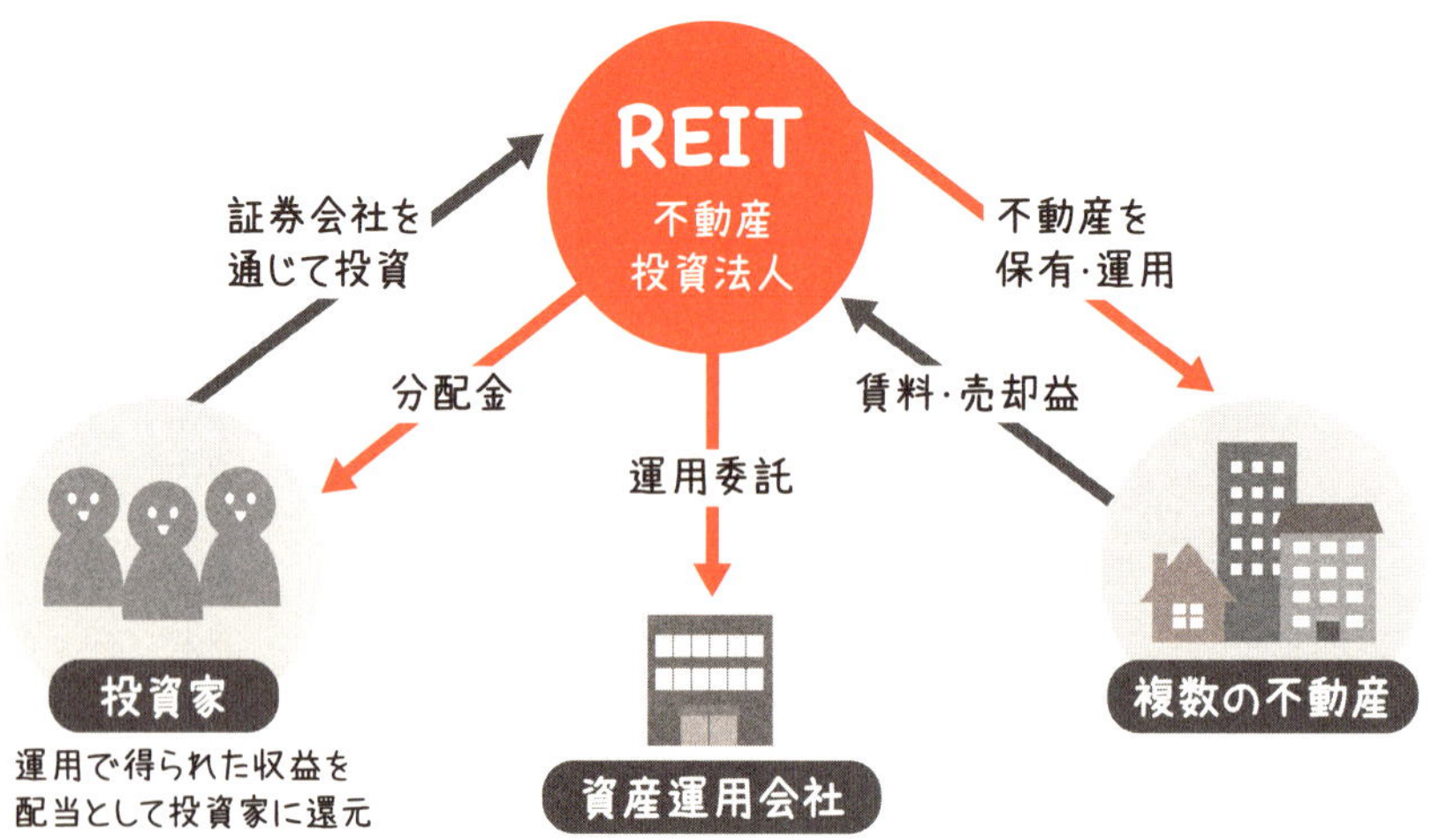

た**賃料収入や物件の売却益を投資家に分配する**る金融商品です。

ＲＥＩＴは投資信託の一種で、私たちの代わりに不動産投資のプロが運用してくれるので、不動産投資のノウハウがなくても不動産に投資できるのが最大の魅力です。

2 ＲＥＩＴ投資の方法

ＲＥＩＴに投資する主な方法は以下の３つです。

❶ ＲＥＩＴの個別銘柄
❷ ＲＥＩＴ ＥＴＦ
❸ ＲＥＩＴ投資信託

日本国内のＲＥＩＴのうち、東京証券取引所に上場しているＲＥＩＴを「**Ｊ-ＲＥＩＴ**」と言います。上場しているＪ-ＲＥＩＴの銘柄数は58で、Ｊ-ＲＥＩＴの種類によってオフィスビル、賃貸住宅、商業施設、ホテル、物流施設、データセンターなど、投資対象としている不動産の種類が異なります。

ＲＥＩＴの個別銘柄を選ぶのが難しいという人は、東証ＲＥＩＴ指数に連動する投資信託やＥＴＦに投資すれば、Ｊ-ＲＥＩＴの全銘柄に分散投資することができます。

また、海外REITは個別銘柄を購入するのは難しいですが、投資信託やETFには先進国や新興国のREITに広く分散投資できる商品があります。分散投資の対象として、国内外の不動産市場を一通り押さえておきたいという方は、REIT投資信託やETFを活用するのがよいでしょう。

3 REITのメリット、デメリット

REITのメリット

REITの主なメリットは以下の4つです。

❶ 少額で不動産投資が可能
❷ 物件管理の手間がなく、売買が容易
❸ 株式と比べて分配金利回りが高め
❹ 不動産はインフレに強く、長期で値上がりが期待できる

● REIT投資の方法

	REIT	REIT ETF	REIT 投資信託
投資対象	単一のREIT	複数のREIT	
取扱い金融機関	証券会社		銀行、郵便局、証券会社など（取扱商品は金融機関ごとに異なる）
取引できる時間	金融商品取引所の取引時間		販売会社が決める時間
注文方法	株式と同様にリアルタイムで売買できる		基準価額は翌日以降に算出。注文時はわからない。
最低投資金額	数万〜数十万円	NF J-REIT(1343)で18000円程度	100円〜（金融機関により異なる）
主な手数料	売買手数料（証券会社ごとに異なる）	売買手数料（証券会社ごとに異なる）信託報酬（銘柄ごとに異なる）	購入時手数料（商品・金融機関ごとに異なる）信託報酬（商品ごとに異なる。ETFより高い傾向あり）

REITの魅力は、**少額で不動産に簡単に投資**できることです。

現物不動産投資には何千万〜何億円といった巨額の資金が必要ですが、REITの場合は投資信託なら100円や1000円から、個別銘柄でも数十万円以下で投資可能です。

物件管理などの手間や労力がかからず、東証に上場しているので通常の株式と同様に簡単に売買できるのもメリットです。

REITは分配金利回りが高く、インフレに強い

J-REITの分配金利回りは3%〜4%台で推移しており、日本株の平均的な配当利回りよりも高いです。

J-REITは、不動産投資で得た収益の90%以上を投資家に分配するなどの一定条件を満たすことで**法人税が免除**されます。よって、収益の大部分が投資家

● REITは日本株よりも分配利回りが高い

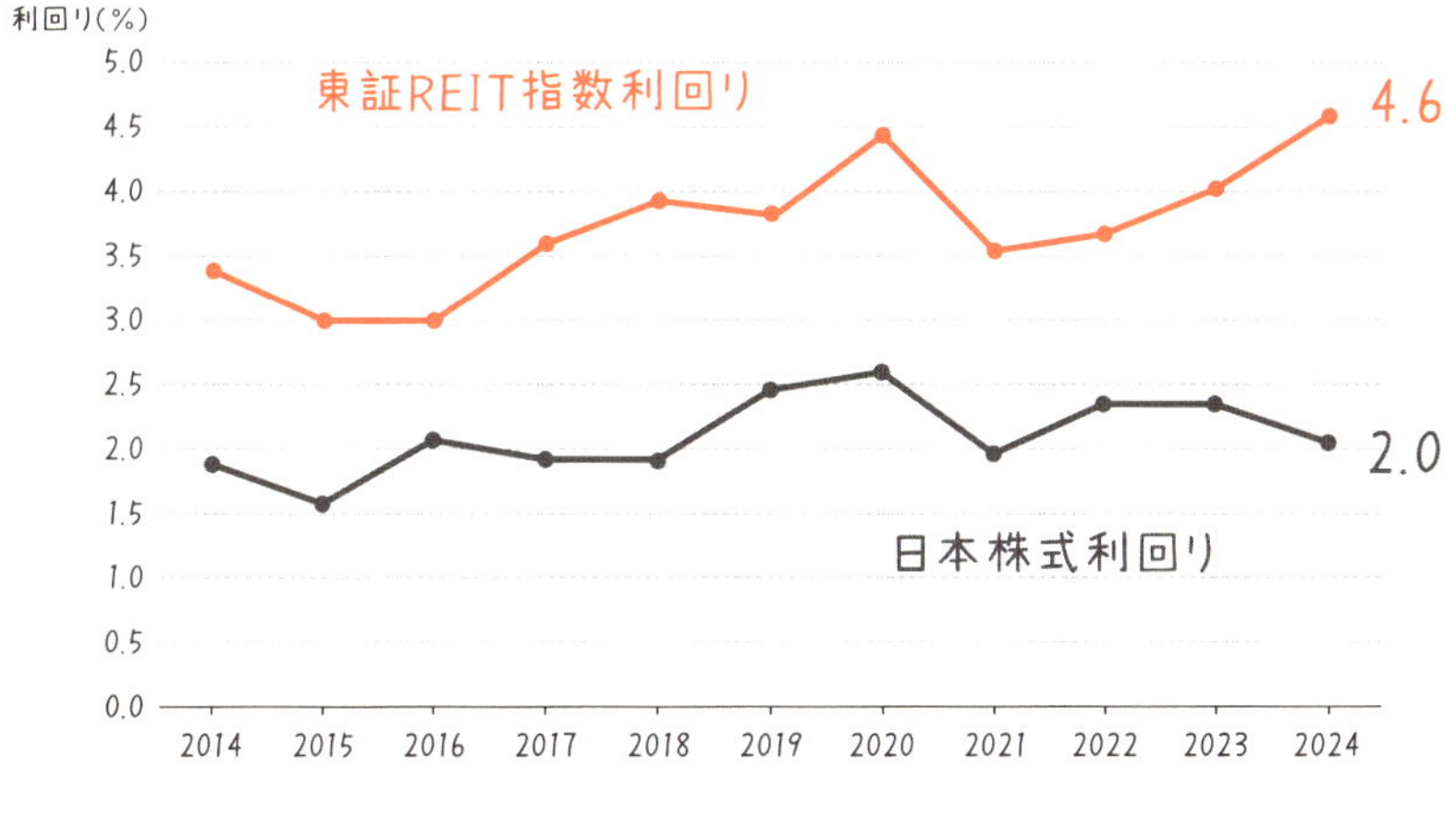

出典：大和アセットマネジメントサイトより

に還元されるため、**分配金利回りが高い**のです。

不動産の賃料は世の中の物価と連動して上がっていく傾向があるため、**不動産はインフレに強い資産**として知られています。

REITの長期的な収益は株式には及びませんが、高い分配金利回りで安定したインカムを得ながら、インフレにも負けない投資先として根強い人気があります。

REITのデメリット

REITの主なデメリットは以下の2つです。

> **❶ 市場で売買する金融商品なので、景気変動の影響を受けやすい**
> **❷ 災害や倒産のリスクがある**

REITは市場でリアルタイムで売買される金融商品なので、現物不動産よりも景気変動の影響を受けやすく、**価格の変動が大きい**です。

実際、2008年の世界金融危機（リーマンショック）や2020年のコロナショックの時、REIT市場は30%~50%以上の大暴落を記録しました。

債券とは異なり、**暴落時には株式市場と連動して大きく値下がりする傾向**が見られるため、危機時の安全資産としての役割は期待できません。

ＲＥＩＴは現物不動産を投資対象としているため、地震などの自然災害により保有不動産が被害を受けると、価格が下落したり分配金が減る可能性があります。

また、金利上昇など市況の変化によって資金の借入が困難になった場合、倒産するリスクがあるので注意しましょう。

リスクを抑えながらＲＥＩＴに投資するには、東証ＲＥＩＴ指数や不動産市場の動向に注意を払うことが重要です。

１つのＪ－ＲＥＩＴに集中投資するのではなく、**不動産の種類やタイプが異なる複数のＪ－ＲＥＩＴに分散投資**したり、**東証ＲＥＩＴ指数に投資できる投資信託やＥＴＦを活用**するとよいでしょう。

● REIT は暴落時の下落幅が大きく危機には弱い

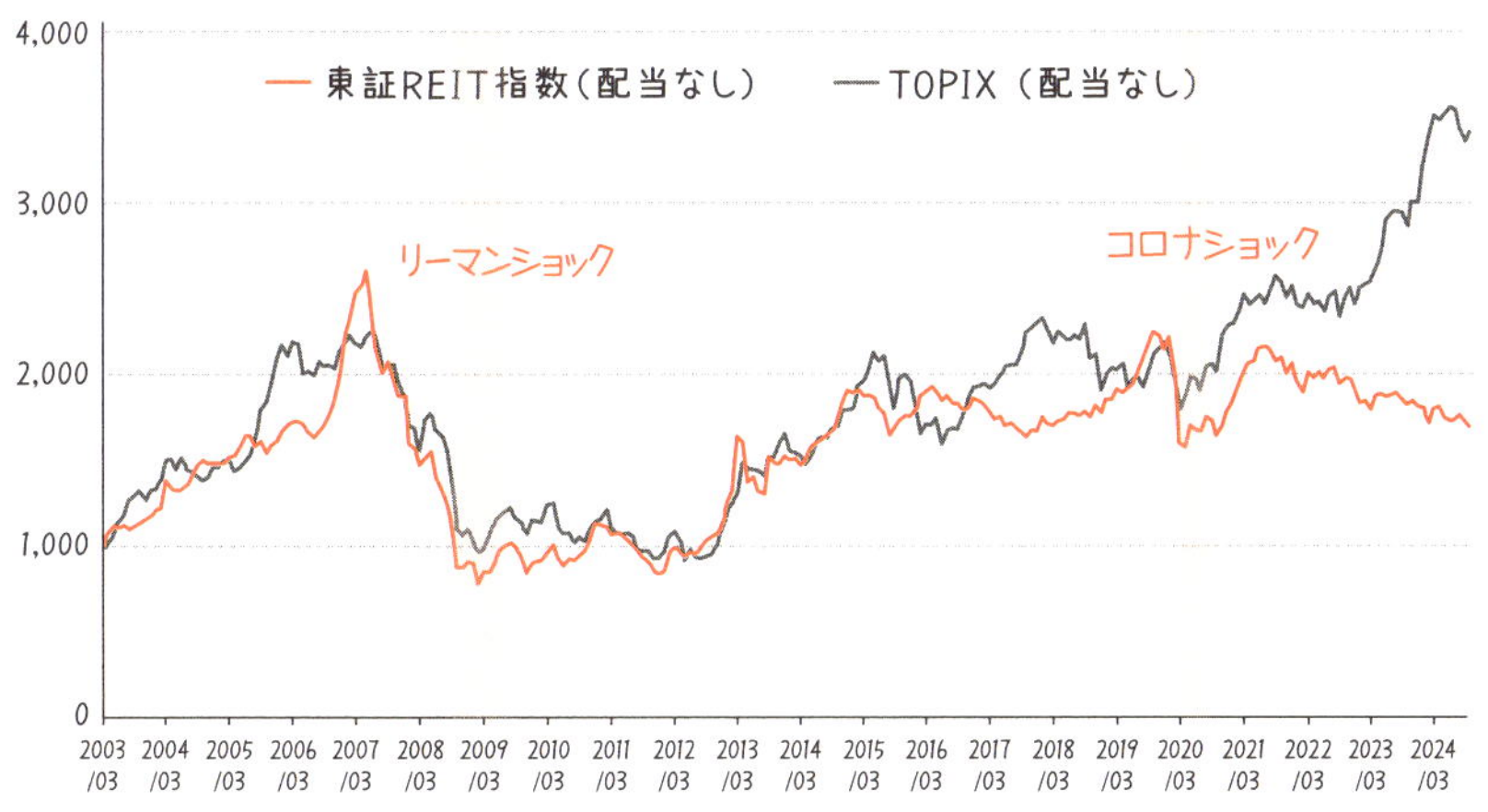

出典：Bloomberg

08 暗号資産（仮想通貨）に投資する

近年、投資対象として急激に注目度が高まっているのが**ビットコインなどの暗号資産（仮想通貨）**です。

２０２４年11月の米国大統領選挙で、「アメリカをビットコイン超大国にする」と宣言したドナルド・トランプ氏が再選したことから、ビットコインなど暗号資産への期待が高まり、価格が急騰しました。

ビットコインをはじめ暗号資産への投資は、大きな利益が期待できます！
ハッキングなどのリスクもありますが、正しい知識を得ておきましょう！

1 ビットコインの誕生と時価総額の急成長

ビットコインの誕生

ビットコインは、２００８年にサトシ・ナカモトと名乗る匿名の人物が投稿した論文をきっかけに開発されたデジタル通貨です。

日本円や米ドルなどの法定通貨の場合、お金の管理や取引は銀行の仕事ですが、ビットコインはインターネットを通じて、銀行を介さずに直接お金を送受金することができます。

従来の金融システムとは異なり、**ブロックチェーンという取引の安全性や透明性を保証する新技術**が提唱されたことで大きな注目を集めました。

このように、法定通貨と異なり、国家や銀行のような**中央管理者の裏付けを必要としない**のがビットコインの大きな特徴です。

ビットコイン市場の急成長

2010年5月、1万ビットコインでピザ2枚を購入する初の取引が行われましたが、当時はビットコインの価値が低く、「1ビットコイン＝約5円」であったと言われています。

2010年代後半になると暗号資産取引所が次々と開設され、一般の投資家も暗号資産投資に参入できる体制が整いました。

● ビットコイン価格は200万倍以上に

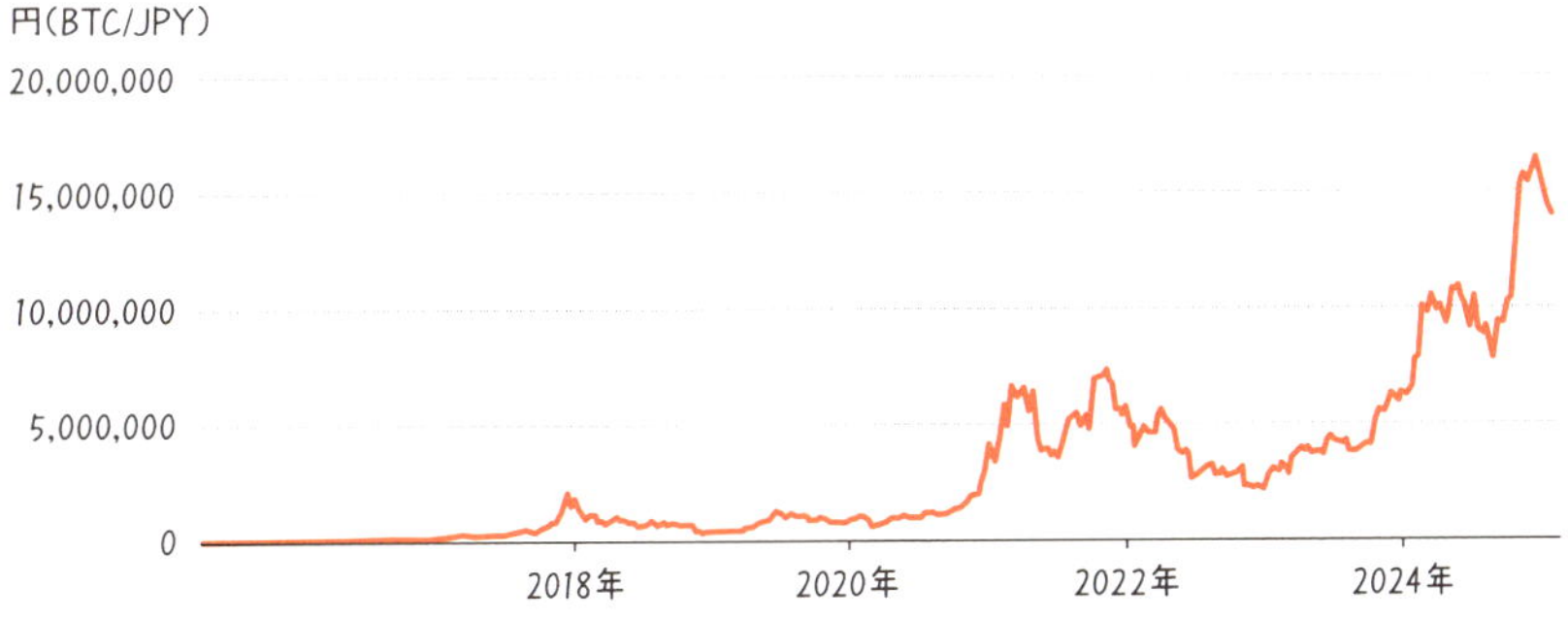

2017年末にビットコイン価格が急騰したことで多くの「ビットコイン長者」が誕生し、投資対象の1つとして広く認知されるようになりました。

2024年11月には1ビットコインが1400万円を超え、時価総額は1・75兆ドルに到達して銀の市場を上回り、分散投資の対象として無視できない市場規模になっています。

2 ビットコインとアルトコインは別物と考える

暗号資産は次の2つに大別されます。

❶ビットコイン（BTC）
❷ビットコイン以外の暗号資産（アルトコイン）

暗号資産投資で重要なのは、ビットコインとそれ以外のアルトコインを別物として切り離して考えること

● 暗号資産の時価総額トップ10銘柄と価格（円）

順位	通貨名	価格（円）	時価総額（億円）
1	ビットコイン（BTC）	12,614,815	2,481,556
2	イーサリアム（ETH）	295,706	355,292
3	リップル（XRP）	360.178	210,434
4	ビルドアンドビルド（BMB）	94,686	133,385
5	ソラナ（SOL）	19,194	96,669
6	カルダノ（ADA）	107.644	37,575
7	ドージコイン（DOGE）	25.338	37,378
8	トロン（TRX）	34.789	33,066
9	ラップドビットコイン（WBTC）	12,585,368	16,130
10	チェーンリンク（LINK）	2,126	13,881

2025年3月時点

です。

ビットコインに次ぐ時価総額第2位のイーサリアムは投資対象として有望かもしれません。

しかし、時価総額が小さく流動性の乏しい「草コイン」と呼ばれる暗号資産の大半はまともな投資先とは呼べず、詐欺やマネーロンダリングなど犯罪の温床となっているのが現状です。

私たちは暗号資産の専門家ではありませんので、ビットコインだけを長期投資先として検討し、よく理解できない暗号資産は全て無視するのが無難でしょう。

3 ビットコインの特徴

ビットコインの主な特徴は以下の3点です。

1. ブロックチェーン技術で管理される
2. マイニングによって報酬が得られる
3. 発行上限が2100万BTCに設定されている

ビットコインのデジタルゴールドとしての役割

この3つはいずれもビットコインの重要な特徴ですが、その中でも「発行上限が2100万B

TCに制限されている」ことがビットコイン投資を考えるうえで最大のポイントです。

ビットコインは法定通貨と異なり、中央銀行などの発行元が存在しません。その代わりに、ブロックチェーン上で新しい取引データを検証・承認し、その報酬として新しいビットコインを得る「マイニング」という仕組みが存在します。

マイニングによって得られるビットコインは、約4年に1回訪れる「半減期」ごとに半減する仕組みになっています。現在までに発行されたビットコインは約1970万BTCで、上限に近づくにつれてビットコインの発行スピードは下がっていきます。

最終的に2100万BTCが全て発行された後はビットコインの供給量は永遠に増えません。

このように、発行上限が決まっていることによって年月を経るにつれてビットコインの希少性は高まるので、価値貯蔵機能に優れた「デジタルゴールド」として注目されています。

ビットコインは長期投資の一択です!

ビットコインは他の資産と比べて値動き（ボラティリティ）が非常に大きいのが特徴です。

ビットコイン投資と言うと「短期で大儲け」を狙う人が多いですが、値下がり幅やスピードも桁違いなので、失敗した時のリスクも甚大です。

ビットコインの供給量が減って希少性が高まり、かつビットコインを買いたいと考える人が増えて需要が高まれば価格は自ずと上昇しますので、私はビットコインに投資するなら長期投資一択だと考えています。

4 ビットコイン投資の危険性

ビットコイン投資などの暗号資産には、他の資産にはない特有のリスクがあります。

❶ 暗号資産の仕組みやセキュリティに欠陥が見つかり価値がゼロになる
❷ 誰にも利用されなくなり、徐々に価値が下がって消滅する

暗号資産の仕組みやセキュリティに致命的な欠陥が見つかった場合、ビットコインだけでなく、暗号資産市場そのものが消滅する可能性があります。

ビットコインなどのメジャーな暗号資産では利用者が減る心配はほとんどありませんが、時価総額や流動性に乏しい草コインでは、利用者が減って**消滅するリスク**が常に存在します。

5 ビットコインは暗号資産取引所で売買する

ビットコインは株や債券のように証券会社では売買できず、**暗号資産専用の取引所に口座を開設する**必要があります。

日本国内にもCoincheck、ＳＢＩ ＶＣトレード、bitbank、ＧＭＯコイン、楽天ウォレットなど多くの**取引所**があります。暗号資産は、**取引所によって入出金にかかる手数料や買値と売値の価格差（スプレッド）が大きく異なる**ため注意が必要です。

国内取引所は金融庁の厳重な審査をクリアしたうえで営業が認められているため、どの会社を選んでも一定の経営安定性は保証されています。しかし、DMMビットコインが約482億円分のビットコイン不正流出事件を起こして廃業となるなど、株を売買する証券会社と比べると一定のリスクはあるでしょう。

万が一の時に資産が守られるよう、利用者が多く経営が安定した取引所を選ぶことが重要です。

暗号資産は税金に注意

会社員などの給与所得者の場合、会社から年末調整を受けているので、原則として確定申告を行う必要はありません。しかし、**暗号資産を売却して年間20万円以上の利益が出た場合は確定申告が必要**になりますので注意しましょう。

暗号資産で得た利益は課税対象となり、「**雑所得**」に分類されます。給与所得など他の所得と合算した総所得金額に応じて税率が変動する「**累進課税**」が適用されます。

暗号資産投資で大きな利益が出た場合、所得税の最高税率45％になる可能性があり、多額の税金の支払いが生じるので注意が必要です。

4時限目
インデックス積立投資でお金を増やそう！

投資の初心者の方にお勧めなのが、インデックスの積立投資です！
NISAと併用すれば最強です！

01 初心者はインデックス投資から始めよう

世の中には個別株、インデックス投資、債券、金、不動産、暗号資産など様々な投資商品があります。私は、それらの中で**初心者に最もおすすめできるのが投資信託やETFを使ったインデックス投資**だと考えています。

なぜインデックス投資が初心者向きなのか詳しく解説します。

1 インデックス投資は簡単で優秀

インデックス運用 VS アクティブ運用

インデックス運用は日経平均やS&P500などの**株価指数に投資**し、**市場全体の値動きと同じ投資成果を目指す方法**です。

日経平均などの株価指数に連動して価格変動するインデックス運用は、毎月積み立てながらいつの間にか増えている優れた投資方法です！

アクティブ運用は、様々なデータをもとに株価上昇が期待される銘柄を厳選して投資し、**インデックス運用を上回る投資成績を目指す**方法です。

アクティブファンドを運用するファンドマネージャーの力量次第で、市場平均を大きく上回るリターンが得られる可能性があるのが魅力です。

投資のプロでもインデックス運用に勝つのは困難

「インデックスを上回る投資成績が狙える」と聞くと、アクティブファンドの方が魅力的に思えます。

では、実際に指数を上回る投資成績をあげているアクティブファンドはどのくらいあるのでしょうか。

S&Pグローバル社が提供しているデータによれば、過去10年間でインデックス（市場平均）に勝っているアクティブファンドの割合は、米国で約10%、日本で約20%にすぎません。

日米だけでなく、欧州やカナダなど他の先進国、メキシ

● インデックスファンドとアクティブファンドの違い

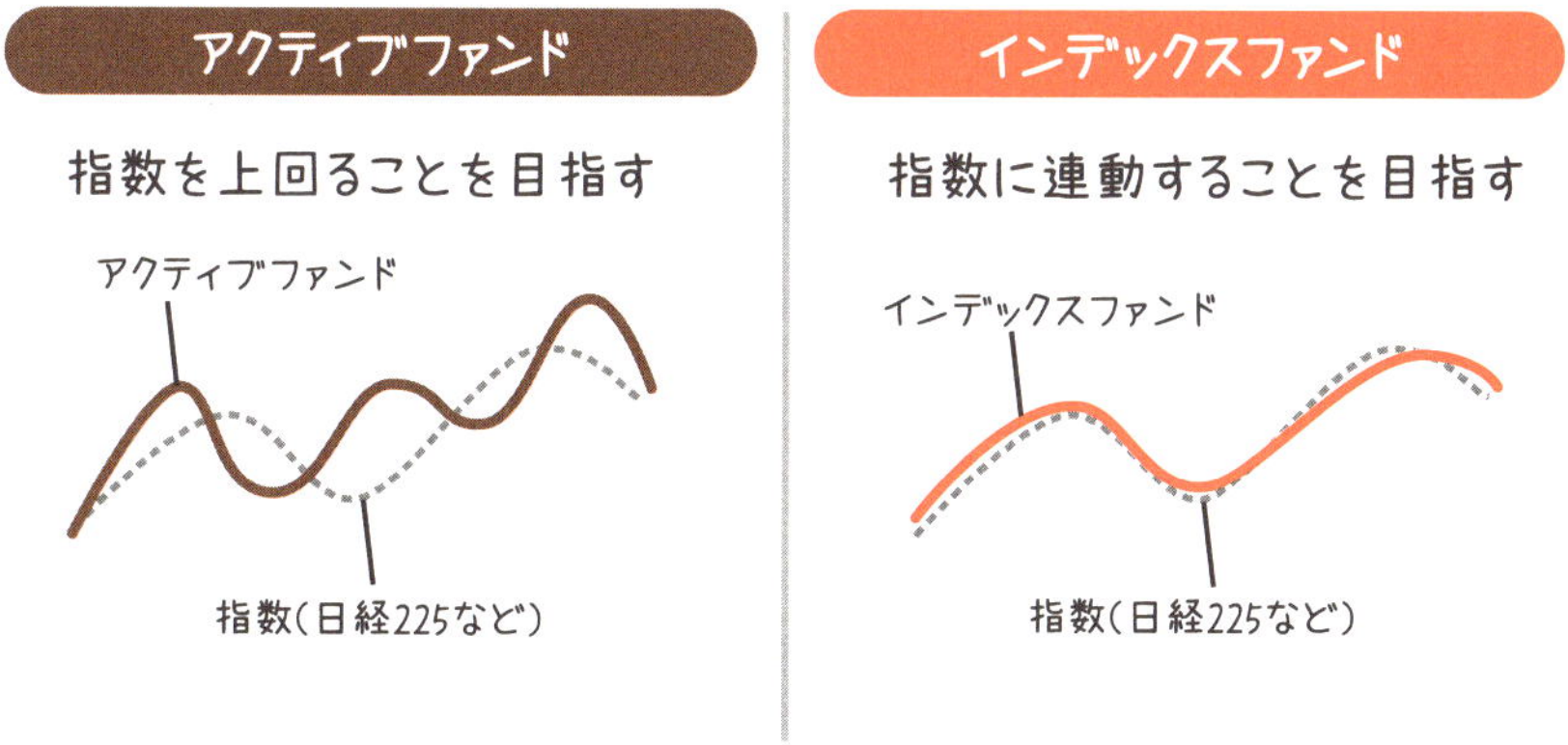
アクティブファンド
指数を上回ることを目指す
アクティブファンド
指数（日経225など）
インデックスファンド
指数に連動することを目指す
インデックスファンド
指数（日経225など）

コ、ブラジル、南アフリカなどの新興国でも同様の結果が報告されています。

インデックス投資が狙う「市場平均」は投資の世界では大変優秀であり、**投資のプロが運用するアクティブファンドでも80％以上は勝てない**のです。

特別な知識やスキルを持たない初心者が、個別株でインデックス投資に勝つのは困難であることが分かります。

2 「バイ＆ホールド」で手間いらず

インデックス投資では、一度買ったら保有し続ける**「バイ＆ホールド」戦略が最適**なので、投資タイミングを計る必要がありません。

インデックス投資の古典『敗者のゲーム』の中で、著者のチャールズ・エリスは、

❶タイミングを狙った売買はリターンを低下させる危険性が高い
❷株式投資で勝つためには株式市場に参加し続けるだけでよい

と主張しています。

次ページの下図のとおり、１９８０年〜２０１６年の36年間のうち、Ｓ＆Ｐ５００が最も上昇したベスト30日を逃すだけで投資リターンが半減するというデータがあります。

このように、株価が急上昇するタイミングのことをエリスは「**稲妻の輝く瞬間**」と例えています。

「稲妻が輝く瞬間」はいつ訪れるか予想できず、一瞬で過ぎ去ってしまうので、株式投資で確実にリターンを得るには常に市場から離れない**「バイ&ホールド」が最善**なのです。

3 NISA、iDeCoなどの非課税制度との相性が抜群

インデックス投資は、NISA（少額投資非課税制度）やiDeCo（個人型確定拠出年金）など、**国が用意している非課税制度との相性が抜群**です。

NISAやiDeCoでは「**長期・分散・積立**」に適した金融商品を買うことが勧められており、商品ラインナップにインデックスファンドが多いからです。

通常の課税口座で運用した場合、投資信託を売却する時に利益に対して20・315%の税金がかかります。

投資を長く続けて利益が増えるほど、売却時に支払う税金

● S&P 500が急上昇する日を逃した場合に失う投資リターン

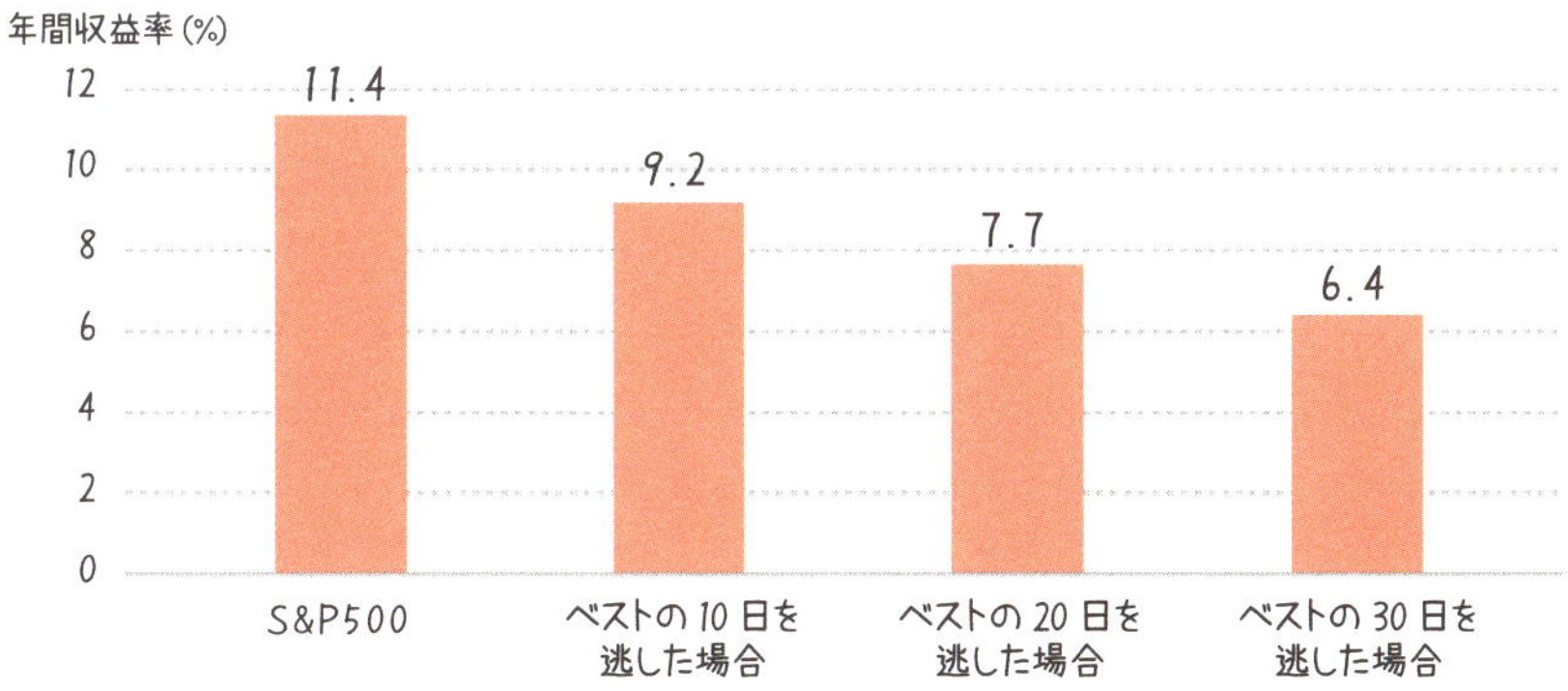

出典：チャールズ・エリス著『敗者のゲーム』第8版より

も多額になってしまいます。

投資商品を売却する時の税金はリターンを引き下げる大きな要因ですが、NISAやiDeCoの口座内ならば利益にかかる税金がゼロになります。

長期投資では非課税の恩恵は非常に大きいので、これから投資を始める方は**非課税制度の利用は必須**と言えるでしょう。

4 株式の知識がなくても始めやすい

インデックスファンドは日経平均やS&P500などの株価指数と同じ値動きを示すので、値動きが分かりやすく、**初心者でも相場を把握しやすい**です。

個別株の場合、1銘柄ごとに企業分析を行い、適切な投資タイミングを検討する必要があります。一方、インデックス投資は株価指数の中身を理解するだけで始められるので、**運用の手間がかかりません**。

また、インデックスファンドは1本購入するだけで、**様々な国や地域、業種の銘柄に分散投資**できます。

特定の銘柄が暴落したとしても、他の銘柄の値上がり分で相殺できる可能性があり、個別株よりも**価格変動リスクを抑えながら投資できます**。

02 早く始めて複利効果を活かそう

1 単利と複利ではこんなに違う！

インデックス投資で成功する鍵は「**複利運用**」にあります。まずは**「単利」と「複利」の違い**を押さえましょう。

単利とは、当初の**元本の金額のまま運用**して収益を得る方法です。単利では、運用で得た利益を再投資せず元本が変わらないため、投資で得られる利益も変わらないのが特徴です。

一方、**複利**とは、**運用で得た利益を元本にプラスして再投資**し、その合計金額をもとに収益を得る方法です。

複利は「利益がさらなる利益を生む」仕組みであり、「元本＋利益」を再投資し続けることにより、得られる利益がどんどん増えて

元本につく金利に、さらに金利がつくのが複利運用です。雪だるま式に増えていく複利運用を早く開始して資産を増やしていきましょう！

いくのが特徴です。

これを**複利効果**と言います。

同じ「年利5％」でも、運用年数が長くなるほど単利と複利で得られる利益の差が大きくなります。

複利効果をインデックス投資に活かすためには、

❶ 配当金や分配金を再投資に回す
❷ 毎月の積立投資を継続する

この2点を守り、投資元本をどんどん大きくしていくことが重要です。

投資信託の場合、多くの商品では分配金は投資家に支給されず、**自動で再投資**に回されます。

分配金を受け取れない点をデメリットと感じるかもしれませんが、実は分配金を受け取らずに再投資することで基準価額が上昇するため、投資家は何もしなくても複利効果が得られるメリットがあります。

ＥＴＦの場合、**分配金は所定の税金（日本国内では**

● 同じ「年利5%」でも単利と複利ではリターンが異なる

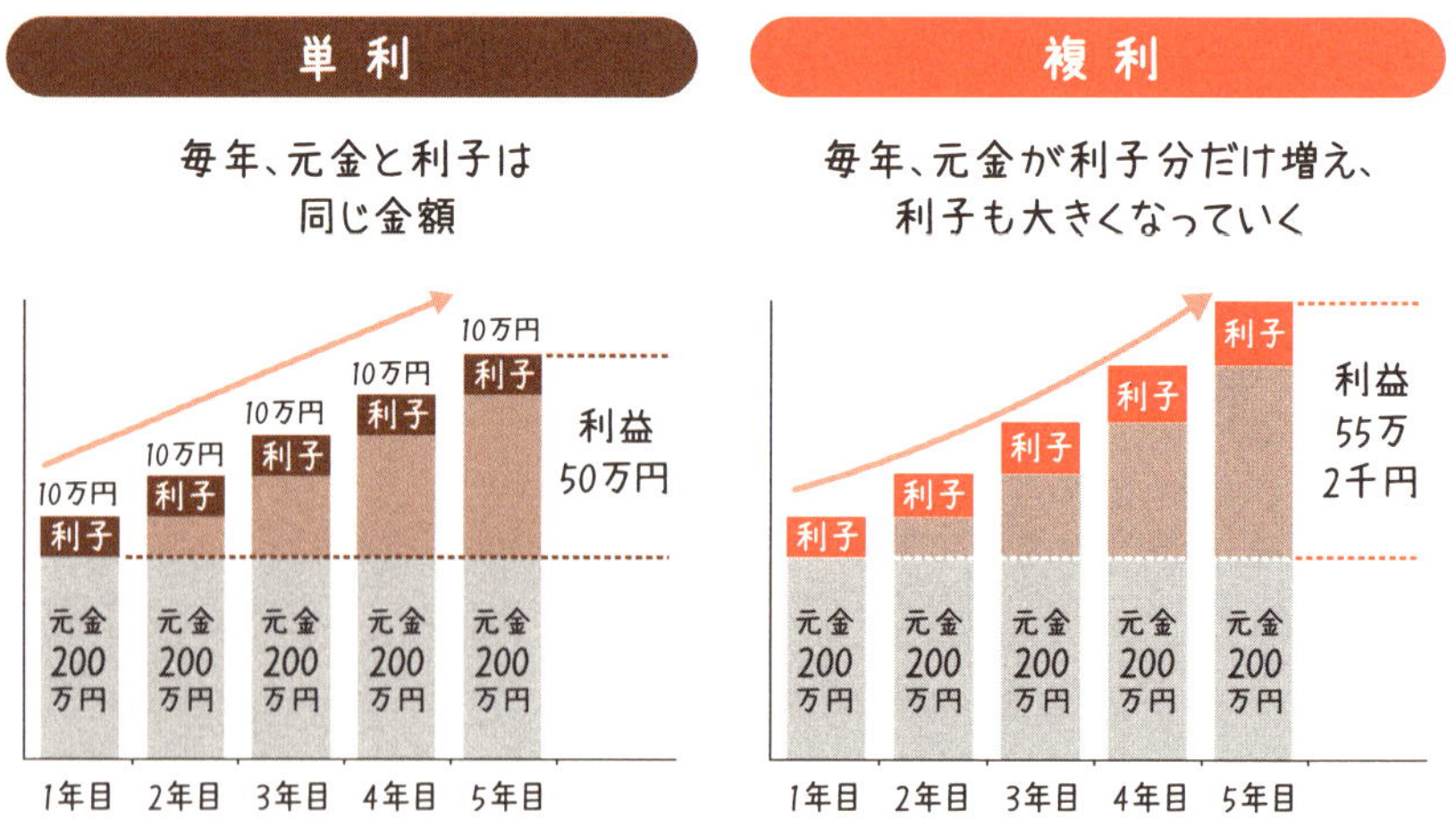

単利
毎年、元金と利子は同じ金額
10万円
利子
元金 200万円
利益 50万円
1年目
2年目
3年目
4年目
5年目
複利
毎年、元金が利子分だけ増え、利子も大きくなっていく
利子
元金 200万円
利益 55万2千円
1年目
2年目
3年目
4年目
5年目

20・315％）が引かれた後、現金で支給されます。

分配金は生活費の一部にするなど用途を自由に決められるのが魅力ですが、分配金を使いすぎてしまうと投資効率が下がってしまいます。資産を早く増やしたい方は、ＥＴＦの分配金を再投資に回し、利息が利息を生む流れを作ることが重要です。

2 投資を今すぐ始めるべき理由

20代〜30代の**若い時期に投資**を始めた方が、老後まで長い期間運用できるので、複利効果が強く働き有利になります。

インデックス投資の場合、指数に投資するだけなので個別株のように**銘柄選択によるリターンの差はあまり生じません**。また、「バイ＆ホールド」戦略が最善なので途中で売る必要はなく、シンプルに**若い時期により多くの資産を積み上げた人が有利**になります。

インデックス投資でリターンを高めるには、運用年数を長くして複利効果を活かすしかないため、これから投資を始めようと考えている人は**一日でも早く開始**したほうがよいでしょう。

たしかに、投資にはリスクがあり、短期的には株価が大きく変動して損をする可能性がありま す。しかし、重要なのは数日〜数週間といった短期の値動きではなく、20〜30年後を見据えて長期投資した時に得られるリターンです。一時的に損が出てもあまり気にせず、「いつか上がるだろう」と気楽に構えているくらいがちょうどよいのです。

03 リスクを抑えながら投資する方法

投資は元本割れの危険性があるため、できるだけ**リスクを抑えて安全に長く続けることが重要**です。

そのために、「**長期・分散・積立**」を心がけ、**コストの低い商品に投資**するようにしましょう。

1 分散投資——卵は1つのカゴに盛るな

リスクを抑えるための1つ目のコツが「**分散投資**」です。

分散投資の重要性は広く知られており、「**卵は1つのカゴに盛るな**」という有名な相場格言が存在します。

卵を1つのカゴに盛ると、そのカゴを落とした時に全部割れてしまう可能性があります。

いくつかの商品に分けて投資することによって、暴落などのリスクを減らすことができます！

一方、卵を複数のカゴに分けて盛っておけば、1つのカゴを落としても、他のカゴに盛られた卵は守られ、やがてそこから鶏が育つ可能性があります。

この例えは、投資の世界では「**1つの銘柄、1カ国の市場、1つの資産だけに集中投資するのは危険である**」ことを意味します。

投資の世界に絶対はないので、どんなに自信がある銘柄でも、1銘柄に全財産をつぎ込むといった危険な行為

● 分散投資の重要性

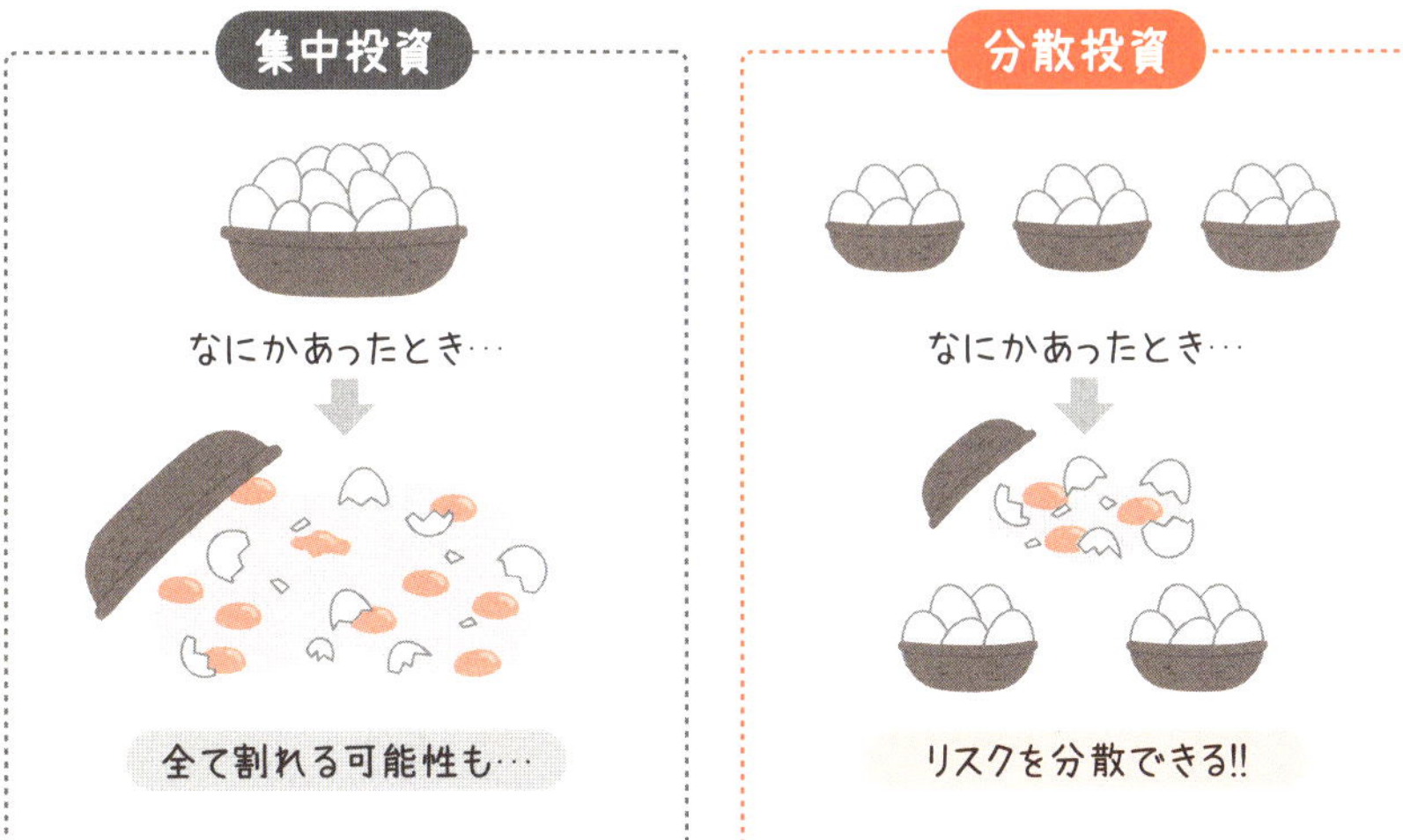

● 値動きの異なる資産を組み合わせてリスクを低減

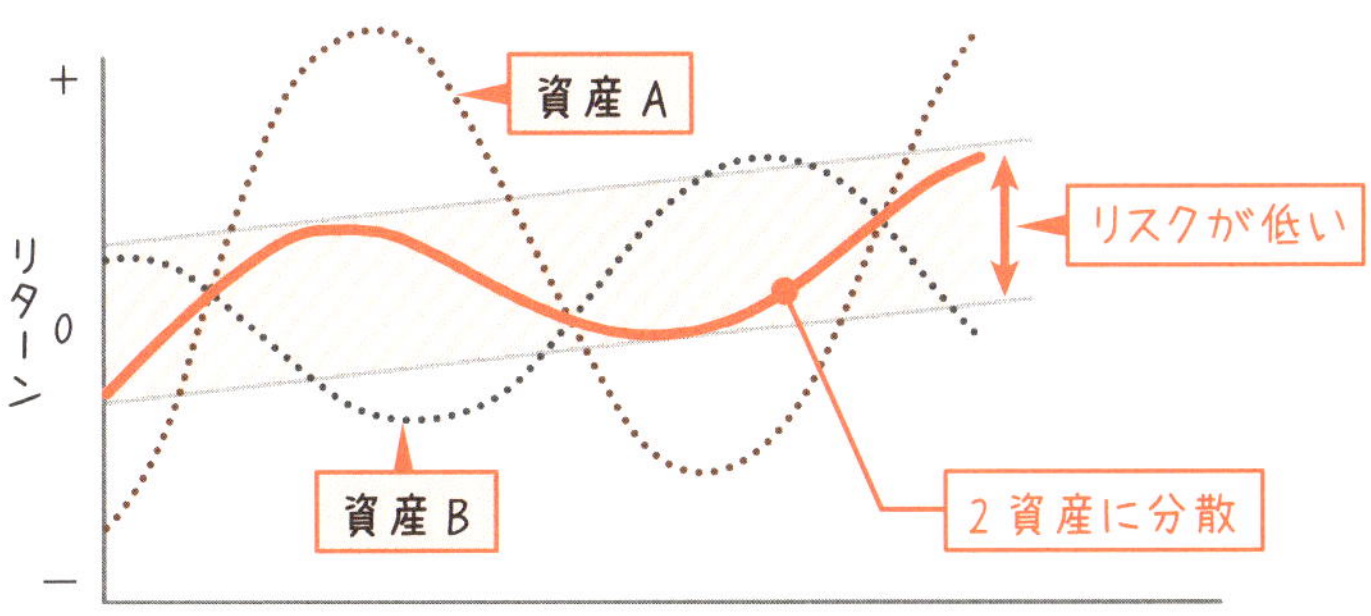

はやめましょう。

また、投資の世界では、**値動きの異なる複数の資産**を組み合わせることで、リスクを低減できることが知られています。自分の銘柄選定や相場予測が外れた場合でも損失が限定されるよう、

> **❶ 投資する国や地域を広く分散する**
> **❷ 預貯金、株式、債券など複数の資産をバランスよく保有する**

ことが重要です。

2 ドル・コスト平均法で毎月定額で積み立てる

ドル・コスト平均法とは、**日々価格が変動する金融商品を定期的に定額で積み立てる方法**です。**定額で買い付ける**ので、株価が下がった時には多く買い、株価が上がった時には少なく買うことになります。

● ドル・コスト平均法の仕組み

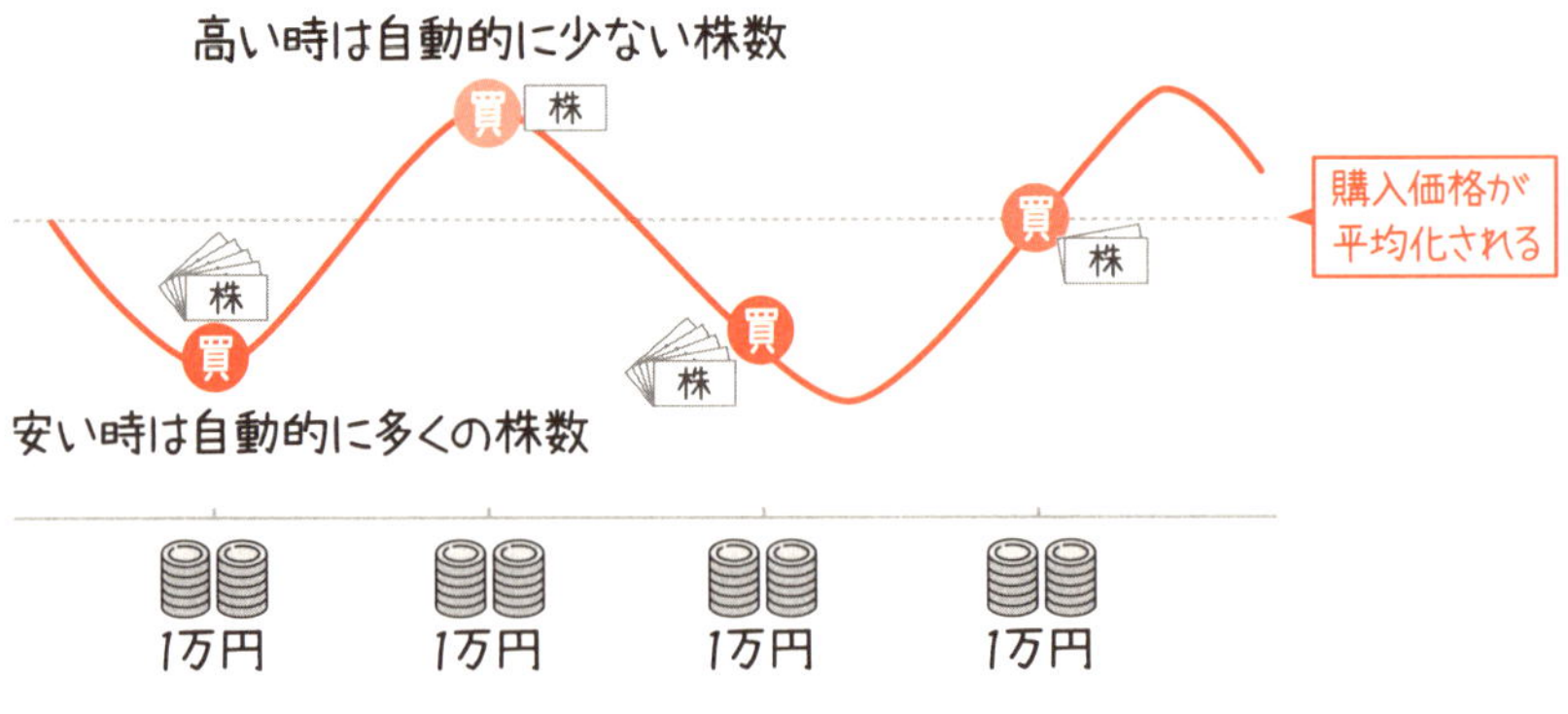

積立投資を長く続けることで購入価格が平均化されるため、リスクを抑えながらコツコツ投資を続けたい方に有効な手法です。

ドル・コスト平均法のメリット

ドル・コスト平均法には以下の4つのメリットがあります。

- **自動積立設定ができるので手間がかからない**
- **株価の推移など相場の動向を気にする必要がない**
- **少額から始められる**
- **高値掴みによる退場リスクを抑えられる**

投資タイミングを分散することによって、株価が高値圏の時に一気に買ってしまい、その後の暴落で大損する可能性を避けられるのは大きなメリットです。

どの投資信託に毎月いくら積み立てるか設定をしてしまえば、後は自動で発注されますので、相場の動向を気にする必要がなく手間もかかりません。

ドル・コスト平均法のデメリット

ドル・コスト平均法のデメリットは、少額ずつコツコツと積み立てる方法なので、投資成果が出るまでに**長い年月がかかる**ことです。

短期で大儲けは狙えませんが、リスクを抑えながら確実に利益を積み重ねたい人には最適な方法です。

3 投資信託のコストを抑える

投資信託にかかるコストには以下の３つがあります。

❶ 購入時にかかる「販売手数料」
❷ 保有期間中に継続してかかる「信託報酬」
❸ 売却時にかかる「信託財産留保額」

このうち、販売手数料と信託財産留保額に関しては**手数料がゼロの投資信託が増えている**ので、手数料ゼロの商品を積極的に選んで賢く投資しましょう。

長期投資では、保有している間ずっと支払う必要がある**「信託報酬」を安く抑えることが最も重要**です。

信託報酬が高い投資信託を保有してしまうと、借金と同様にマ

● 投資信託にかかる３つの手数料

購入時	保有期間	売却時
販売手数料	信託報酬	信託財産留保額
投資信託を買うときにかかる手数料	投資信託を保有している間ずっと支払う手数料	投資信託を解約するときにかかる手数料

イナスの複利効果が働き、資産形成の効率が大きく下がってしまうからです。

幸いなことに、近年は主要なインデックスファンドのコストがどんどん引き下げられています。

手数料が最安クラスの商品は信託報酬が0・1％未満になっているので、商品選択を間違えなければ、保有コストに関してはほとんど気にしなくてよい時代になってきています。

特に、三菱UFJアセットマネジメントが販売している投資信託「**eMAXIS Slimシリーズ**」は、「業界最低水準の運用コストを将来にわたって目指し続ける」ことを明言しています。

他社の動きに合わせて迅速に手数料を値下げしてきた実績もあり、2024年から始まった新しいNISAでも投資家から絶大な支持を集めています。

どのインデックスファンドを選べばよいか悩んだ場合、eMAXIS Slimシリーズの中から選べば間違いないでしょう。

● 信託報酬1％の差で長期リターンに大差が生じる

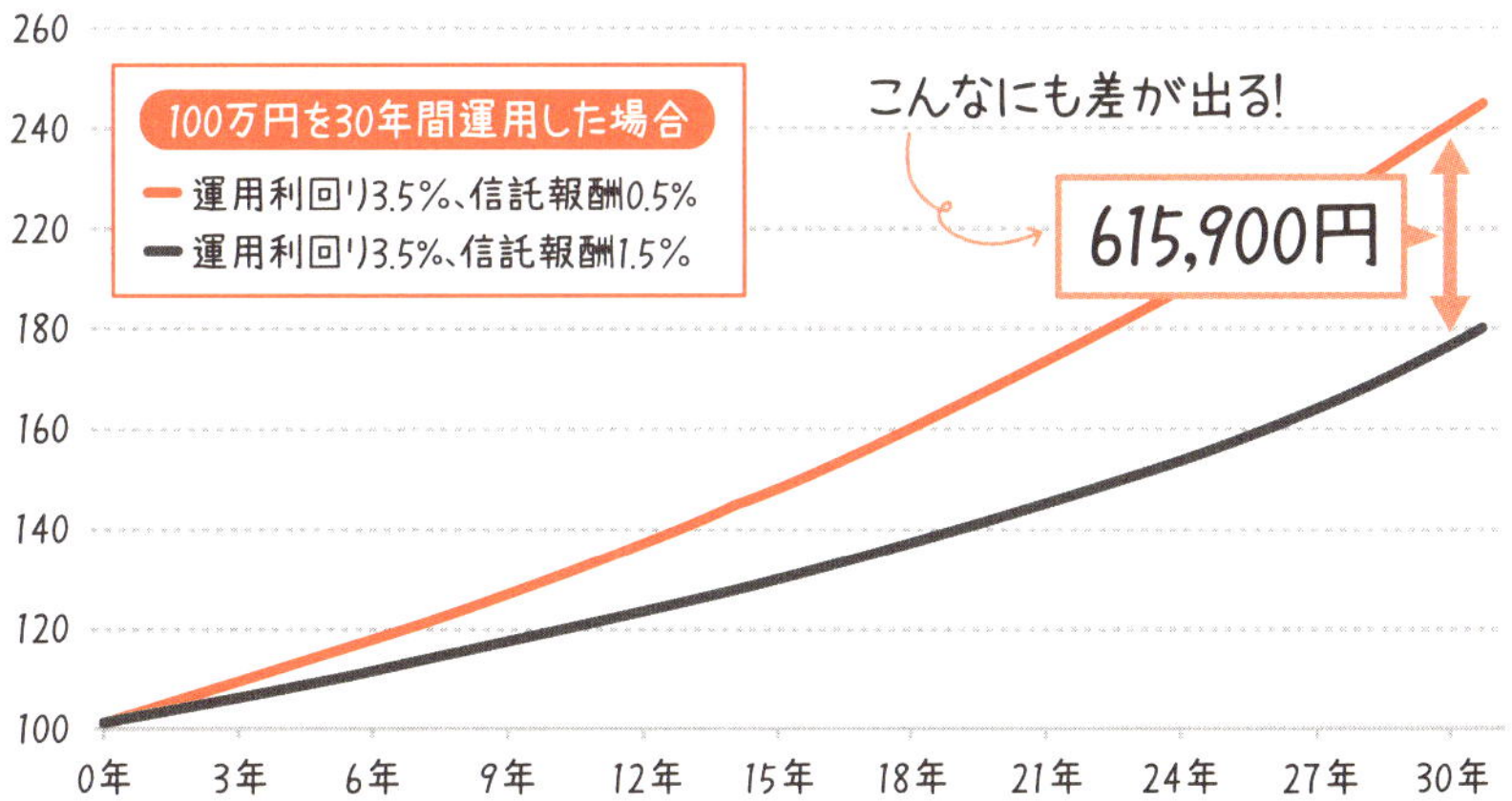

出典：モーニングスター作成

04 投資はアセット・アロケーション（資産配分）で決まる！

1 アセット・アロケーションとポートフォリオの違い

インデックス投資で成功するための鍵を握るのが**アセット・アロケーション（資産配分）の考え方**です。

まずは**「アセット・アロケーション」と「ポートフォリオ」という言葉の違い**を理解しましょう。

ポートフォリオはよく似ていますが、アセット・アロケーションと

- **アセット・アロケーション＝資産配分**
- **ポートフォリオ＝投資商品の組み合わせ**

投資で一番大事なのは、どの資産をどれだけ持つかという資産配分なんです！

を指します。

アセット・アロケーションは投資する資産クラス（株式、債券、不動産、現金など）の配分のことです。

一方、**ポートフォリオ**は、アセット・アロケーションに基づいて**具体的にどの銘柄にいくら投資するか**を決めるプロセスを指します。

下図では、「国内株式に35％、米国株式に35％、国内債券に30％」という資産配分がアセット・アロケーションになります。アセット・アロケーションを決めた後、35％の国内株式の枠に日経平均に連動する投資信託や、トヨタ自動車やソニーといった個別銘柄を入れたものがポートフォリオとなります。

2 投資成果の8割以上は資産配分で決まる

資産配分を決めるだけのアセット・アロケーションが、なぜそこまで重要なのでしょうか。

投資期間が長くなるほど、銘柄選択や売買タイミングがリターンに与える影響は少なくなり、**リターンの85％以上が資産**

● アセット・アロケーションとポートフォリオの違い

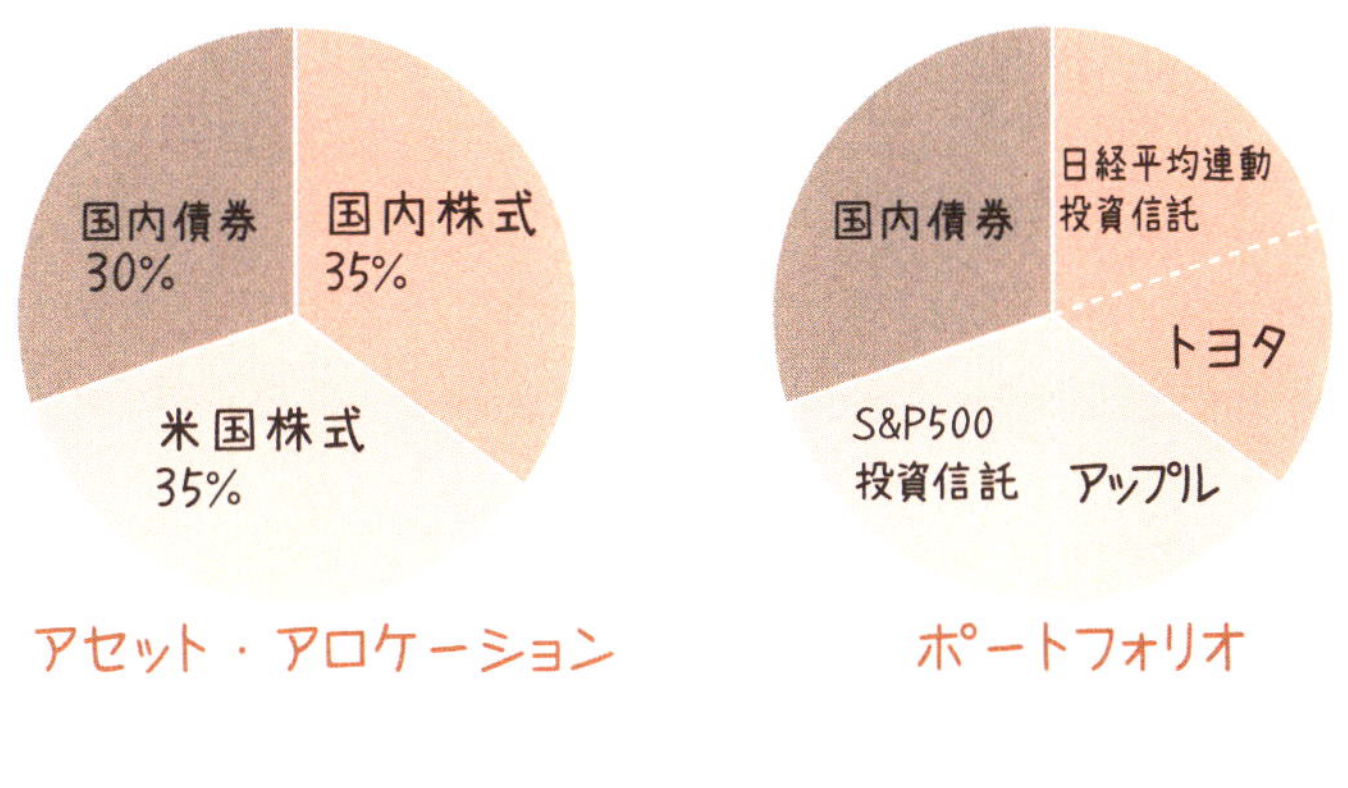

配分によって決まることが報告されているからです。

株式投資ではどの金融商品をどのタイミングで売買すれば儲かるかという点に注目している人が多いです。

しかし、老後に向けて長期投資をするのであれば、アセット・アロケーションをどう組み立てるかに、より多くの時間を割くことが重要です。

3 初心者は預貯金と株式投資信託で始めよう

次に、初心者の方がアセット・アロケーションを組み立てる時のコツをご紹介します。

私は、これから投資を始める初心者の方には、

❶自分や家族の生活を守ってくれるお金＝預貯金

❷将来のために運用したいお金＝株式インデックスファンド

● 長期投資では資産配分が最重要

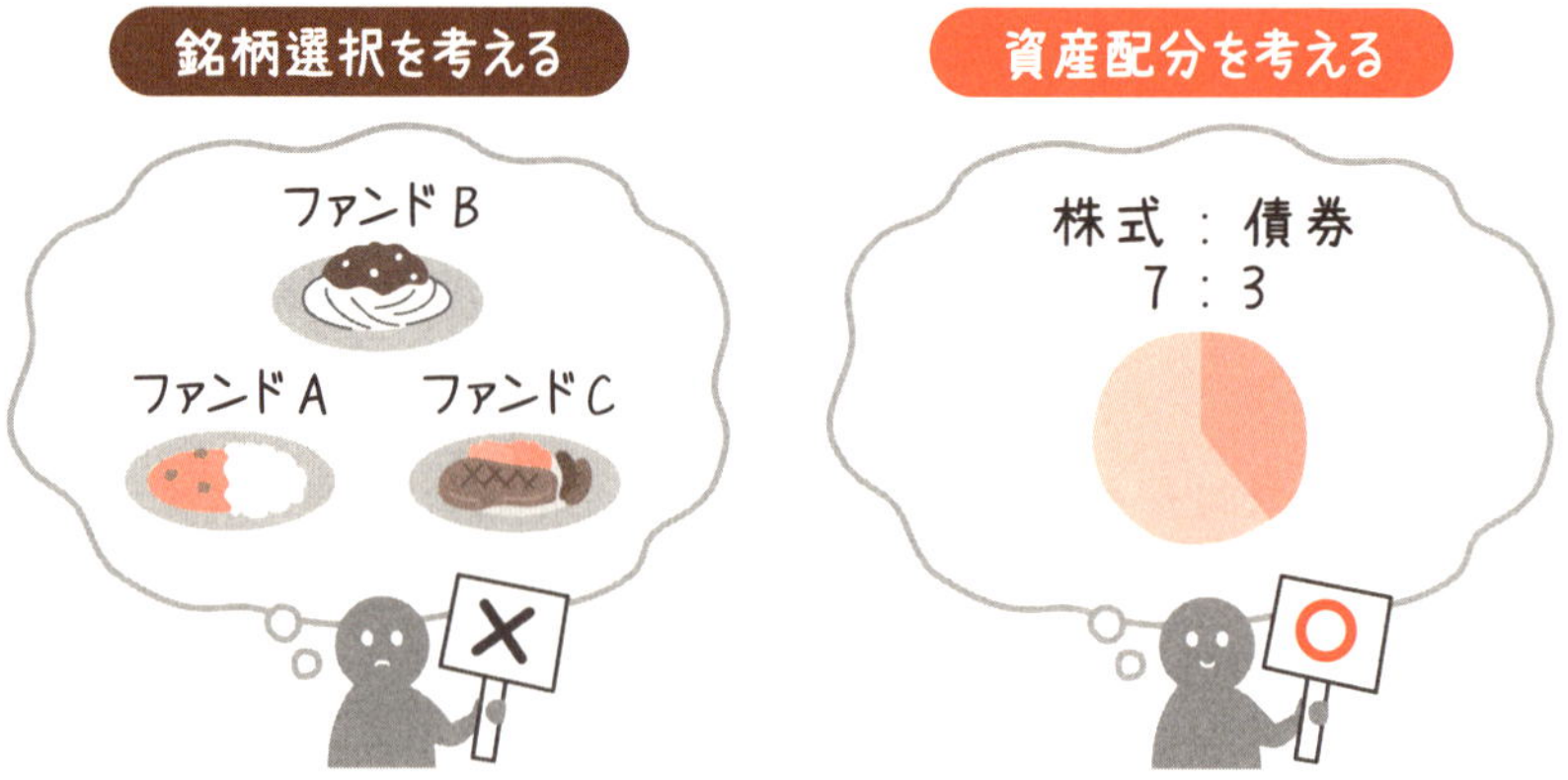

というシンプルな考え方をおすすめしています。

生活を守るお金は「預金」か「個人向け国債」

自分の生活を守るためのお金は、金利が低くても**元本割れのリスクがないことが何より重要**です。

無リスク資産である銀行の普通預金や定期預金、個人向け国債がよいでしょう。

個人向け国債にもいくつか種類がありますが、以下の特徴を持つ「変動10年」がおすすめです。

- **金利が0・92％と銀行預金より高い（2025年3月現在）**
- **変動金利なので国の基準金利が上がるにつれて金利が上昇する**
- **最低保証金利が0・05％と銀行預金より高い**

1年以内の中途換金ができないなどのリスクはありますが、無リスク資産の中では良い投資先だと思います。

長期投資のエンジン役は「株式」

3時限目でご紹介したように、世の中には株式、債券、金、不動産、暗号資産など様々な資産が存在します。

この中で、私たちの**資産形成に欠かせないのが「株式」**です。

下の図は、過去200年以上にわたる米国の株式、長期国債、短期国債、金、現金（米ドル）のリターンを1枚の図にしたものです。

この図から読み取れる重要な事実は以下の2点です。

❶ 現金の価値が右肩下がりに低下（インフレリスク）
❷ 米国株インデックス投資の圧倒的な高リターン

過去200年の間、米国では年平均1・4％のペースでインフレが進み、現金の価値は約20分の1に低下してしまいました。

近年、日本でも急速にインフレが進行しており、銀行預金の実質的な価値がどんどん下がっています。

一方、**米国株式**の実質リターンは年平均6・7％であり、債券や金など他の資産と比較して**圧倒的に高いリターン**をもたらしています。

債券や金もプラスなのでインフレ抵抗性のある資産と言えますが、株式のリターンには遠く及びません。

● 米国における資産ごとの超長期リターン

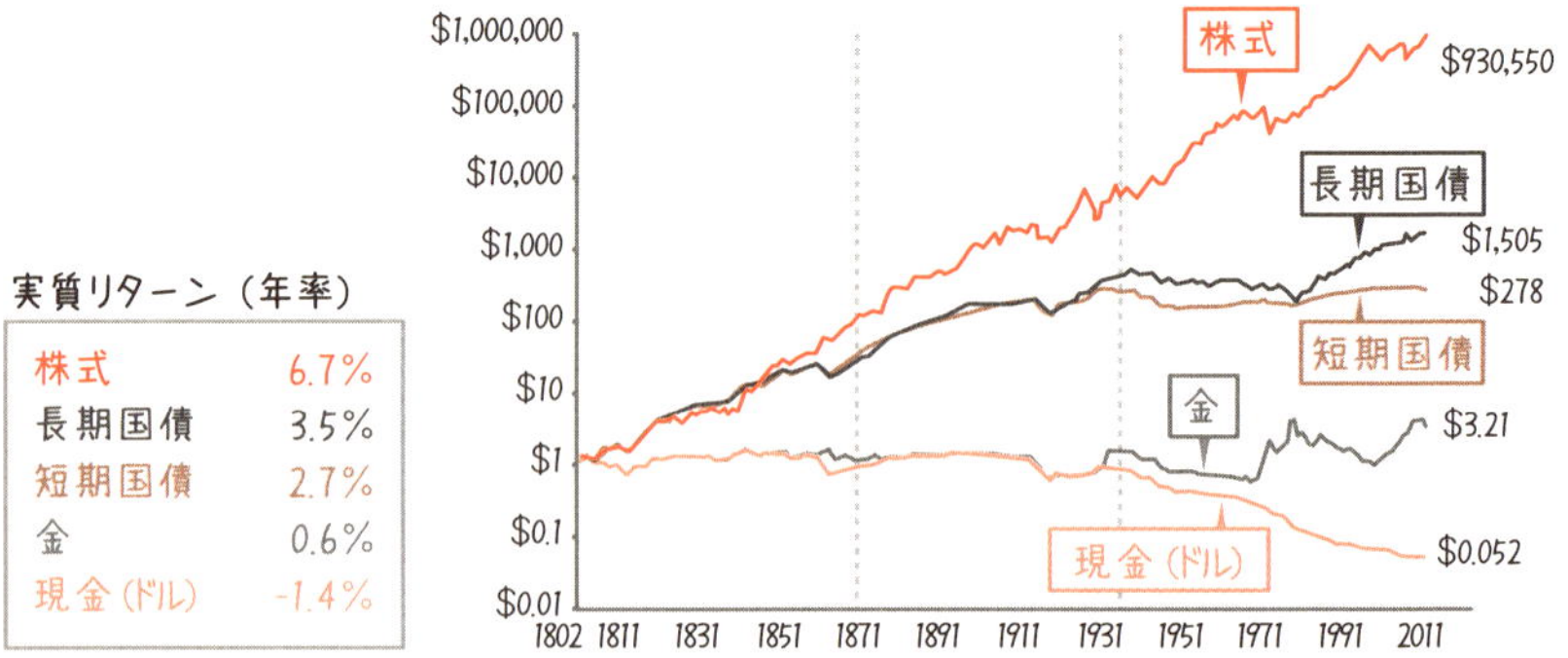

出典：ジェレミー・シーゲル著『株式投資の未来』（日経BP）

株式は短期的には価格が大きく変動するため、暴落時には一時的に大きな損失が出る可能性があります。

しかし、どんなタイミングで投資を開始しても、15年〜20年以上続ければリターンのばらつきが減り、元本割れのリスクがほぼ消失するというデータがあります（下図参照）。

20年以上運用できるお金は、インフレに脆弱な預貯金ではなく、長期的に最も高いリターンが期待できる株式インデックスに回した方が理にかなっているのです。

4 預貯金と株式投資信託の保有割合は？

投資初心者の方ほど、シンプルなアセット・アロケーションにした方がメンテナンスが容易で長続きしやすくなります。

はじめは、

- **守りのお金＝預貯金**
- **攻めのお金＝株式インデックスファンド**

米国株インデックス投資は15年以上で元本割れのリスクがほぼ消失

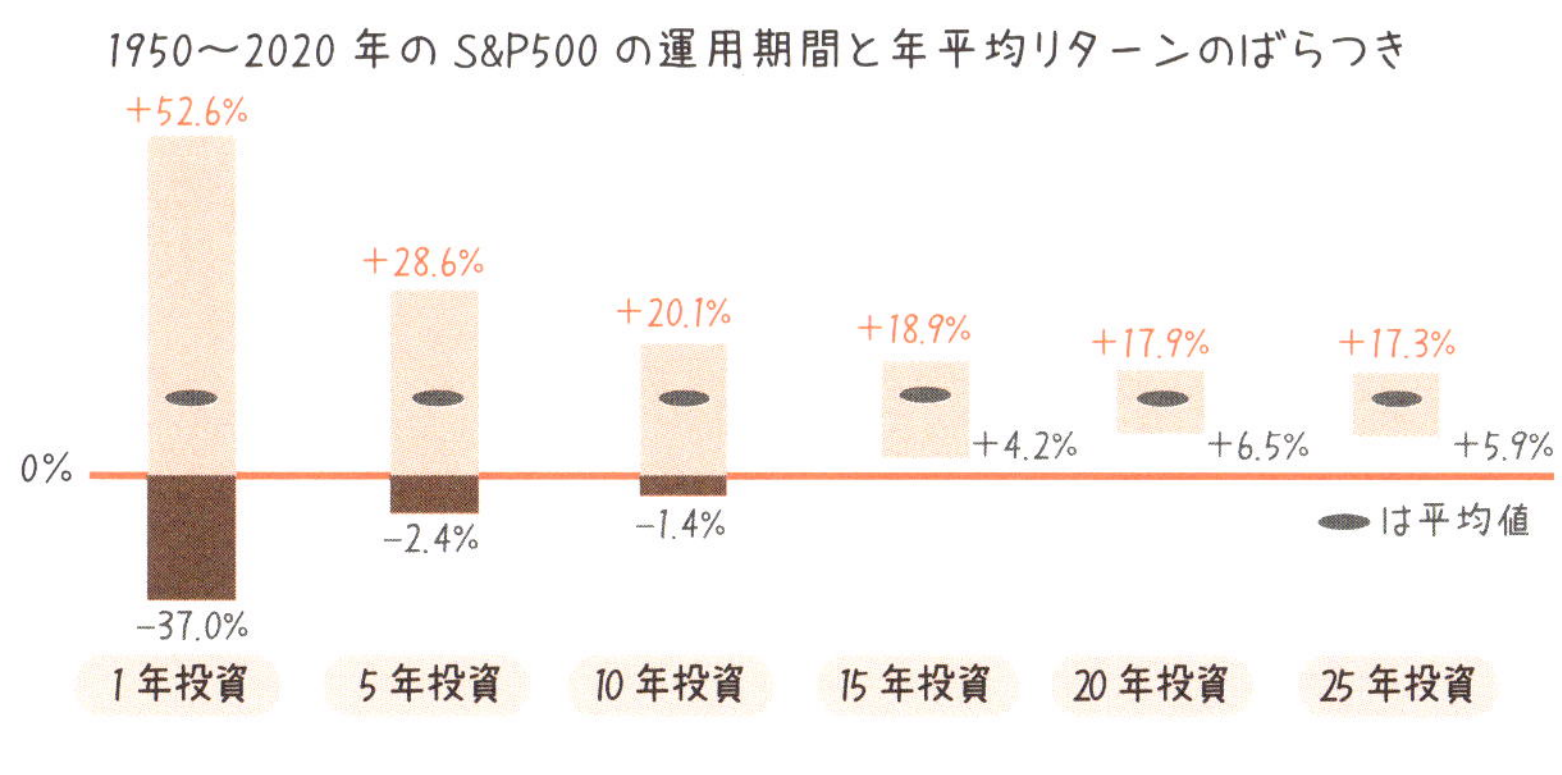
1950〜2020年のS&P500の運用期間と年平均リターンのばらつき
1年あたりの平均リターン
0%
+52.6%
−37.0%
+28.6%
−2.4%
+20.1%
−1.4%
+18.9%
+4.2%
+17.9%
+6.5%
+17.3%
+5.9%
は平均値
1年投資
5年投資
10年投資
15年投資
20年投資
25年投資

の２つに絞って投資を始めてみましょう。

株式の比率を高めた方が高いリターンが期待できますが、暴落時の最大損失額も大きくなります。

自分がどのくらいのリスクまで許容できるかを知るため、過去の暴落時に日米の株価指数がどの程度下落したか見てみましょう。

インデックス投資でも暴落時は50％下落する

インデックス投資では世界中の数千銘柄以上に分散投資ができますが、リーマンショックやコロナショックのような世界規模の大暴落は避けられません。

過去１００年間の主な暴落を示した下図から、以下の２点が読み取れます。

❶ インデックスファンドでも最大50％程度の損失が発生しうる

● 過去の主な大暴落時の最大下落幅

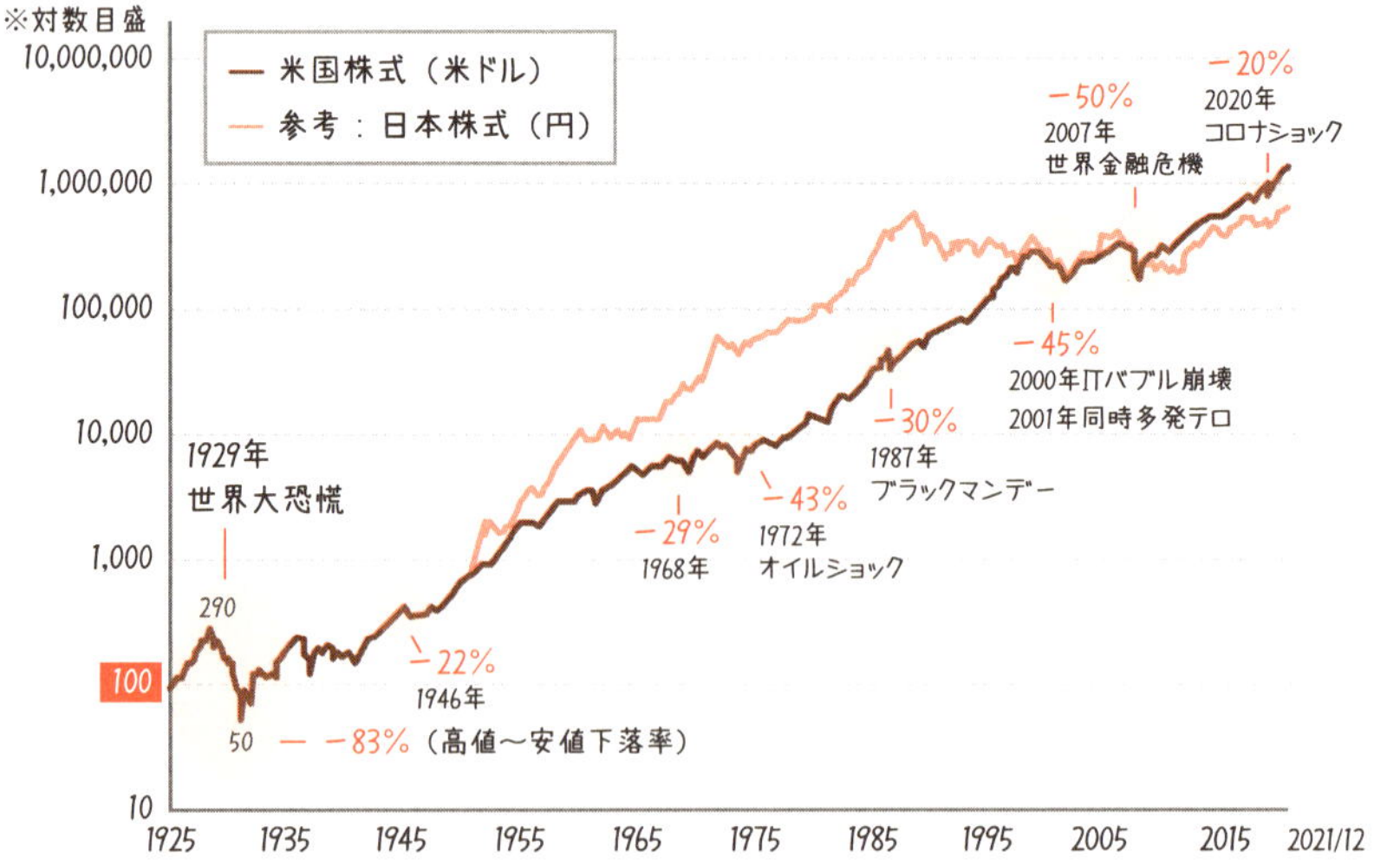

「マイインデックス」投資のデータ集より　https://myindex.jp/study/data/crisis.html

❷ 大暴落の後でも株価は必ず回復し成長してきた

２０００年のＩＴバブル崩壊、２００８年の世界金融危機（リーマンショック）の下落幅が特に大きく、それぞれマイナス45％、マイナス50％を記録しています。

しかし、２０１０年代以降は株価が急速に回復し、現在に至るまで力強く成長し続けています。

インデックス投資でも暴落時には最大で50％近い損失が出るものの、これは一時的であり、**辛抱強く投資を続けていれば相場は必ず回復する**という事実を頭に入れておきましょう。

預貯金50：株式インデックス50が基本

実際に投資を始めてから暴落をいくつか経験してみないと、自分がどの程度の損失まで耐えられるかは正確には分かりません。

初めて投資をする方に私がおすすめするのは、「**預貯金：株式インデックスファンド＝50：50**」の配分です。

預貯金とインデックスファンドを半々で保有することで、暴落時には預貯金がクッション役、株価上昇時には株式インデックスがエンジン役になってくれます。

景気循環にも強く、過度にリスクをとりすぎない万人向けの資産配分です。

株式比率は「100－年齢（％）」がおすすめ

20年以上にわたって長期運用するお金は、預貯金ではなく株式などのインフレに勝てる資産を多く保有することが重要です。

投資経験をある程度積んで株の値動きに慣れてきた時点で、株式比率を調整してみるのもよいでしょう。

おすすめの**株式比率の決め方**に以下の有名な式があります。

「株式比率＝（100－年齢）％」

この法則によれば、現在30歳の人なら預貯金を30％、株式インデックスファンドを70％保有するのが適切となります。

若い時期には株式比率を高めてリスクをとって高いリターンを狙い、高齢になるにつれて株式比率を減らして安全に運用できるため理にかなっています。

05 お金を増やすマストアイテム NISA徹底活用術

ここまで、インデックス投資を始めるうえで知っておくべき知識をご紹介してきました。

では、実際にどこの金融機関で何を購入すればよいのでしょうか。

私は、以下の3つのポイントを押さえることが重要と考えています。

❶ 手数料が安いネット証券を利用する
❷ 投資の利益に税金がかからないNISA口座を利用する
❸ コストが最安レベルのインデックスファンドを購入する

投資信託では、**eMAXIS Slim 全世界株式（オール・カントリー）**や**eMAXIS Slim 米国株式（S&P500）**が手数料が安くおすすめです。

NISAは、投資の利益に税金がかからないお得な制度です！
とことん活用しましょう！

1 手数料の安いネット証券を活用しよう

銀行と証券会社のどこで投資商品を買うべき?

投資商品を扱う金融機関には銀行と証券会社があります。

銀行の主な業務は預金や貸出、為替であり、金融商品の販売ではありません。

銀行でも投資信託は購入できますが、商品ラインナップが少ないことが多く、オンラインで注文できないなど不便な点が多いです。

証券会社は、株式など有価証券の売買仲介業務を専門にしています。

証券会社は銀行よりも取り扱う金融商品のラインナップが豊富で、手数料も安いことが多いです。

銀行では個別株やETFは購入できないため、幅広く投資をしたい方は証券会社を利用しましょう。

ネット証券がおすすめな理由

証券会社には、店舗で直接取引できる「**店頭証券**」と、スマホやパソコンでオンライン取引する「**ネット証券**」があります。

以下の3点のメリットが大きいので、日常生活でスマホを使いこなしている人ならばネット証券をおすすめします。

❶スマホ1台でいつでも取引可能
❷選べる金融商品の種類や数が豊富
❸銀行や店頭証券と比べて手数料が割安

店頭証券と異なり窓口で担当者に直接相談することはできませんが、インデックス投資の場合は商品を選ぶのも売買するのも簡単なので、大きなデメリットにはなりません。

手数料が割安で、自分の好きなタイミングでいつでも取引できるメリットの方がはるかに大きいので、ネット証券がよいでしょう。

ネット証券もたくさんありますが、**SBI証券、楽天証券、マネックス証券の大手3社**であれば、商品ラインナップや提供しているサービスの質に大きな差はありま

● 店頭証券とネット証券の違い

	ネット証券	店頭証券
店舗	なし	あり（担当営業がつく）
取引手数料	安い	高い
投資信託	扱い本数多い	扱い本数限定的
外国株	扱い多い	会社によって異なる
証券会社	楽天証券、SBI証券 マネックス証券、松井証券 三菱UFJ eスマート証券	野村証券、大和証券 みずほ証券、SMBC日興証券 ゴールドマン・サックス証券

せん。これから投資を始める方は、この3社のどこかに口座開設することをおすすめします。

NISA口座も同時に開設しよう

NISAを利用するためには、**専用の口座開設手続きが必要**です。総合口座を開設済みの方は、同じ証券会社にNISA口座を追加で開設できます。

また、総合口座とNISA口座を同時に開設するサービスも普及していますので、これから口座開設する方はぜひ活用しましょう。

総合口座は複数の証券会社で開設できますが、**NISA口座は1人1口座しか保有できません**。他の会社に口座を移し替えるには所定の変更手続きが必要です。

口座変更に手数料はかかりませんが、書類審査などに日数がかかりますので、口座変更をする場合は日にちに余裕を持って手続きしましょう。

2 NISAの特徴と概要を学ぼう!

NISAとは「**少額投資非課税制度**」のことです。

2024年から新しいNISAが始まり、従来のNISAと比べて格段に使いやすくなりました。これから投資を始めるなら新NISAの利用は必須と言えますので、上手な活用法や注意点について解説します。

ＮＩＳＡでは投資の利益が非課税になる

私たち投資家がＮＩＳＡを使う最大のメリットは、**株式投資で得た運用益や配当に税金がかからない**ことです。

通常の課税口座で投資信託やＥＴＦ、個別株に投資した場合、売却益や配当には20・315％の税金がかかります。

下図のように、１００万円で購入した投資信託が１５０万円に値上がりし、全て売却するケースを考えてみます。

通常の課税口座の場合、投資の利益である50万円のうち約20％の10万円が税金として差し引かれ、実際に受け取る利益は40万円となります。

ＮＩＳＡ口座の場合、50万円の利益に税金はかからず、50万円の利益を全額受け取ることができます。

長期投資で利益が積み重なるほど売却時に支払う税金の金額が大きくなるため、課税口座とＮＩＳＡ口座のリターン差は拡大します。

投資をするなら課税口座ではなく、初めからＮＩＳＡを活用すべきです。

● NISAでは投資の利益に税金がかからない

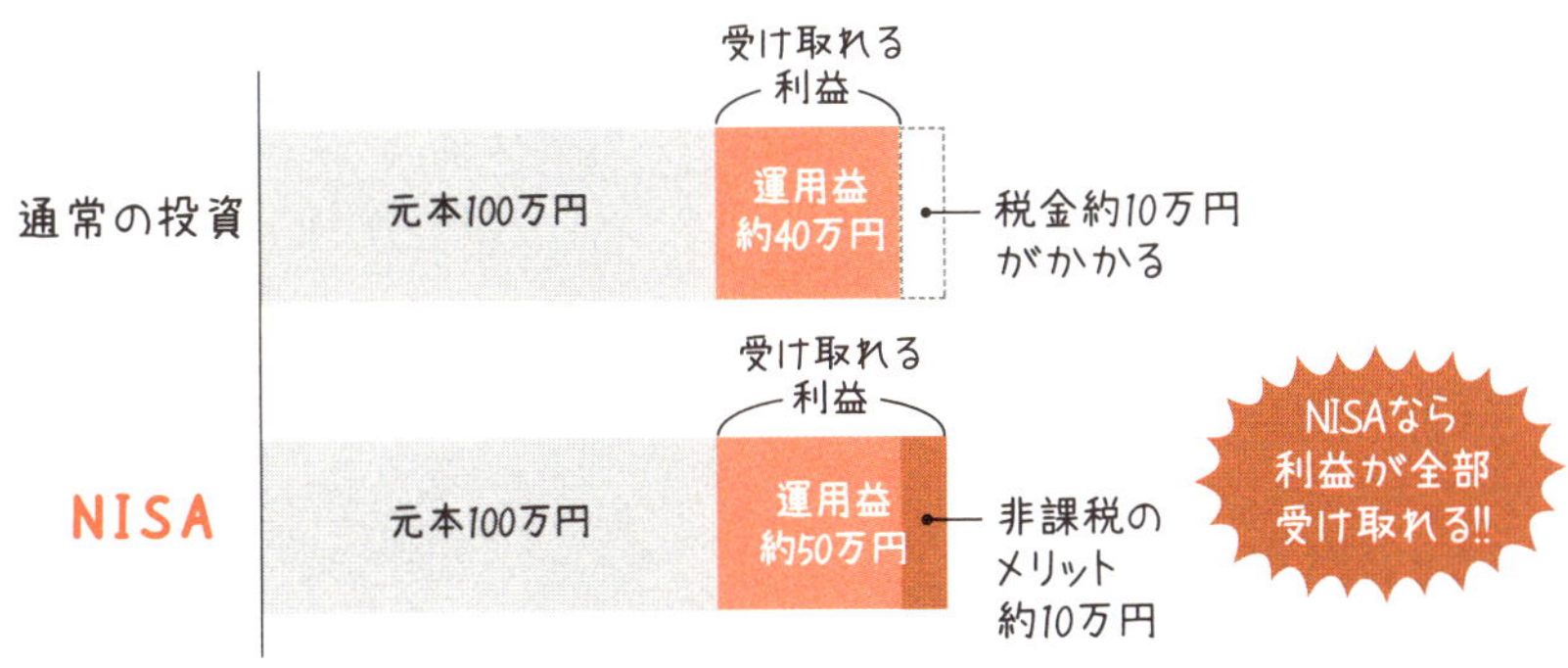

受け取れる利益
通常の投資
元本100万円
運用益 約40万円
税金約10万円がかかる
受け取れる利益
NISA
元本100万円
運用益 約50万円
非課税のメリット 約10万円
NISAなら利益が全部受け取れる!!

つみたて投資枠と成長投資枠を併用できる

新NISAでは、1つの口座内に以下の2つの投資枠が開設されます。

- つみたて投資枠
- 成長投資枠

つみたて投資枠で投資できるのは「長期・分散・積立」に適したインデックスファンドが大半です。**成長投資枠**では、国内外の個別株やETF、REITなど、より幅広い商品に投資できます。

新NISAではつみたて投資枠と成長投資枠が併用できるので、つみたて投資枠でインデックス投資をやりながら、成長投資枠で個別株やETFにチャレンジするといった柔軟な投資が可能です。

投資枠の上限が大幅に拡大

● 新NISAの概要

	つみたて投資枠	併用可能	成長投資枠
非課税保有期間	無制限		無制限
口座開設期間	恒久化		恒久化
年間投資枠	120万円	最大360万円	240万円
非課税保有の限度額（総枠）	1,800万円		1,200万円（内数）
投資対象商品	長期の分散・積立に適した一定の投資信託		上場株式・投資信託など（一部商品を除く）

新NISAでは、**投資枠の上限が大幅に拡大**しました。1年間に投資できる最大金額は、

- **つみたて投資枠：120万円**
- **成長投資枠：240万円**

です。

つみたて投資枠と成長投資枠は併用できるので、**両方合わせて年間360万円**まで投資可能です。また、**1人が生涯に利用できる投資枠も1800万円**まで拡大し、非課税で運用できる期間は無期限となりました。

売却しない限り一生非課税で運用し続けられることで、長期投資に最適な制度となりました。

3 NISA活用のポイント

次に、新NISA活用のポイントをつみたて投資枠と成長投資枠に分けて解説します。

つみたて投資枠はこのように活用しよう

インデックスファンドがおすすめ

つみたて投資枠では、「長期・分散・積立」に適すると認可された商品しか購入できません。

5年以上安定した実績のあるアクティブファンドや一部のＥＴＦも購入できますが、**8割以上は手数料の安いインデックスファンド**が占めています。

インデックス型には、日経平均やＴＯＰＩＸ、Ｓ＆Ｐ５００、MSCI KOKUSAI（先進国株式）、MSCI ACWI（全世界株式）などの指定された指数に連動する投資信託が含まれます。

購入時手数料は全て無料（ノーロード型）、信託報酬は国内資産のみの商品で０・５％以下、海外資産が含まれる商品で０・75％以下と厳格に定められています。

実際には、全世界株や米国株に投資するインデックスファンドの信託報酬は年々引き下げられており、近年では０・１％未満の商品が増えています。

このような厳しい基準をクリアした商品ばかりなので、インデックス型の商品は質、コストの点

● つみたて投資枠の対象商品

合計 318 本

インデックス型 254 本

	国内	海外
単一指数型	48 本	80 本
複数指数型	4 本	122 本

日経平均や米国 S&P500、全世界株式などの指数と同じ値動きをするので、リスクが少なく、初心者向き。

複数指数（バランス）型
株式に加え、債券や REIT などもセットになった投資信託もここに含まれる。

アクティブ型 56 本

国内 9
海外 47

株式等の指数を上回る成績をめざす投資信託。運用会社のファンドマネージャーがプラニングする。手数料高め。

ETF 8 本

国内 3
海外 5

上場している投資信託。リアルタイムで株式と同じように購入可能。

2025 年 3 月 3 日現在の金融庁データより

で最も安心して投資できます。

購入方法は「積立」のみ

つみたて投資枠の購入方法は**定期的な積立のみ**です。毎月積立が基本なので、年間投資枠120万円をフル活用する場合、**毎月10万円**ずつ積み立てることになります。

毎月の投資金額は自由に設定可能で、投信積立は最低100円や1000円から利用できるケースが多いので、各家庭のお金の事情に合わせて利用できます。

また、積立金額や積み立てる商品の変更はいつでも可能です。お金に余裕がある時は多めに積み立て、お金に余裕がない時期は積立金額を減らすことも自由にできます。

多くの証券会社は**ボーナス設定**といって、夏や冬のボーナス支給にあわせて投資額を増やせるサービスを提供しています。

ボーナス設定の月や投資金額は任意で決められるので、ボーナス設定を使うことで毎月積立だけでなくまとまったお金を一括で投資することも可能です。

おすすめの投資信託は2本だけ

つみたて投資枠の「インデックス型」の商品だけでも、200本以上の商品があります。

その中で、私が初心者の方におすすめするのは以下の2本だけです。

❶ **eMAXIS Slim 全世界株式（オール・カントリー）**
❷ **eMAXIS Slim 米国株式（S&P500）**

eMAXIS Slim 全世界株式（オール・カントリー）は、全世界の株式市場に広く分散投資できる商品です。

日本や米国を含む先進国23カ国と、新興国24カ国の約２７６０銘柄から構成されています。インデックス投資の王道を行く商品なので、どれに投資すればよいか悩んだ場合はこの商品を選ぶのがおすすめです。

信託報酬は０・０５７７５％と業界最安水準で、純資産額は５兆円を超えており運用成績も安定しています。

eMAXIS Slim 米国株式（S&P500）は、米国の大型株５００社に分散投資できる商品です。

近年、世界経済をリードしているのは米国であり、クラウドやＡＩ（人工知能）、ロボティクスなどの最先端技術の多くは米国のＩＴ銘柄から生まれています。

実際、２０１０年代以降の株価は米国株が全世界株式を圧倒していることもあり、今後も米国の覇権が続くと考える人に人気の投資先です。

信託報酬は０・０８１４％と業界最安水準で、純資産額は６兆円を超えて国内の投資信託でナンバーワンです。

つみたて投資枠を上手に活用する方法は、各家庭のリスク許容度の範囲内で、この２つの商品のいずれかをコツコツと積み立てるだけです。

■ **クレジットカード積立を活用しよう**

ＳＢＩ証券、楽天証券、マネックス証券の３社は、**投信積立にクレジットカードを使うことでポイントがもらえるサービスを提供**しています。

ＳＢＩ証券は三井住友カード、楽天証券は楽天カード、マネックス証券はマネックスカードまたはdカードと、各会社が指定したクレジットカードを使う必要があります。

ポイント還元率は年会費が無料の通常カードの場合、約０・５％〜１・０％です。

クレカ積立の上限は毎月10万円なので、つみたて投資枠と相性が抜群です。

毎月10万円ずつ、年間１２０万円をクレジットカードで積み立てた場合、年間６０００円〜１２０００円相当のポイントが還元されます。**獲得したポイントで投資信託を購入**できるので、ポイントで追加投資することで資産を効率よく増やすことができます。

成長投資枠はこのように活用しよう

■ **国内外の個別株、ＥＴＦ、ＲＥＩＴに広く投資可能**

成長投資枠では、投資信託だけでなく、**日本や海外の個別株、国内ＥＴＦ、海外ＥＴＦ、ＲＥＩＴなどに広く投資**できます。

投資信託の中でも、株式に投資する商品だけでなく、債券やＲＥＩＴに投資する商品や、株式や債券など複数の資産にまとめて投資する**バランス型投信**も購入できます。

成長投資枠は商品選択の幅が広く、つみたて投資枠で購入できない商品も自由に選べるのが最大の魅力です。

■成長投資枠の上限は1200万円

成長投資枠の**上限は1200万円**です。

成長投資枠だけで新NISAの非課税枠1800万円を全て使い切ることはできず、600万円分はつみたて投資枠として使う必要があります。

新NISAの非課税枠はフル活用すべきなので、普段は個別株など他の方法で資産運用している方も、つみたて投資枠の600万円分はインデックス投資を併用するとよいでしょう。

■つみたて投資枠と同じ商品を購入してもOK

つみたて投資枠に採用されている商品は国が定めた厳格な基準を満たしているので、成長投資枠でもすべて購入可能です。

つみたて投資枠と成長投資枠で同じ投資信託を買うこともできますし、つみたて投資枠で投信積立をしながら、成長投資枠では個別株やETFを買うこともできます。

■個別株やETFは成長投資枠で一括投資

成長投資枠はつみたて投資枠と異なり、一括で投資することも可能です。

個別株やETFは1株あたりの単価が数千円〜数万円と高いので、毎月積立には不向きであり、**一括投資がおすすめ**です。

つみたて投資枠の毎月10万円の積立では投資枠が足りないという場合、成長投資枠で同じ投資信託を積立設定することができます。

これにより、**両方合わせて年間360万円（毎月30万円）まで同じ投資信託を積立可能**です。普段は成長投資枠まで投資するお金がないという方も、ボーナスが支給された時だけ成長投資枠を使って一括投資するのもよいでしょう。

このように、成長投資枠は商品や投資するタイミングを自由に選べるのがメリットなので、上手に活用しましょう。

おすすめはつみたて投資枠と同じオルカンとS&P500

これから投資を始める方は「長期・分散・積立」の原則に従い、**ゆっくり時間をかけてコツコツと資産を増やすのがおすすめ**です。

成長投資枠だからと言って個別株などリスクの高い方法にチャレンジする必要はなく、つみたて投資枠と同じインデックス投資を続けるのが最善です。

よって、成長投資枠でおすすめする商品はつみたて投資枠と変わらず、eMAXIS Slim 全世界株式（オール・カントリー）かeMAXIS Slim 米国株式（S&P500）のどちらかです。

つみたて投資枠の年間120万円で枠が足りない場合に、同じ商品を追加で購入できる枠として成長投資枠を考えるとよいでしょう。

4 NISAの運用はここに注意！

新NISAは私たち投資家にとってメリットが満載ですが、デメリットや注意点もあります。

最も重要なのは、新ＮＩＳＡは投資で利益が出た時に非課税になるメリットがある反面、**損失が出た時には課税口座よりも損をする可能性がある**ことです。

ＮＩＳＡでは損益通算と繰越控除が不可

ＮＩＳＡ口座では損失が発生した時に以下の２つが利用できないからです。

> ❶ 他の課税口座と損益通算
> ❷ 確定申告による繰越控除

■ 損益通算とは

損益通算とは、**複数の株取引で得た損益を合算してから最終的な課税対象額を計算**することを指します。

下図のように、銘柄Ａで30万円、銘柄Ｂで20万円の損失が出たケースを考えてみましょう。損益通算ができる場合、銘柄Ａの30万円の利益のうち、20万円を銘柄Ｂの損失と相殺し、課税対象となる利益を10万円に

● 損益通算の具体例

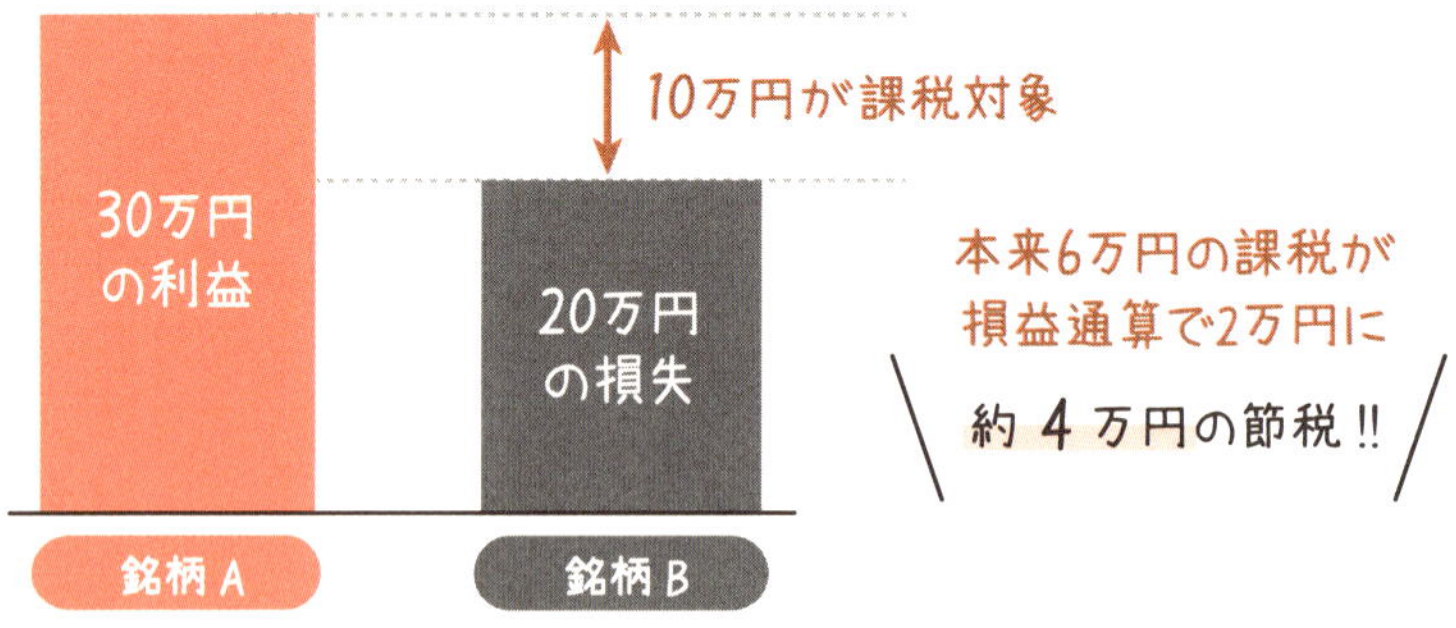

10万円が課税対象
30万円
の利益
20万円
の損失
本来6万円の課税が
損益通算で2万円に
約 4 万円の節税!!
銘柄 A
銘柄 B

損益通算	複数の株取引で得た損失と利益を合算してから、課税対象額を決める

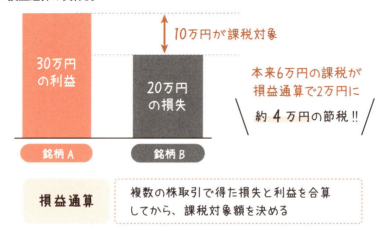

抑えることができます。

この場合、投資家が支払う税金は10万円の約20％なので2万円です。

銘柄Aだけを売却して30万円の利益が出た場合、支払う税金は30万円の約20％で6万円なので、損益通算によって4万円節税できたことになります。

一方、**NISAは他の課税口座と損益通算ができません。**NISA口座内で銘柄Bを売却して20万円の損失が出た場合、その時点で20万円の損失が確定します。

繰越控除とは

課税口座内の株の売買で**損失が発生**した場合、確定申告をすることで**翌年から最長3年間損失を繰り越すことができます。**

この「繰越控除」の手続きをすることで、損をした年の**翌年以降の取引で利益が出た場合、その利益を前年の損失と相殺**できます。

下図の例では、X年の取引で200万円の損失が発生した場合、確定申告によってX＋3年まで損失を繰り越

● 繰越控除の具体例

	X年	1年後	2年後	3年後
損益	▲200万円	＋40万円	＋100万円	＋160万円
繰越損失の可能額	▲200万円	40万円（利益を相殺） ▲160万円	100万円（利益を相殺） ▲60万円	60万円（利益を相殺）
	繰越控除 →	繰越控除 →	繰越控除 →	
課税対象額		0円	0円	100万円

すことができます。

X＋1年の取引で40万円、X＋2年の取引で100万円の利益が出たとしても、合計で200万円以内なのでX年の損失で全て相殺され、課税対象額は0円になります。

このように、課税口座では損失が発生しても損益通算や繰越控除によって損失額を抑えることができますが、NISAでは利用できません。

NISAは損をした時の救済策が乏しいため、できるだけ損を出さない安全な投資を心がけましょう。

金融機関変更は条件や時期に注意

NISA口座の**金融機関は「年単位」で変更可能**です。

ある年の1月1日から12月31日の間は、1つの金融機関でしかNISA口座での取引はできません。

たとえば、2024年に一度でもNISA口座で買付をした場合、2024年の間はNISA口座を他社

● NISAの金融機関変更手続きの流れ

NISA口座をA銀行からB証券に変更（移管）したい場合
変更したい年にNISAを利用したケース

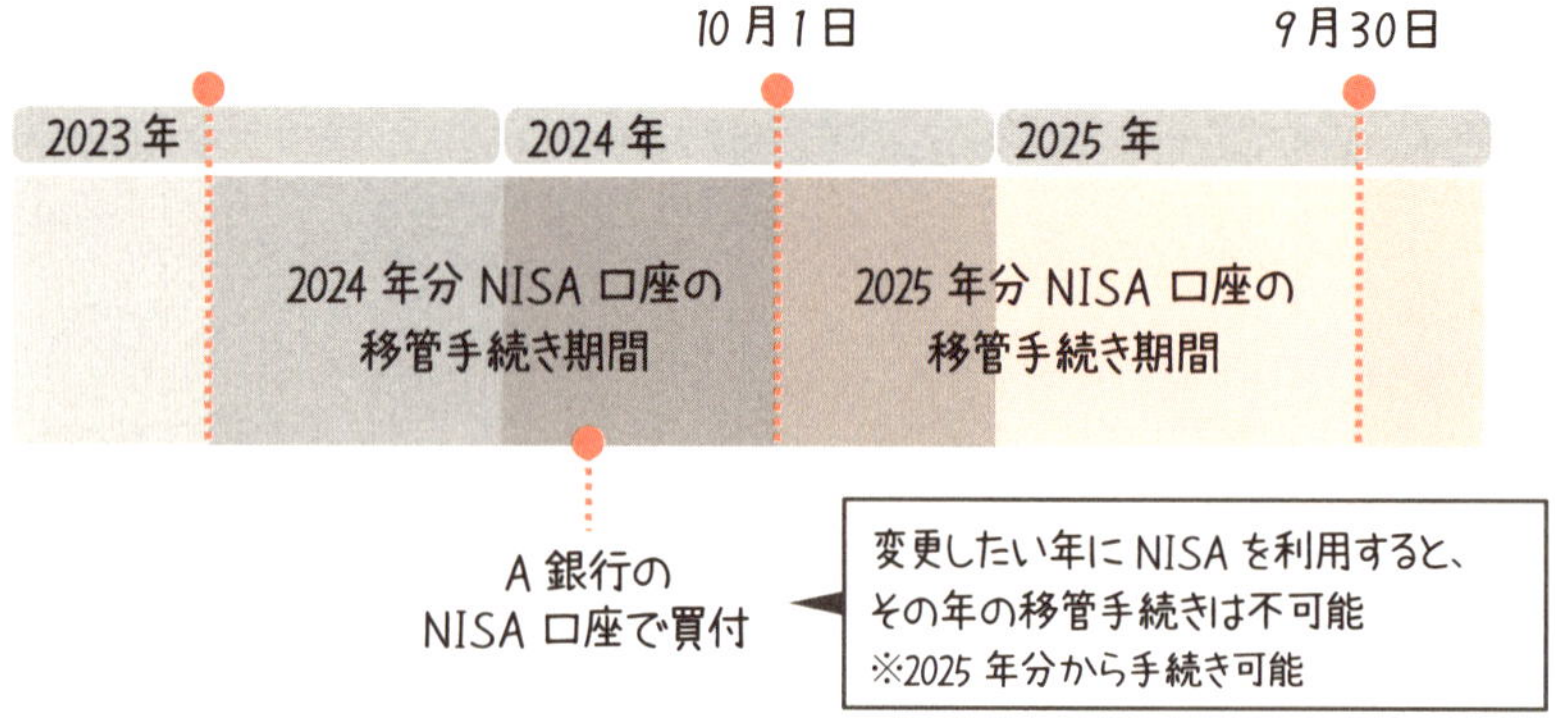

に変更できません。この場合、２０２４年10月1日以降に金融機関の変更手続きを行い、２０２５年から別の金融機関に変更できます。

乗り換え前のＮＩＳＡ口座で保有していた商品を、乗り換え先のＮＩＳＡ口座へ移し替えることはできません。

金融機関を頻繁に変更すると、複数の証券会社にまたがって資産を管理する必要があり、手間が増えるので注意しましょう。

配当金の受取方法に注意

ＮＩＳＡの成長投資枠で個別株やＥＴＦに投資した場合、配当金や分配金を受け取る機会が出てきます。

配当金の受取方法は配当金領収証方式、登録配当金受領口座方式、個別銘柄指定方式、株式数比例配分方式の４つから選択できます。

このうち、**ＮＩＳＡで配当金が非課税になるのは「株式数比例配分方式」**を選択している場合だけです。

配当金の受取方法を間違えると、せっかくＮＩＳＡで投資をしているのに配当金に課税されてしまいます。自分が使用している証券会社のサイトで、配当金の受取方法を確認しておきましょう。

Episode 2

NISA と iDeCo はどちらを優先すべき？

NISA と iDeCo は運用目的によって使い分ける

NISA と iDeCo は、どちらも税制上の優遇を受けながら資産形成ができるお得な制度です。

NISA と iDeCo は併用できるので、お金に余裕がある方はどちらも利用するのが正解です。一方で、新 NISA は年間投資枠が最高 360 万円まで拡大したので、両方使えるほどお金に余裕がないという方も多いです。

NISA と iDeCo のどちらを選ぶべきかは運用の目的によって変わります。

「老後資金に限定せず、いつでも引き出せる方がよい」という方は NISA を、「税制優遇を受けながら年金を増やして老後の不安を減らしたい」という方は iDeCo をメインに使いましょう。

NISA はいつでも引き出し可能で選べる商品が多い

NISA は商品を売却してお金を引き出すのが自由なので、老後資金だけでなく、子どもの進学費用を貯めるために運用したい、マイホームの頭金を準備するために運用したい、といった様々なニーズに対応できます。

成長投資枠では個別株や ETF など様々な商品に投資できるので、投資戦略の幅が広がるのもメリットです。

新 NISA では非課税期間が無期限になったので、売却しない限り永遠に非課税のまま複利運用できるのも強みです。

iDeCo のように所得控除などの税制優遇はありませんが、新 NISA は従来の NISA と比べて様々な点で改良されたため、NISA の方がより「万人向け」の制度となりました。

iDeCo は 60 歳まで引き出せないが、節税効果が高い

iDeCo は年金なので、預けたお金は原則 60 歳まで引き出せません。老後まで使わずに置いておけるお金だけを iDeCo に投入するようにしましょう。

また、選べる商品の数が原則 35 種類までと限られています。

インデックスファンドは用意されているのでインデックス投資だけ実践するには問題ありませんが、個別株や ETF が選べないので投資戦略は限定されます。

しかし、iDeCo には掛金が全額所得控除の対象となる、給付金を一時金として受け取る時は退職所得控除、年金として受け取る場合は公的年金等控除の対象となるなど、NISA にはない税制優遇があります。

一般的には、高収入の人、退職金が少ない人ほど節税効果が高くなるため iDeCo を積極的に活用すべきです。

5時限目

支出を徹底的に減らそう！家計の節約術

お金を効率よく増やすには、出て行くお金の管理が欠かせません！
支出を徹底的に見直しましょう！

01 家計簿アプリで「見える化」しよう

1 家計簿はなぜ必要か？

資産形成を上手に進めるには、**家計簿をつけて毎月の収入と支出を正確に把握**することが重要です。

2時限目で「**資産＝｛（収入－支出）＋運用益｝×運用期間**」という式をご紹介しました。

この式が示すとおり、資産を効率よく増やすには**（収入－支出）を最大化**する努力が欠かせません。

家計簿をつけて、自分の家庭に入ってくるお金と出ていくお金の流れを数値化することで、初めてスタートラインに立つことができるのです。

支出を減らすためには、何をいつ、いくら使ったかがわかる家計簿を付けることが重要です。今はアプリで簡単にできます！

2 家計簿のチェックポイント

家計簿をつけるだけでは意味がなく、**定期的に見直して家計改善**に繋げることが重要です。

家計簿を見る時は主に次の4点を確認しましょう。

❶ 毎月確実に貯金できているか
❷ 年間の貯蓄額はどのくらいか
❸ 支出のバランスや無駄な支出の有無
❹ 有価証券やマイホームを含めた総資産が増えているか

貯蓄体質ができているか

支出が多い月に貯金できる金額が少なくなるのは致し方ありません。しかし、どんなに支出が多い月でも、**必ずプラス収支で終わる癖をつけましょう**。

「今月は○○があったので仕方ないか」と一度妥協してしまう

● 家計簿は定期的な見直しが重要

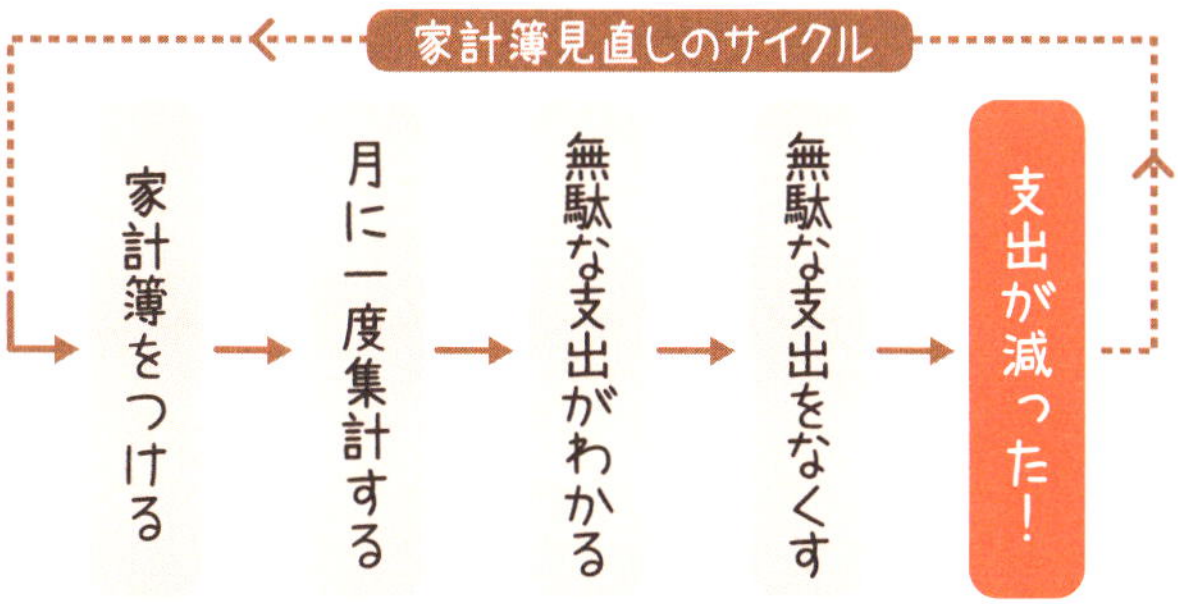

と、気の緩みが生まれ、何ヶ月も連続でマイナス収支になってしまうことが多いです。

自分の収入の範囲内で生活することが資産形成の基本ですので、絶対に守りましょう。

無駄な支出はないか

家計簿をつけずに漫然と生活をしていると、毎月の支出額に大きな変動があることが多いです。

クレジットカードやスマホ決済などが普及し、**現金で支払う機会が減ったため、自分で気が付かない間に無駄遣いをしてしまっている**のだと思います。

家計簿をつけて、支出額だけでなく支出項目を見直すことで、**すぐに改善できる節約ポイントがないか検討**することが重要です。地味な作業になりますが、節約ポイントを1つ1つ改善していくことで、毎月の支出額の変動が減り安定してきます。

総資産が増えているか

家計簿を見る時は、毎月の収入と支出だけでなく、株式などの有価証券、マイホームや自動車、借入金などを含めた**総資産の変動もチェック**しましょう。

貯金習慣ができているにも関わらず、総資産の変動があまりに大きい場合、投資でリスクを取り過ぎている可能性があります。

マイホームは住宅ローンを完済すれば自分の資産と呼べますが、**借入金がある場合はその金額を差し引いて考える**必要があります。新車を購入した場合、数年経過すると資産価値は下がっていることが多いので、中古車相場を確認して今の資産価値に置き換えましょう。

このように、マイホームや自動車などの大きな買い物は、買った時点だけでなく、その後の資産価値の推移を追うことで本当に良い買い物ができたか判断できます。

これらの要素を考慮したうえで、家庭の総資産が毎年増加傾向にあれば資産形成は順調に進んでいると言えるでしょう。

3 家計簿アプリを活用しよう

「家計簿をつける」というと面倒なイメージがありますが、今は便利な**家計管理アプリ**があります。私は10年以上前から**マネーフォワード**という家計簿アプリを愛用しています。

マネーフォワード以外にも**Zaim**や**Moneytree**など多くのアプリがあり、細かい機能に違いがありますので、自分の用途に合ったものを選びましょう。

多くの家計簿アプリに共通するメリットは次の4点です。

❶ 銀行口座、証券口座、クレジットカードなどを一元化して管理できる
❷ 口座連携によって簡単に資産の変動をチェックできる
❸ キャッシュレス決済の場合、支出が自動でカテゴリ分けされる
❹ 支出額や総資産のグラフ表示、データ出力が可能

家計簿アプリ
マネーフォワードME

有料版ではこれら全ての機能を使うことができますが、無料版では一部の機能が制限されていることが多いです。

しかし、無料版でも家計簿として最低限の機能は備わっているので、まずは無料版を試してみて必要に応じて有料版に切り替えるとよいでしょう。

家計簿アプリを使うことで、**毎日の記帳や定期的な集計の手間から解放される**のは大きなメリットです。

セキュリティ面には注意が必要ですが、キャッシュレス時代との相性は抜群なので、これまで使ったことがない方はぜひ活用してみてください。

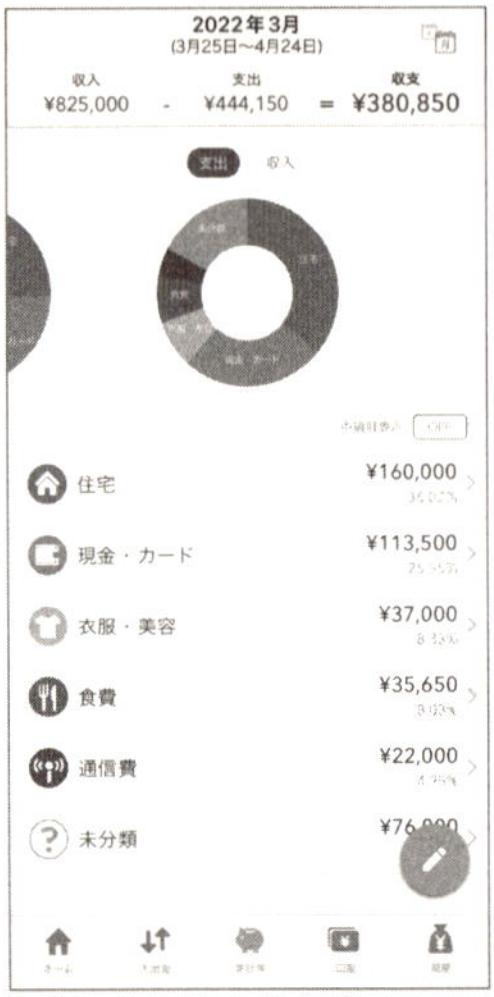

マネーフォワード MEの
家計簿画面

● 家計簿のメリット、デメリット

	手書きの家計簿	Excelで家計簿作成	手入力の家計簿アプリ	自動化家計簿アプリ
毎日の記帳	△	△	△	◎
集計しやすいか	×	◎	◎	◎
無駄遣いを把握しやすいか	◎	◎	○	△
現金を管理しやすいか	○	○	○	△
資産を把握しやすいか	×	△	△	◎
キャッシュレスの情報管理	×	×	×	◎

4 家計簿アプリを上手に使うコツ

家計簿アプリを便利に活用するためのコツは以下の2点です。

❶ 登録できる金融機関やクレジットカード、ポイントは全て登録する
❷ 支出をできるだけ1枚のクレジットカードに集約する

家計簿アプリを使って家庭に出入りするお金の流れを正確に把握するためには、**自分が保有している口座やクレジットカードを漏れなく口座連携する**ことが重要です。

銀行や証券会社の口座数、クレジットカードの枚数を必要最小限に抑えることでより簡単に資産を管理できます。

クレジットカードは**メインで使う一枚**を決め、ほぼ**全ての支出をその一枚に集約**するとよいでしょう。最初のクレジットカードや口座の登録作業に少々手間がかかりますが、以後は何もしなくても勝手に記帳、集計され、銀行や証券口座内の資産推移も一目瞭然となります。

02 ネット銀行を活用しよう

1 ネット銀行のメリット、デメリット

銀行には、三菱ＵＦＪ銀行や三井住友銀行など**実店舗を有する銀行**と、実店舗がなくインターネット上でほぼ全ての取引が完結する**ネット銀行**があります。

ネット銀行の メリット

ネット銀行を活用するメリットは以下のとおりです。

❶ 店舗に行かなくてもインターネット上で24時間取引可能
❷ 振込手数料やＡＴＭ利用手数料が安い
❸ 住信ＳＢＩネット銀行や楽天銀行は同系列の証券口座との連携が便利

ネット銀行は人件費や店舗を管理するコストがかからないため、大手銀行と比べて**各種手数料が安い**です。

毎月一定回数まで手数料ゼロとなっていることが多く、他行振込やATMの手数料は実質ゼロにできます。

また、住信SBIネット銀行はSBI証券、楽天銀行は楽天証券と連携すると利便性が高くなるので、**同系列の銀行と証券口座を同時に開設**するのがおすすめです。

ネット銀行のデメリット

ネット銀行のデメリットは、実店舗がないため、手続き方法が分からない時やトラブル発生時に**担当者と直接相談できない**点です。

銀行で融資を受けるなどの複雑な手続きをせず、毎月の生活費の管理をするだけであれば簡単な操作しか発生しませんので、ネット

従来の銀行とネット銀行の違い

	従来の銀行		ネット銀行
	都市銀行	地方銀行	
例	・三菱UFJ銀行 ・みずほ銀行 ・三井住友銀行 など	・横浜銀行 ・八十二銀行 ・ふくおかフィナンシャルG ・西武信用金庫　など	・ソニー銀行 ・楽天銀行 ・SBI新生銀行 ・PayPay銀行　など
実店舗	あり		なし
営業時間	・9時〜15時が大半 ・時間外のATMは手数料がかかる		24時間365日
通帳・残高確認	・紙の通帳あり ・Web通帳で残高確認も可能		・紙の通帳なし ・スマホ・PCで残高確認可能
金利	ネット銀行よりも低い		従来の銀行よりも高い
手数料	ネット銀行よりも高い		従来の銀行よりも安い
ATM	あり		コンビニ、提携銀行のATMが利用可能

銀行のメリットの方が大きいでしょう。

2 目的別口座の勧め

銀行の口座開設にはコストがかからないため、複数の口座を持ち、口座ごとに利用目的を明確にすることが重要です。はじめに次の3種類の口座を用意するとよいでしょう。

❶ 生活防衛資金を保管する口座
❷ 生活費を管理する口座
❸ 貯金や投資用の口座

生活防衛資金は万が一のための備えなので、基本的に手をつけずにずっと保管しておきます。金利が多少低くても、有事の際に実店舗で相談できるメガバンクの口座に入れておくと安心です。生活費を管理する口座や、貯金・投資用の口座は毎月のお金の出入りが増えるので、手数料が安いネット銀行がおすすめです。

メインで使う証券会社と同系列の銀行があれば、それを貯金・投資用の口座とし、それ以外に毎月の生活費を管理するためのネット銀行の口座を1つ保有しておくと便利です。

03 固定費の削減から始めよう

1 固定費と変動費とは

毎月の支出を正確に把握するためには、**支出を固定費と変動費の2つに分けて考える**ことが重要です。

固定費とは、**毎月ほぼ定額で発生する支出**のことです。

固定費には、毎月の家賃、水道光熱費、スマホの通信費、保険料、サブスクリプションサービス、自動車維持費などが含まれます。

一方、**変動費とは毎月変動する支出**のことです。変動費には、食費、日用品費、服飾費、交際費、レジャー費などが含まれます。

冠婚葬祭が重なった月は交際費、家族旅行に出かけた月はレジャー費が大幅に増えるなど、固定費と比べて金額の変動が大きいのが特徴

支出を効率よく減らすには、毎月定期的に出て行く固定費を見直すのがよいでしょう！

です。

このように、金額の変動が大きく予想がつきにくい変動費と比べ、固定費は支出のタイミングや金額が予想しやすいです。

家計の節約を考える場合、先に固定費を削減する方法を考えると効率がよいでしょう。

2 固定費を上手に削減する方法

固定費は一度見直せば、その節約効果がずっと継続するのがメリットです。

ここでは、住居費、通信費、サブスクリプションサービス、自動車、水道光熱費など特に**節約効果の高い5つの費用**を取り上げます。

● 固定費と変動費

	費用	内容
固定費	住居費	マンション、戸建ての家賃や管理費、住宅ローンなど
	水道光熱費	電気代、ガス代、水道代など
	通信費	スマホ・携帯電話代、プロバイダー使用料、宅配・郵送など
	保険料	生命保険、医療保険、自動車保険、火災保険、がん保険など
	教育費	子供の授業料、塾習い事費、通信教育費など
変動費	食費	食材費、外食費、おやつ代など
	日用品費	生活に必要な日用品、 雑貨、衣服費、洗剤、掃除道具、食器など
	交際・娯楽費	嗜好品の支出、レジャー費用、冠婚葬祭費 友人との飲食代、土産代など
	その他	交通費、医療費、美容費、家電・家具の買い替えなど
	上記以外	上記に該当しない支出があれば作成

固定費のなかで最も金額の大きい住居費

毎月の家賃や住宅ローンなどの住居費は、**固定費の中でも最も金額が大きい**です。

賃貸住宅の場合、通勤や通学に支障が出ない範囲内で郊外に引っ越したり、築年数や部屋の広さを必要最小限に絞ることで家賃を大幅に削減できます。

ご家庭の家族構成や生活状況に合わせて、無理のない範囲で検討してみましょう。

マイホームの場合、住宅ローンの借り換えによって毎月の返済額が減るケースがあります。

住宅ローンの借り換えには手数料がかかる、再審査や煩雑な手続きが必要といったデメリットもありますが、借り換えシミュレーションをして節約金額が大きい場合は検討しましょう。

自分に合ったプランで節約できる通信費（スマホ）

1人1台スマホを持ち、24時間ネットにつながった生活をしている私たちにとって通信インフラは欠かせないものです。スマホを大手キャリアで通信容量の多いプランで契約すると、毎月5000円～10000円かかることが多いです。

一方、**格安スマホ**に乗り換え、自分に必要な通信容量に絞ったプランを契約すれば、**毎月の支払いは2000円～3000円程度**になります。

近年は性能向上や円安によってスマホ本体の価格がどんどん上がっていますが、ネット検索やSNS、動画鑑賞程度であれば最新のスマホは必要ありません。

毎年最新のスマホに買い替えている方は、その必要性を一度見直すことをおすすめします。

いらないサブスクリプションサービスは解約すべし

サブスクリプション（サブスク）とは、**月額や年額といった定額料金を支払うことで、一定期間商品やサービスを活用できる仕組み**のことです。

ネットフリックスなどの動画配信、漫画や雑誌アプリ、スポーツジムの月謝など、現代では多くのサービスがサブスク化されています。

毎月定額で使い放題のサブスクは大変便利ですが、どのサブスクにいつ加入し、毎月いくら払っているか正確に把握できていない人も多いです。

加入後ほとんど使っていないサブスクがないか見直し、**いらないサービスは今すぐに解約**しましょう。不要なサブスクを解約するだけで毎月数千円の節約になることも多いです。また、新しいサブスクに加入する時は、サービス名、加入日、会費、解約条件などを記録しておきましょう。

自動車――持たない選択肢を検討しよう

東京都心などの都市部ほど、駐車場代など自動車を保有するコストは高くなります。

都市部は公共交通機関が発達していることが多いので、自動車を保有する必要性がなければ**「車を持たない」選択肢を検討**しましょう。車を保有しないことで年間数十万円の節約となり、そのお金を投資に回せば将来大きなリターンが期待できます。

たまに車が必要になった時は、都市部では**カーシェアリング**が簡単に利用できますし、タクシーの配車アプリですぐにタクシーを呼ぶこともできます。

地方では自動車は毎日の生活に必須だと思いますが、車を複数台所有している方は、車の台数を1台減らすだけで大きな節約になります。

水道光熱費の節約術

電力自由化により、２０１６年から電力会社を自由に選べるようになりました。**自分に合った電力会社や契約プランを選ぶ**ことで、電気料金を大幅に節約できる可能性があります。

多くの電力会社が、電気、ガス、通信回線などの**生活インフラをまとめて契約することで割安になる料金プラン**を提供しています。

電力会社乗り換えによってどれくらい料金が安くなるかシミュレーションできるサイトがありますので、一度試してみるとよいでしょう。

また、近年は冷蔵庫やエアコンなどの家電製品の省エネ性能が急速に向上しています。10年前と比較して、エアコンは10％以上、冷蔵庫は約40％も消費電力が削減されているというデータがあります。照明器具の電球をＬＥＤライトに替えるだけで約85％の省エネになるうえ、電球よりも約40倍長持ちします。

古い電化製品をずっと使い続けている方は、**最新のものに買い換える**ことで、電気料金の節約だけでなく、環境にも優しくなります。

04 お得なクレジットカードの活用術

1 クレジットカードは資産形成の強い味方

クレジットカードは現金がなくてもお買い物ができるのが最大の利点ですが、資産形成を進めるうえで他にもメリットが多いです。クレジットカードを使うメリットは主に以下の3点です。

❶ カードを利用すると自動的にポイントが貯まる
❷ 家計簿アプリと連携して簡単に支出が把握できる
❸ カードに付帯する保険サービスが受けられる

ポイントや保険が付いたりと、とても便利なクレジットカード。
便利なあまり使い過ぎに注意しましょう！

固定費をカードで支払ってポイントを貯める

多くのクレジットカードでは、会社ごとに**独自のポイント還元**が受けられます。

年会費無料のクレジットカードの場合、ポイント還元率は**利用金額の0・5%~1・0%程度**です。カードを利用するだけで自動的にポイントが貯まるので、特別な手続きは不要です。

ポイントを貯めるために無駄遣いをしてしまっては本末転倒ですが、固定費や公共料金をクレジットカードで支払えば賢くポイントを貯めることができます。

普通に生活しているだけで毎年数千円程度のポイントは貯まり、「1ポイント=1円」の価値で様々な用途に使えるのが魅力です。

クレジットカードの自動付帯保険

クレジットカードの中には、追加料金なしで自動で旅行傷害保険やショッピング保険が付与されるものが

● クレジットカードのメリット

現金を持たず、会計に時間がかからない
ポイントがたまる
特典や優待サービス
アプリやPCでお金の管理ができる
給与や銀行残高をみて買い物ができる
ATM
ATMでキャッシングができる
代引きしたり、振込の必要がない
分割払い、リボ払いができる
旅行、買い物などの保険が付いてくる
ETC
ETCカード・家族カード

あります。

年会費無料のカードで受けられる保険の内容には限りがありますが、万が一に備えて一度内容を確認しておきましょう。

2 クレジットカードのデメリット、危険性

上手に活用すれば大変便利なクレジットカードですが、次の3つのデメリットもあるので知っておきましょう。

❶つい使い過ぎてしまう
❷個人情報流出やカード悪用の可能性
❸キャッシングやリボ払いによる高金利負担

「使い過ぎ」に注意！

現金と異なりクレジットカードで使ったお金は目に見えないので、知らない間につい使い過ぎてしまうことが多いです。

1ヶ月の利用金額を管理するための使い過ぎ防止サービスやアプリもあるので、使い過ぎが心

配な方はぜひ活用しましょう。

不正利用や詐欺に注意！

近年、詐欺や悪質なサイトが増えており、クレジットカード情報が流出し不正利用される犯罪が増えています。

クレジットカードの**利用内容を通知してくれるサービスなどを活用**し、身に覚えのない請求が来たらすぐに把握できるようにしておきましょう。

キャッシングやリボ払いは手出し厳禁！

急にお金が必要になった時にATMで現金の借り入れができる**キャッシング**や、お金に余裕がない時に便利な**リボ払い**ですが、どちらも**金利が15%～18%と非常に高額**です。

高金利の借金を背負ってしまうと、借金を返すだけで精一杯でお金を増やすのは不可能になるので、**どちらも絶対に使ってはいけません**。

自分の収入の範囲内で生活することが重要です。

● クレジットカードのデメリット、注意点

うっかり使い過ぎに注意!!

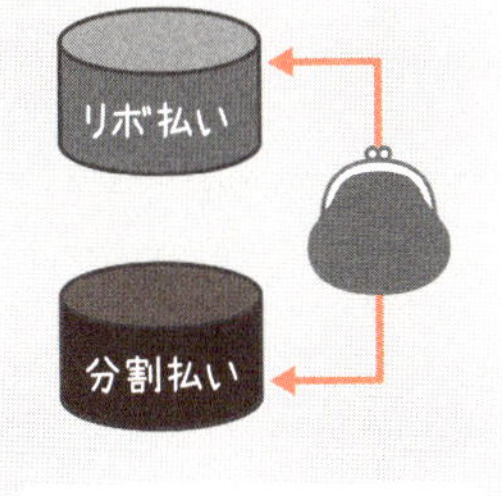

分割払い・リボ払いは使わないこと!!

不正利用に注意!!
紛失・盗難のリスク

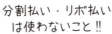

3 貯めたポイントで節約や投資

クレジットカード利用で貯まるポイントの種類は、カード会社によって異なります。

利用者数が多いカードの中では、楽天カードは**楽天ポイント**、三井住友カードは**Vポイント**、dカードは**dポイント**、Pontaカードは**Pontaポイント**、PayPayカードは**PayPayポイント**が貯まります。

ポイント還元率はクレジットカードのランクによって異なり、通常カードでは低く、ゴールドカードやプラチナカードとランクが上がるにつれて上昇することが多いです。

多くのポイントは「1円＝1ポイント」の価値で日々のお買い物に使ったり、翌月のクレジットカードの支払いに充てて家計を節約することができます。

楽天ポイントは楽天証券、VポイントはSBI証券で**株式や投資信託を買う**こともできます。自分のお金で投資して損をするのが怖いという人も、貯めたポイントなら気軽に投資できるのでおすすめです。

他にはJALやANAなど航空会社系のクレジットカードを使って**マイルを貯める**のが人気です。仕事や旅行などで飛行機を頻繁に利用する方にはお得ですが、マイルを効率よく貯める方法はかなり複雑です。

一般の方には、現金とほぼ同じ感覚で気軽に使える**楽天ポイントなどをおすすめ**します。

貯めたポイントの使い道

- ポイントで買い物をする
- ポイントでキャッシュバック
- 景品や商品と交換する
- 商品券やギフトカードと交換する
- 共通ポイントに移行する
- マイルに交換する
- 積み立て投資をする
- ふるさと納税に使う
- 銀行の振込手数料に使う
- 寄付をする

05 自分のポイント経済圏を決めよう！

1 国内の主要なポイント経済圏

世の中には数多くのポイントがありますが、賢くポイントを貯めるには自分の**お気に入りの「ポイント経済圏」を決めること**が重要です。

ポイント経済圏とは、ドコモ、au、ソフトバンク、楽天、イオンなど1つの会社が運営しているサービス群を、同一のアカウントや決済方法で利用することで1つの経済圏と見なすことを指します。

1つのポイント経済圏内で複数のサービスを活用することで、**二重三重にポイントが貯まり、貯めたポイントを使って便利かつお得にサービスを使う**ことができます。

ポイントを賢く貯めるには、お気に入りのポイントを決めて、その経済圏で買い物などの消費をすることが重要です！

国内の主なポイント経済圏は以下の表のとおりです。

この中で、私は主に「楽天経済圏」を利用しています。

楽天の場合、楽天市場(ショッピングサイト)、楽天銀行、楽天証券、楽天カード、楽天ペイ(コード決済)、楽天モバイルなど多種多様なサービスを提供しています。

これらを横断的に使い回すことで楽天ポイントが速く貯まり、貯めたポイントでお買い物をする、クレジットカードの請求額を減らす、投資信託を買うなど大変便利に活用しています。

● 国内の主なポイント経済圏

	楽天ポイント	PayPay ポイント	Ponta ポイント	d ポイント	V ポイント
モバイル	楽天モバイル	ソフトバンク	au	NTTドコモ	―
共通ポイントカード	楽天ポイントカード	―	Pontaカード	dポイントカード	Vポイントカード
クレジットカード	楽天カード	PayPayカード	au PAYカード	dカード	Vポイントカードプラス 三井住友カード
電子マネー	楽天Edy	―	―	iD	Vマネー
銀行	楽天銀行	PayPay銀行	auじぶん銀行	dスマートバンク	T NEOBANK 三井住友銀行
ネットショッピング	楽天市場	Yahoo!ショッピング	au PAYマーケット	dショッピング	―
コード決済	楽天ペイ	PayPay	au PAY	d払い	VポイントPay
証券	楽天証券	PayPay証券	三菱UFJ eスマート証券	マネックス証券、SBI証券、SMBC日興証券	SBI証券
ポイント投資	○	―	○	○	○
ポイント運用	○	○	○	○	―
暗号資産	楽天ウォレット	―	―	―	bitFlyer

2 ポイントは1つに絞って貯める

ポイントを上手に貯めるコツは、**1つのポイント経済圏に絞って集中的に貯める**ことです。

競争が激しい分野なので、ポイント還元率などはしょっちゅう変更されますが、ポイント経済圏を頻繁に乗り換えるのは効率が悪いのでおすすめしません。

どのポイント経済圏を選ぶかについては、以下の3点を意識するとよいでしょう。

❶ メインで使っているネット銀行や証券会社
❷ 一番よく使うキャッシュレス決済方法
❸ 一番よく使うオンラインモール

細かなポイント還元率の差よりも、自分の生活に最も適したポイント経済圏を選ぶことが重要です。クレジットカード、ネット銀行、証券口座など全部これから準備するという方は、「楽天経済圏」を選ぶとよいでしょう。

楽天の強みは、楽天市場という国内最大級のＥＣサイトに加え、楽天独自の銀行、証券会社、クレジットカードがあり、ポイントで株や投資信託、暗号資産まで買えるなど幅広いサービスを提供していることです。

06 税金の仕組みと税金を減らせる「控除」の活用

1 主な税金の種類を覚えよう

日本には約50種類の税金があり、私たちが日常生活で使っている物やサービスの多くに税金がかかっています。

主な税金には、**所得税**、**住民税**、**消費税**、不動産に対する**固定資産税**、会社に対する**法人税**、相続財産にかかる**相続税**、**酒税**、**たばこ税**、**ガソリン税**、**自動車税**などがあります。

税金をどこに納めるかによって「**国税**」と「**地方税**」に分類され、地方税はさらに「道府県税」と「市町村税」に分けられます。

税金の納め方による分類もあります。税金を納める人が直接

● 税金の分類

		直接税	間接税
国税		所得税、法人税、相続税、贈与税など	消費税、酒税、たばこ税、関税など
地方税	道府県税	道府県民税、事業税、自動車税など	地方消費税、道府県たばこ税、ゴルフ場利用税など
	市町村税	市町村民税、固定資産税、軽自動車税など	市町村たばこ税、入湯税など

支払う「**直接税**」と、税金を納める人と負担する人が異なる「**間接税**」に分類されます。

たとえば、**所得税や相続税**は、収入を得た人、贈与を受けた人が直接支払う税金なので直接税です。

一方、**消費税**は私たち消費者が支払いますが、実際に納税するのは企業なので間接税となります。

2 収入には所得税と住民税がかかる

税金の中で、資産形成を進めるうえでぜひ理解しておきたいのが、私たちが仕事をして稼いだお金にかかる「**所得税**」と「**住民税**」です。

会社員の場合は**毎月の給料から天引き**されているので、一度ご自身の給与明細を確認してみるとよいでしょう。

所得税は所得が高くなるほど税率が上がる「**累**

● サラリーマンの所得税と住民税は天引きされている

給与支給明細書

勤怠	総労働日数	所定内労働時間	所定外労働時間	総労働時間	遅刻早退時間
	20.00	148:00	20:00	168:00	1:00
	残業時間				
	18:00				
支給	基本給	非課税通勤手当	課税通勤手当	残業手当	遅刻早退控除
	220,000	5,000	0	32,153	1,428
	役職手当				支給合計
	10,000				268,581
控除	健康保険料	介護保険料	厚生年金保険料	雇用保険料	所得税
	13,165	2,202	24,573	737	3,520
	住民税				控除合計
	12,500				56,697
集計	銀行振込				差引支給額
	211,884				211,884

進課税」が採用されています。

所得税率は5％〜45％まで7段階に分類され、所得によって大きな差があります。

住民税は、前年の所得に対して課税される「所得割」と、定額で課税される「均等割」の2つを合算した金額を納付します。

所得割の税率は、納める人の所得に関係なく一律10％（道府県民税4％＋市町村税6％）です。

均等割の負担額は一律4000円ですが、2024年度から森林環境税が1人年額1000円課税されますので、合計5000円となっています。

3 サラリーマンの給料と税金の仕組み

サラリーマンの給料と税金について正確に理解するために、次ページ上図の仕組みを理解しましょう。

「給与収入」という言葉は、税金や社会保険料などが引かれる前の額面の年収のことを指します。

● 所得ごとに7段階の税率がある所得税率

課税される所得金額	税率	控除額
1,000円から1,949,000円まで	5%	0円
1,950,000円から3,299,000円まで	10%	97,500円
3,300,000円から6,949,000円まで	20%	427,500円
6,950,000円から8,999,000円まで	23%	636,000円
9,000,000円から17,999,000円まで	33%	1,536,000円
18,000,000円から39,999,000円まで	40%	2,796,000円
40,000,000円以上	45%	4,796,000円

サラリーマンの場合、給与収入から給与所得控除（図の下表）を差し引いた金額が「**給与所得**」になります。

個人事業主やフリーランスなどの事業所得者は、仕事に関する支出を経費にでき、**収入から経費を差し引いた金額が所得**になります。

しかし、サラリーマンの場合、仕事上で使用するための支出があっても経費として計上できません。

その代わりに、**給与所得控除**で必要経費相当額を収入から差し引くことができるのです。

給与所得控除の金額は55万円～195万円の間で、下図の計算方法に基づき、年収によって自動的に決まります。

● サラリーマンの所得税の計算方法

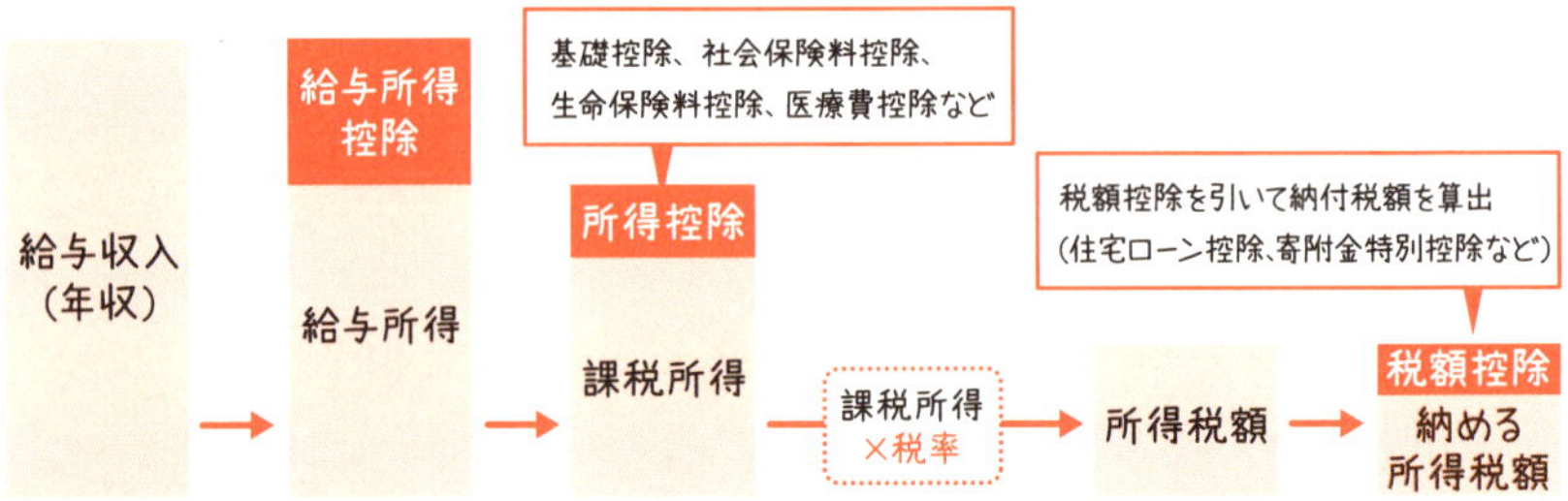

● 給与所得控除一覧

給与等の収入金額（給与所得の源泉徴収表の支払金額）	給与所得控除額
1,625,000円まで	550,000円
1,625,001円から 1,800,000円まで	収入金額×40%－100,000円
1,800,001円から 3,600,000円まで	収入金額×30%＋80,000円
3,600,001円から 6,600,000円まで	収入金額×20%＋440,000円
6,600,001円から 8,500,000円まで	収入金額×10%＋1,100,000円
8,500,001円以上	1,950,000円（上限）

所得控除と税額控除の違い

税金の控除には、所得から差し引く「所得控除」と、税額から差し引く「税額控除」があります。所得控除は課税される**所得金額を下げるための仕組み**で、税額控除は**納めるべき税額自体を下げる仕組み**と考えられます。

税額控除の中で、個人が利用できるものの例は、住宅借入金等特別控除（住宅ローン控除）や株式投資関連の配当控除、外国税額控除です。税額控除は納めるべき税金を直接減らすことができるので、**節税効果が高い**です。住宅ローン控除など活用できるものがあれば積極的に使いましょう。

4 所得控除を使って節税しよう

給与所得から**様々な「所得控除」を差し引いた金額**が、最終的に所得税や住民税の金額を決めるのに使われる「**課税所得**」です。サラリーマンの節税のポイントは、**所得控除の金額をできるだけ増やして課税所得を下げる**ことにあります。

代表的な所得控除には、**基礎控除**、**社会保険料控除**、**小規模企業共済等掛金控除**（iDeCoの掛金を含む）、**生命保険料控除**、**医療費控除**、**寄附金控除**（ふるさと納税を含む）、**配偶者控除**、**扶養控除**などを含む以下の15種類があります。

サラリーマンが毎月の給料から天引きで支払っている所得税の金額は、実は概算の金額でしか

所得控除の種類と条件

	所得控除の種類	控除を受けるための条件	控除できる金額
年末調整でも確定申告でも手続き可能	基礎控除	合計所得が年2,500万円以下	48、32、16万円の合計所得に応じた3段階
	社会保険料控除	社会保険料を支払った場合	支払った金額、給与や公的年金等から差し引かれた金額の全額
	生命保険料控除	生命保険料を支払った場合	最大で所得税12万円、住民税7万円
	小規模企業共済等掛金控除	小規模企業共済やiDeCoの掛金を支払った場合	小規模企業共済の場合、最高で84万円。iDeCoの場合、最高で81万6,000円
	地震保険料控除	地震保険料を支払った場合	最高で5万円
	障害者控除	納税者や配偶者、扶養する家族が障害者の場合	27万円〜75万円（障害の程度や同居の有無により異なる）
	寡婦控除	納税者が夫と死別・離婚し婚姻していない場合	27万円
	ひとり親控除	納税者がひとり親（合計所得金額500万円以下）	35万円
	勤労学生控除	納税者が合計所得75万以下の勤労学生	27万円
	扶養控除	扶養している家族がいる	38万円〜63万円（扶養親族の年齢等により異なる）
	配偶者控除	所得金額1000万円以下で配偶者がいる（配偶者の年間の合計所得金額が48万円以下）	最高で38万円（70歳以上の場合は48万円）
	配偶者特別控除	所得金額1000万円以下で配偶者がいる（配偶者の年間の合計所得金額48万円超133万円以下）	最高で38万円。配偶者の所得が増えるほど控除額が減り、133万円超になると0円になる
確定申告でのみ手続き可能	医療費控除	自分や家族のために年間10万円以上の医療費を支払った	10万円を超えた部分（保険金などで補てんされる金額を除く）
	寄附金控除	国や地方公共団体、特定公益増進法人など特定の団体に寄附した	特定寄附金の金額-2,000円（年間所得の40%まで）
	雑損控除	災害、盗難、横領などの損害を受けた	損失額に応じて控除額が変わる

ありません。**年末調整**の手続きによって、1年間に支払うべき所得税の金額を正確に計算し直し、過不足する金額を調整します。

サラリーマンの場合、基礎控除や社会保険料控除は自動で計算されますが、配偶者控除や扶養控除、小規模企業共済等掛金控除、生命保険料控除、地震保険料控除などは年末調整で自ら申告しなければ適用されません。

「年末調整の紙を読んでも内容が理解できないから」という理由で適当に提出すると、**年間10万円以上は損をする可能性がある**のです。

5 所得控除の活用法

所得控除のうち、iDeCoの掛金を含む**小規模企業共済等掛金控除、ふるさと納税の2つは特に重要**ですので、後ほど詳しく解説します。

残りの所得控除のうち、比較的多くのサラリーマンが使えるものを順番に解説します。

扶養控除

16歳以上の扶養親族がいる場合、扶養控除が受けられます。一番多いのは、高校生や大学生の子供を養っているケースです。

70歳以上の老人扶養親族がいる場合も扶養控除の対象となります。普段同居していない両親や祖父母に仕送りをしているケースなども対象になるので、申請し忘れないように注意しましょう。

扶養控除の控除額は、以下の表のように誰を扶養しているかによって変わります。

配偶者控除、配偶者特別控除

配偶者の所得が48万円以下の場合、**配偶者控除**（最高38万円）を受けることができます。ただし、所得控除を受ける人の所得が１０００万円を超える場合は配偶者控除を受けられません。

配偶者特別控除は、所得控除を受ける人の所得が１０００万円以下で、配偶者の所得金額が48万円超～１３３万円以下の場合に受けられます。

フルタイムの共働き世帯では配偶者控除の対象となることは少なく、夫婦のどちらか一方が専業主婦（夫）もしくは短時間パート勤務の時に使える制度と考えましょう。

生命保険料控除

生命保険に加入して**毎月生命保険料を払っている場合**、生命保険料控除を受けられます。

● 扶養控除の控除額一覧

区分		所得税	住民税
一般の扶養親族(16歳以上)		38万円	33万円
特定扶養親族(19歳以上23歳未満)		63万円	45万円
老人扶養家族(70歳以上)	同居老親等以外	48万円	38万円
	同居老親等	58万円	45万円

配偶者控除、配偶者特別控除の一覧

例：配偶者控除・配偶者特別控除（夫が会社員で、妻がパート勤務の場合）

妻の合計所得金額 ＼ 夫の合計所得金額		900万円以下 [1,095万円以下]	900万円超 950万円以下 [1,145万円以下]	950万円超 1,000万円以下 [1,195万円以下]
配偶者控除	48万円以下 [1,030,000円以下]	38万円 (48万円)	26万円 (32万円)	13万円 (16万円)
配偶者特別控除 [配偶者控除と配偶者特別控除の両方を受けることはできません。]	48万円超〜95万円以下 [1,500,000円以下]	38万円	26万円	13万円
	95万円超〜100万円以下 [1,550,000円以下]	36万円	24万円	12万円
	100万円超〜105万円以下 [1,600,000円以下]	31万円	21万円	11万円
	105万円超〜110万円以下 [1,667,999円以下]	26万円	18万円	9万円
	110万円超〜115万円以下 [1,751,999円以下]	21万円	14万円	7万円
	115万円超〜120万円以下 [1,831,999円以下]	16万円	11万円	6万円
	120万円超〜125万円以下 [1,903,999円以下]	11万円	8万円	4万円
	125万円超〜130万円以下 [1,971,999円以下]	6万円	4万円	2万円
	130万円超〜133万円以下 [2,015,999円以下]	3万円	2万円	1万円

※[　]内の金額は夫・妻がそれぞれ給与所得のみの場合の給与収入（年収）です。
※(　)内の金額は妻が70歳以上の場合の配偶者控除の額です。夫が妻に扶養されている場合は、表中の妻と夫を読み替えます。

出典：公益財団法人生命保険文化センター Web サイトより

生命保険料控除の控除額

	旧契約（2011年までの契約）	新契約（2012年以降の契約）
一般生命保険料控除（定期保険や終身保険など）	所得税：5万円 住民税：3.5万円	所得税：4万円 住民税：2.8万円
介護医療保険料控除（医療保険や介護保険など）	—	所得税：4万円 住民税：2.8万円
個人年金保険料控除（個人年金保険）	所得税：5万円 住民税：3.5万円	所得税：4万円 住民税：2.8万円
全体	所得税：10万円 住民税：7万円	所得税：12万円 住民税：7万円

生命保険料控除で控除できる金額には上限があり、加入している保険の種類によっても変わります。２０１２年以降の新契約の場合、最大で所得税12万円、住民税７万円が控除されます。

毎年10月頃に保険会社から生命保険料控除証明書が届くので、年末調整の時に提出しましょう。

地震保険料控除

地震保険は火災保険とセットになっています。

このうち、火災保険は所得控除の対象ではありませんが、**地震保険は控除対象**となっています。地震保険料による所得税の控除額は最大で5万円、住民税は最大で2・5万円です。

毎年10月頃に保険会社から地震保険料控除証明書が届きますので、年末調整の時に提出しましょう。

医療費控除、セルフメディケーション税制

自分や家族の医療費の合計金額が年間10万円を超えた場合、医療費控除が受けられます。

医療費控除の対象となるのは、主に病気の診療費や治療費です。入院の場合、病院の部屋代や食事代も対象となり、通院に必要な交通費なども対象となるケースがあります。一方で、健康診断や人間

● 地震保険料の控除額

区分		地震保険料控除額
税	年間支払保険料	
所得税	50,000円以下	支払保険料
	50,000円超	50,000円
住民税	50,000円以下	支払保険料×1/2
	50,000円超	25,000円

ドック、予防接種など、**病気の予防を目的とする費用は医療費控除の対象になりません**。

医療費控除は年末調整で手続きできず、**サラリーマンであっても確定申告が必要**な点に注意しましょう。

■ セルフメディケーション税制

病院を受診する機会が少なく、年間の医療費が10万円以上に届かない方でも**セルフメディケーション税制**の対象となる可能性があります。

セルフメディケーション税制の対象となるのは、**OTC医薬品**（薬局などで処方箋なしで購入できる医薬品）を1年間に12000円以上購入し、かつ会社の健康診断や自治体のメタボ健診を受けている方です。

OTC医薬品の購入費用のうち、12000円を超える分（上限は88000円）を所得控除にできますが、医療費控除と併用はできません。

● 医療費控除の対象となるもの

項目	備考
診療費、治療費の支払い	ケガや病気の診療費、治療費であること
入院した場合の費用	病室の部屋代や食事代を含む
医薬品の購入費	医師の処方箋がある場合
通院にかかった交通費	利用できる公共交通機関がない、またはケガや病気で公共交通機関を利用できない場合はタクシー代も含む
あん摩マッサージ指圧師、柔道整復師、鍼師、きゅう師による施術の費用	治療に直接関係のある施術に限る
居宅サービス等介護にかかった費用	介護保険の対象であること
保険師、看護師、准看護師または特に依頼した人による療養上の世話の対価	所定の料金以外の心付けなどは除く
出産に伴う一般的な費用※	一部、対象外となる費用もある

※出産育児一時金が支給された場合はその金額を差し引く必要がある
出典：国税庁「医療費控除の対象となる医療費」

07 ふるさと納税の活用法

1 ふるさと納税の仕組み

ふるさと納税は、**自分が応援したい自治体に寄附ができる制度**です。**寄附金額の約3割分の返礼品を受け取る**ことができ、残りの寄附金は自治体の運営に使用されます。

ふるさと納税を申し込む時に寄附金の用途を指定することもできます。

年収などから算出される「控除限度額」の範囲内であれば、**寄附金のうち2000円を超える部分は、住民税の控除や税務署から所得税の払い戻し（還付）**

● ふるさと納税の仕組み

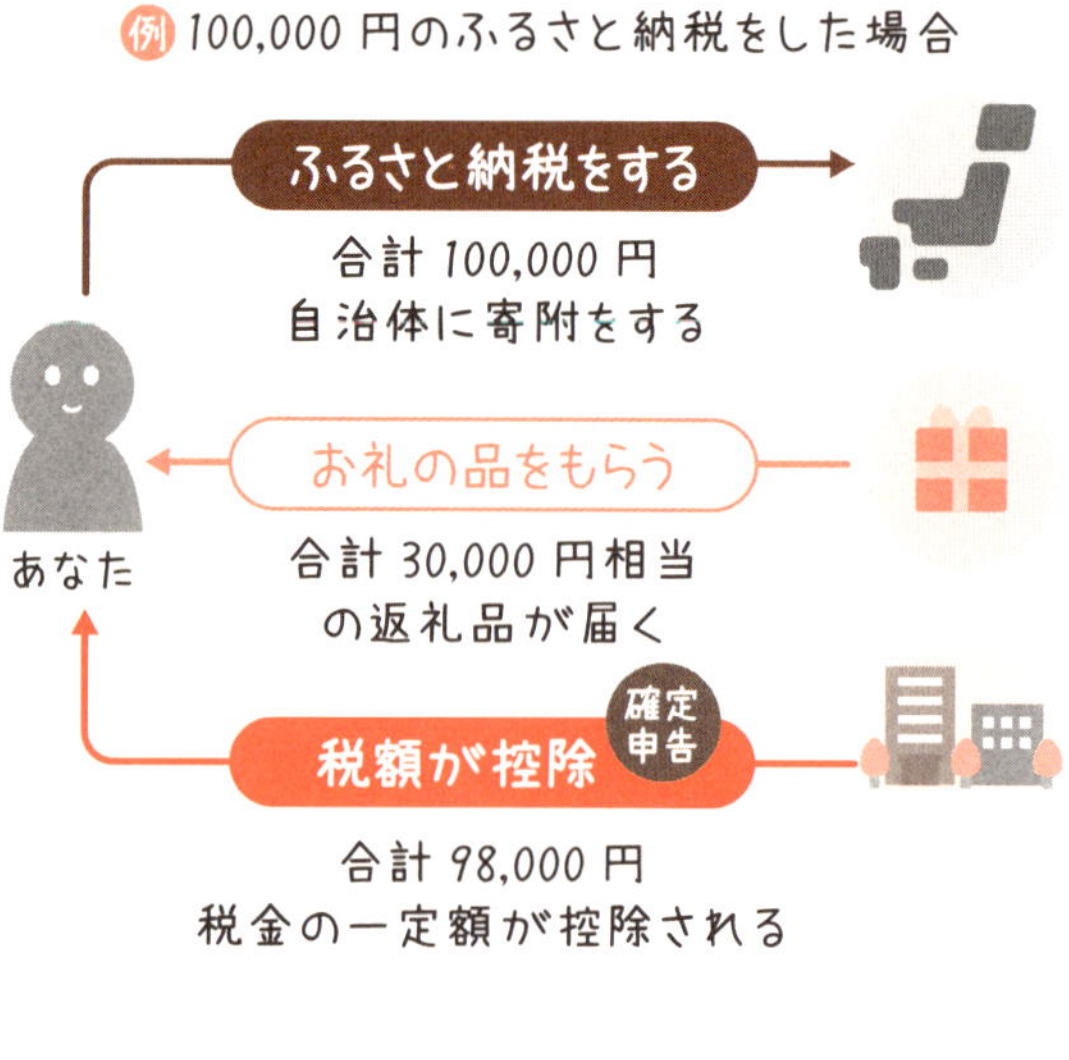

例 100,000円のふるさと納税をした場合
ふるさと納税をする
合計100,000円
自治体に寄附をする
あなた
お礼の品をもらう
合計30,000円相当
の返礼品が届く
税額が控除
確定申告
合計98,000円
税金の一定額が控除される

を受けられます。

実質2000円の負担で寄附した金額の約3割分の返礼品を受け取れるので、**使った方が確実にお得な制度**です。

2 ふるさと納税の控除限度額を計算しよう

ふるさと納税を上手に活用するためには、自己負担2000円で**寄附できる上限金額（控除限度額）を知ることが重要**です。

控除限度額は年収や家族構成、所得控除の大きさなどによって変わります。

以下はふるさと納税の控除限度額の目安となる早見表ですが、住宅ローン減税や医療費控除などの控除金額が大きい場合、ずれが生じるので注意が必要です。

正確な数値を知りたい場合は、インター

● ふるさと納税の家族構成ごとの控除限度額早見表

納税を行う本人の給与収入	独身または共働き	夫婦	共働き＋子1人（高校生）	共働き＋子1人（大学生）	夫婦＋子1人（高校生）	共働き＋子2人（高校生と大学生）	夫婦＋子2人（高校生と大学生）
300万円	2万8000円	1万9000円	1万9000円	1万5000円	1万1000円	7000円	—
400万円	4万2000円	3万3000円	3万3000円	2万9000円	2万5000円	2万1000円	1万2000円
500万円	6万1000円	4万9000円	4万9000円	4万4000円	4万円	3万6000円	2万8000円
600万円	7万7000円	6万9000円	6万9000円	6万6000円	6万円	5万7000円	4万3000円
700万円	10万8000円	8万6000円	8万6000円	8万3000円	7万8000円	7万5000円	6万6000円
800万円	12万9000円	12万円	12万円	11万6000円	11万円	10万7000円	8万5000円
900万円	15万2000円	14万3000円	14万1000円	13万8000円	13万2000円	12万8000円	11万9000円
1000万円	18万円	17万1000円	16万6000円	16万3000円	15万7000円	15万3000円	14万4000円
1200万円	24万7000円	24万7000円	23万2000円	22万9000円	22万9000円	21万9000円	20万6000円
1500万円	39万5000円	39万5000円	37万7000円	37万3000円	37万7000円	36万1000円	36万1000円

※夫婦はふるさと納税した配偶者に収入なし　※「高校生」は「16歳から18歳の扶養親族」を、「大学生」は「19歳から22歳の特定扶養親族」を指す。

出典：総務省「ふるさと納税ポータルサイト」より抜粋

ネット上の**ふるさと納税関連サイトで控除限度額を無料でシミュレーション**できますので、試してみましょう。

3 ふるさと納税の活用法

自分の控除限度額が決まったら、限度額を超えない範囲内で自分が**応援したい自治体や魅力的な返礼品**を探しましょう。

楽天ふるさと納税、ふるさとチョイス、さとふる、ふるなびなどの大手サイトには1000以上の自治体が参加しており、全国から多種多様な返礼品を選ぶことができます。

2024年12月19日から、アマゾンがふるさと納税事業に参入しました。アマゾンのアカウントを通じて簡単に寄附ができ、豊富な物流網を活かして一部の返礼品が最短で翌日に届くことから、今後普及するかもしれません。

ふるさと納税の返礼品は肉、魚、野菜、フルーツ、お米、惣菜などの食品類が最も多いです。日本人の主食であるお米は、どこの家庭でも定期的に購入していると思いますので、ふるさと納税の返礼品で注文すると家計の節約につながります。

食品類以外だと、ティッシュペーパーやトイレットペーパーなどの日用品もおすすめです。近年、紙製品の値上がりが続いているため節約効果が高く、薬局などで毎回買って持ち運ぶ手間が無くなるのは大きなメリットです。

ふるさと納税を活用して、普段食べられない豪華なお肉や魚介類、フルーツなどを家族で楽しむのもよいでしょう。

このように、ふるさと納税の楽しみ方は人それぞれですが、ふるさと納税を家計の節約につなげたい方は**生活必需品を注文するのがおすすめ**です。

4 ふるさと納税の手続き方法

ふるさと納税で税金の控除を受けるためには、「**確定申告**」または「**ワンストップ特例制度**」のいずれかの手続きが必要です。

ふるさと納税以外の理由で確定申告が必要ない場合、1年間に寄附した自治体の数が5以下だと、**ワンストップ特例制**

● ふるさと納税の手続き方法

	確定申告	ワンストップ特例制度
寄附先数	寄附先の自治体数に制限がなく、複数の自治体に寄附が可能	1年間で5自治体まで 同じ自治体への複数寄附の場合1自治体として計算
申告の方法	確定申告で「寄附金の受領書」か「寄附金控除に関する証明書」を添付して申告	寄附の都度、各自治体に申請書および本人証明書類を提出 マイナポータル連携で控除証明書を電子データで取得可能
税金控除の仕組み	税務署からの還付と、住民税からの控除 寄附額50,000円 所得税からの還付 / 住民税からの控除 48,000円 実質自己負担2,000円!!	住民税から全額控除（減額） 寄附額50,000円 住民税からの控除 48,000円 実質自己負担2,000円!!
申請期限	確定申告の期限 寄附した翌年の3月15日	申請書の提出期限 寄附した翌年の1月10日必着

度を使って簡単に**税額控除**が受けられます。

　ワンストップ特例制度の申請書を寄附した自治体に送るだけで、**確定申告をすることなく税金の控除が受けられる**のは大きなメリットです。

　年間5自治体までなら、返礼品の数や寄附回数などに制限はありません。

　確定申告に慣れていないサラリーマンの方であれば、1年間に寄附する自治体の数を5以下に抑え、ワンストップ特例制度を使うとよいでしょう。

● ワンストップ特例制度の概要

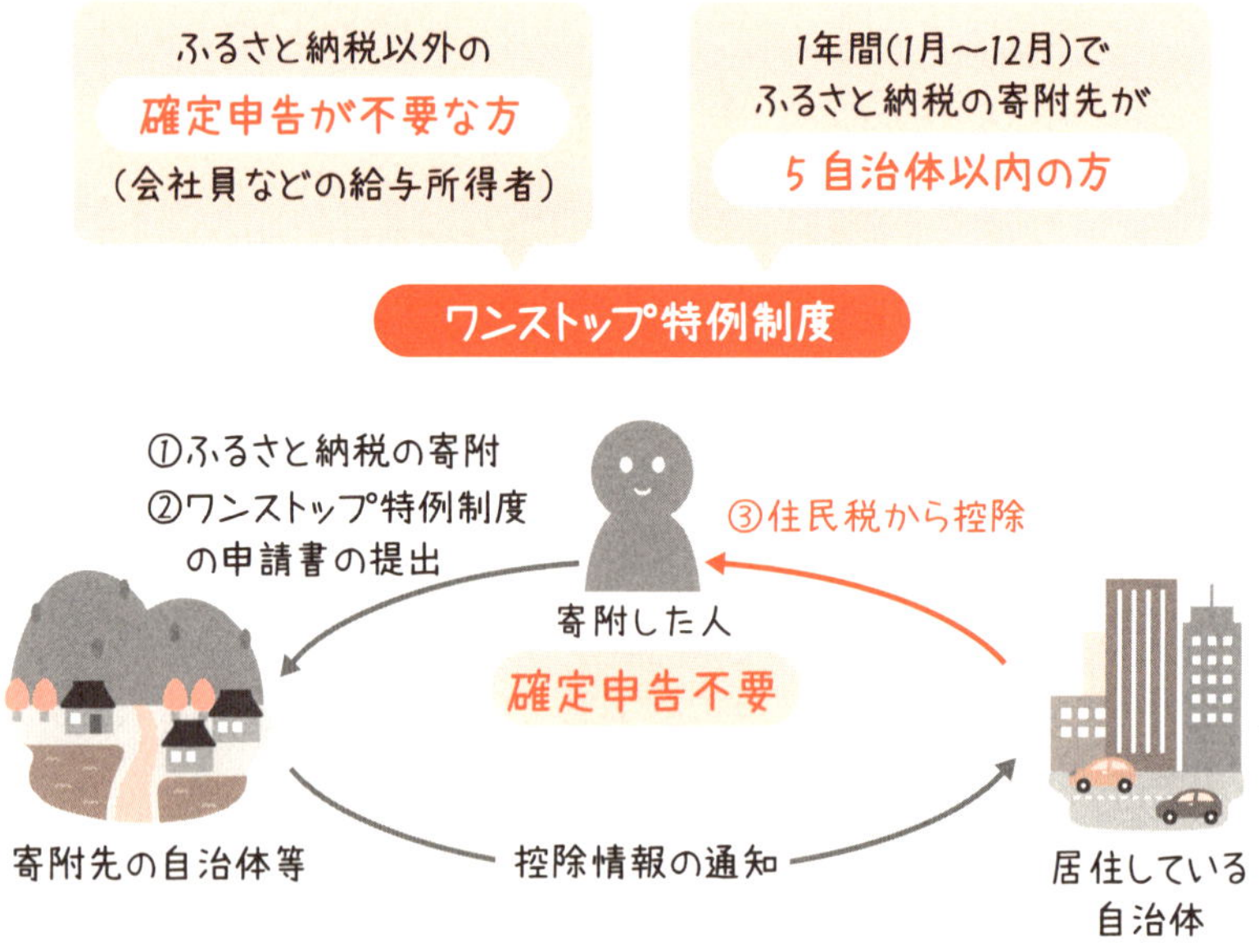

6時限目

保険と年金の賢い入り方・辞め方

不要な保険に入っていませんか？
年金は老後の生活に必要不可欠です。iDeCoなど私的年金を賢く活用しましょう。

01

保険の正しい見極め方

1 保険は要・不要の見極めが重要です！

保険とは、病気や怪我、死亡、事故といった不測の出来事、火災や地震などの自然災害など、日常生活で起こる**様々なリスクに備える制度**です。

これらのリスクの中には、私たち個人の力だけで対処できないものがあります。そこで、**同じ不安を感じている人々から保険料を集め、万が一の時に備えようとするのが保険**です。

被害に遭ってしまった場合、その集まったお金の中から保険金を受け取ることができます。

日常生活には様々なリスクがあるため、世の中には**多種多様な保**

医療保険、自動車保険など将来のリスクに備える保険は、どれに入ってどれに入らないかの見極めが大事です！

険が存在します。

私たちにとって難しいのは、どの程度のリスクまで保険に加入して備え、どのリスクは保険に加入せずに様子をみるかの**見極め**です。

多くの保険に入れば、世の中のほとんどのリスクに対処でき安心して生活できますが、毎月支払う保険料も莫大なものになり生活を圧迫してしまうからです。

私は、「発生する確率は非常に低いものの、万が一発生した場合に自分の手持ち資金では対処できないリスク」に備えるのが保険の本来の役割だと考えています。

たとえば、自動車や自転車の事故で相手側が亡くなったり、一家の大黒柱が死亡するなど、**人の生死に関わるリスクは保険で備えるべき最たるもの**です。

一方、認知症のように、一定の年齢になれば誰でも罹患する可能性があり、そのリスクに備えるための期間が何十年もある場合、保険ではなく貯金や投資など他の方法でリスクに備えるべきでしょう。

● 保険の仕組み

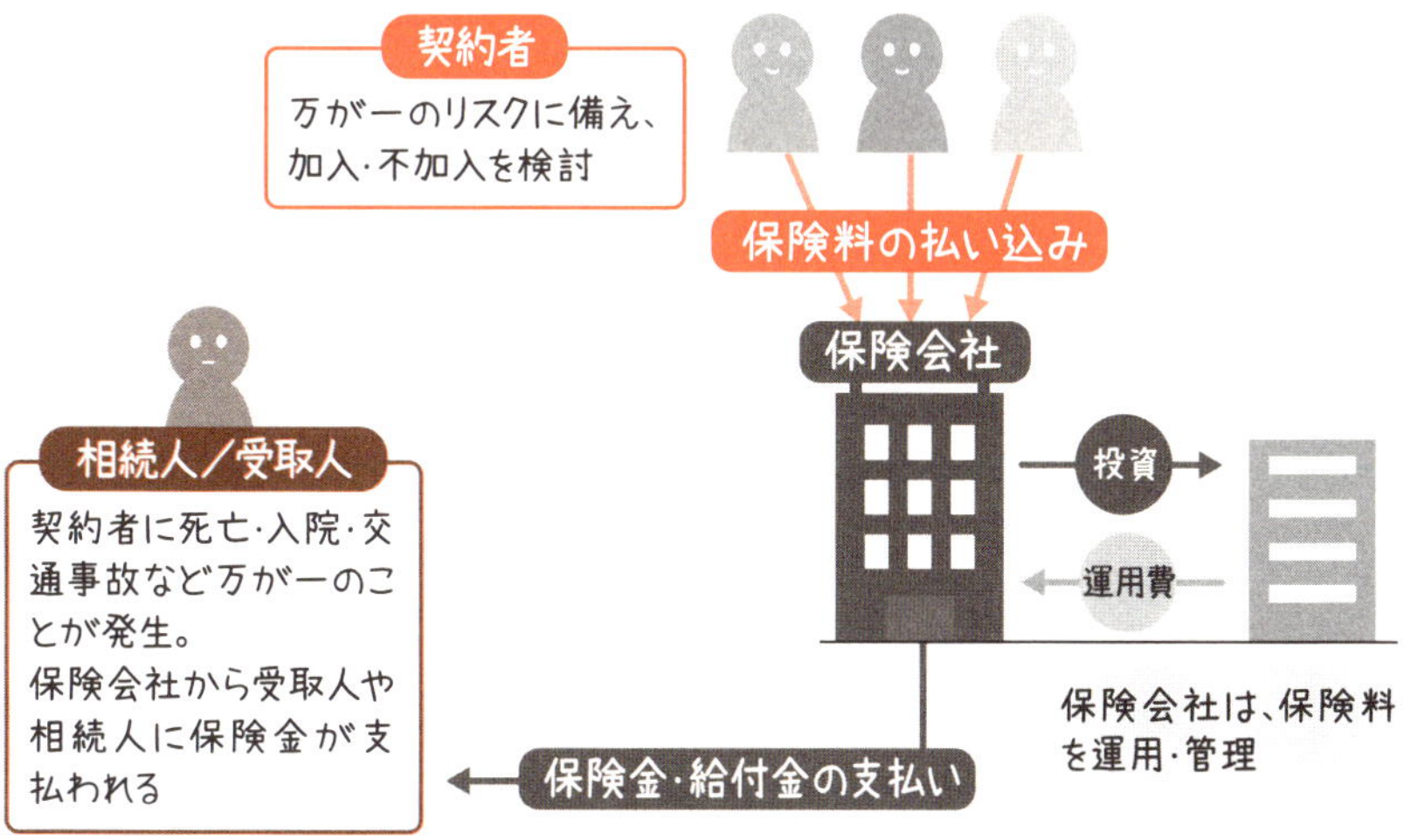

2 保険は「入りすぎ」に注意！

日本人は「保険が好き」「保険に入りすぎ」とよく言われます。

生命保険文化センターの調査結果によれば、日本人が払っている**生命保険料の平均金額は男性で年間20・6万円、女性で16・0万円**です。

既婚者の場合、夫婦で年間約37万円となり、生命保険だけで毎月約3万円支払っていることになります。

保険は何十年にわたって支払いが続くので、30年だと合計1000万円以上を支払うことになり、教育費や自動車と並んで人生最大の支出の1つです。

保険はマイホームや自動車のように一括で大きな金額を支払うことがなく、少額の支出が延々と続くので大きな買い物をしたと認識しづらいことに注意が必要です。

一般的に、保険に加入することは家族の生活を守る

● 保険の種類

民間保険

生命保険

死亡や医療のために保険金が支払われる保険

- 養老保険
- 終身保険
- 個人年金保険
- 生存保険

医療関連

- 傷害保険
- 医療保険
- 民間介護保険
- がん保険

損害保険

財産が損害を受けた場合に補償される保険

- 火災保険
- 自動車保険
- 地震保険
- 海上保険
- バイク保険
- 自転車保険
- 海外旅行傷害保険
- ペット保険
- ゴルファー保険

公的保険

国や地方自治体等の公的機関が運営する保険

- 健康保険（公的医療保険）
- 介護保険
- 年金保険
- 雇用保険
- 労災保険

ための正しいお金の使い方と考えられており、保険加入に反対する人が少ないことから、**本来必要ない保険にまで次々と加入してしまう危険性**があります。

日本人の平均年収は約４６０万円で、月収に換算すると約38万円、手取り金額は約30万円です。

一つの目安として、心身ともに健康な若年の方で、**毎月の保険料が手取り金額の10％を超えている場合は保険に入りすぎ**と言えるでしょう。

保険は死亡や病気など特定のリスクにしか備えることができないので、**若い時は貯蓄や投資に積極的にお金を回した方が有利**です。

保険を聖域と見なさず、毎月の固定費の１つと考えて**不必要な保険は解約し、毎月の保険料を手取り金額の５％以内**に抑えるのが理想です。

3 保険は定期的に見直そう

保険には、保険期間が定められた「**定期保険**」と保障が生

● 日本人の年間保険料払込額（数字の単位は％）

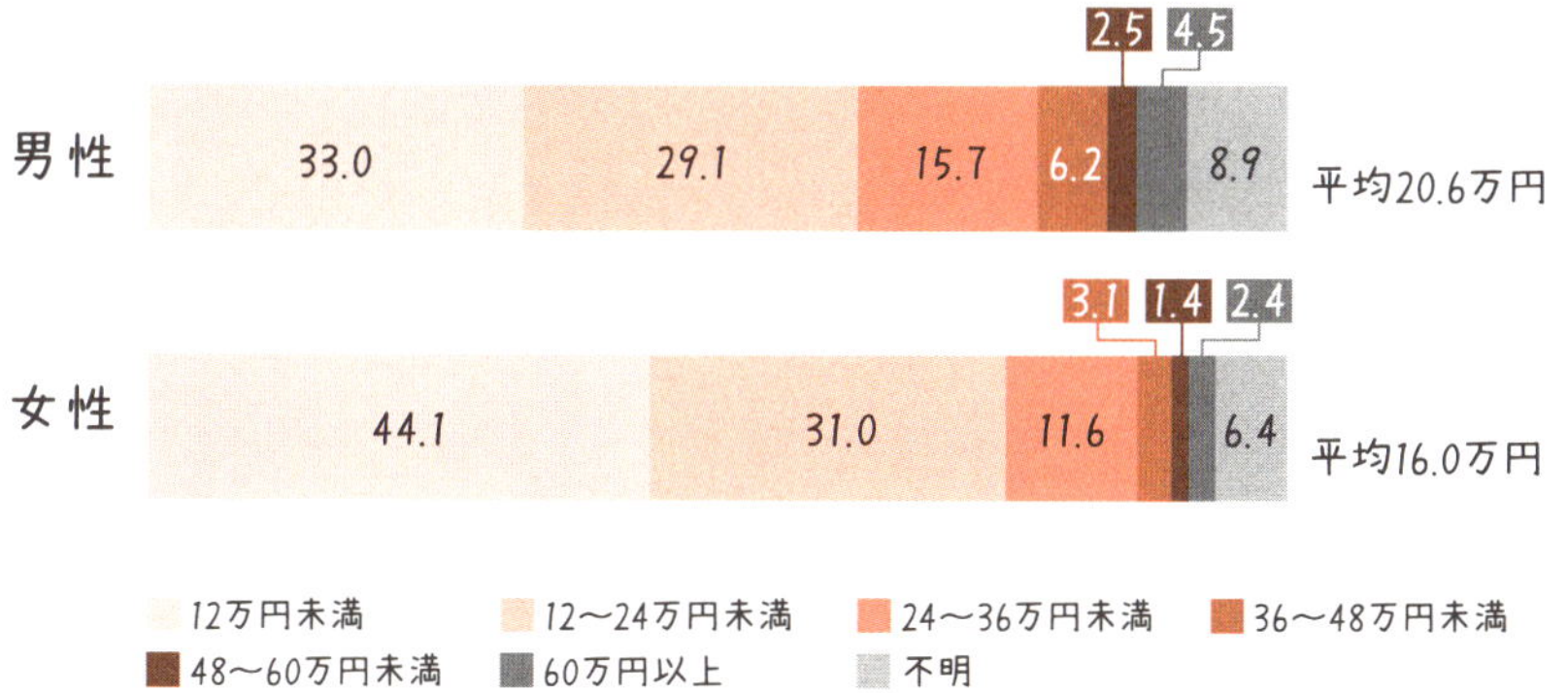

参考：生命保険文化センター「生活保障に関する調査」／2022（令和4）年度

涯にわたって続く「**終身保険**」があります。

ここでは、若い方が貯蓄や投資を含めた資産形成を効率的に進めるにはという観点で**どちらを選ぶべきか**について解説します。

定期保険の特徴

定期保険は**解約払戻金がない掛け捨てタイプ**が大半なので、終身保険と比べて**保険料が割安**に設定されているのがメリットです。

定期保険には、10年、20年など年数で契約する「年満了」タイプと、60歳、70歳までなど、被保険者が一定の年齢に達するまで保障が受けられる「○歳満了」タイプがあります。保険期間を1年、5年など短いスパンで設定することもできるので、家族構成や資産状況の変化によって**定期的に保障内容の見直しが可能**です。

定期保険は満期を迎えた時に契約更新できるものが多いですが、保険料はその時点の被保険者の状況で再計算されます。

● 定期保険と終身保険の違い

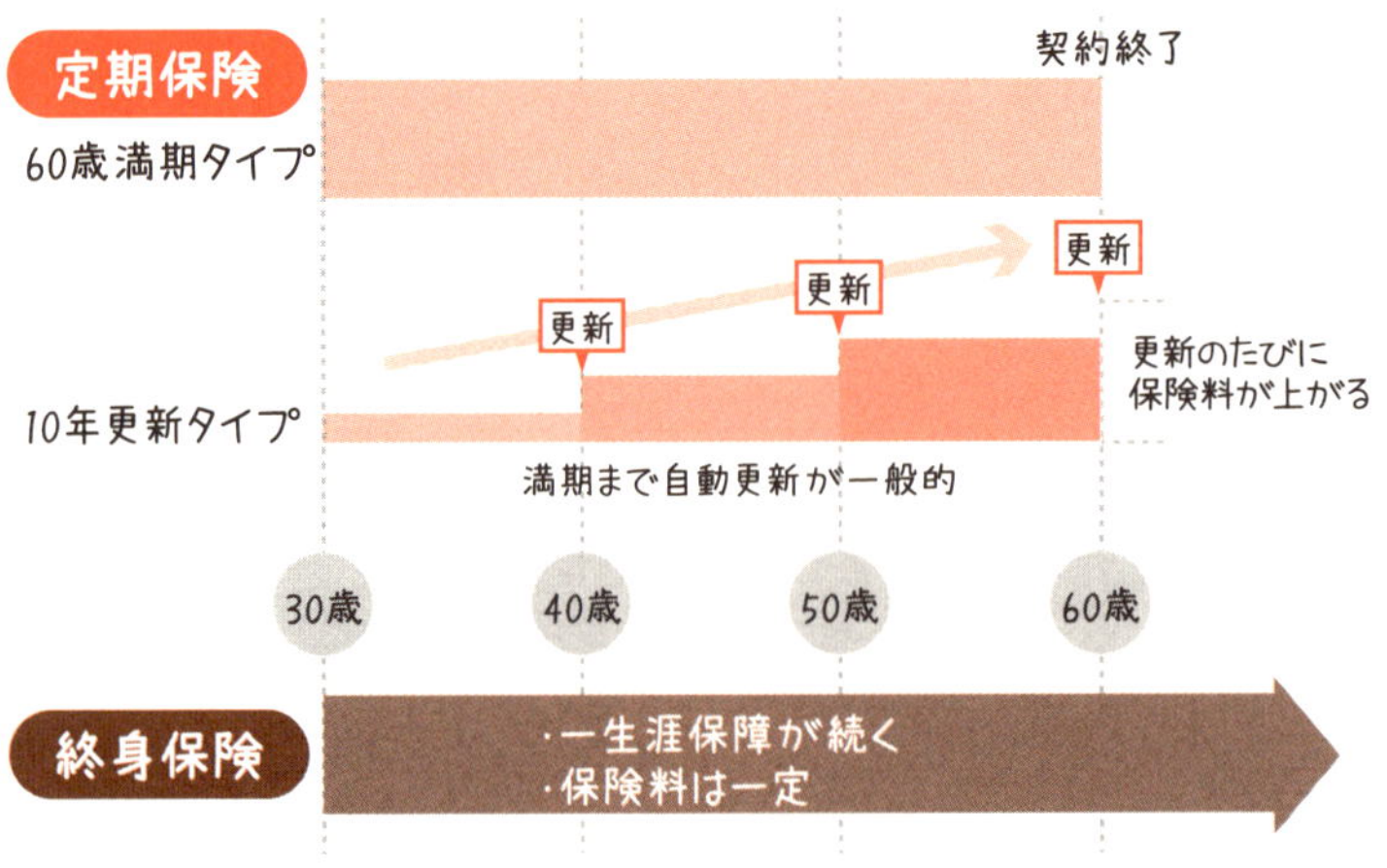

一般的に、年齢が上がるにつれて病気や死亡のリスクは上がるため、**契約更新時には保険料が上がります**。また、契約を更新できる年齢に上限があることが多く、一定の年齢以上になると契約できません。

定期保険中心で組む場合、高齢になるまでに貯蓄や投資などで資産を増やし、**老後は保険に頼らない生活**を目指しましょう。

終身保険の特徴

終身保険は**保険期間に定めがなく、解約しない限りはずっと保障が続く**ため、老後も必要な保障を確保できるのがメリットです。また、終身保険には**更新がない**ため、保険料は加入時からずっと変わりません。

定期保険と異なり、掛け捨てタイプだけでなく、**解約時に払戻金が支払われるなど貯蓄機能を備えた商品が多い**のも特徴です。ただし、貯蓄機能が充実した保険を選ぶと、毎月支払う保険料も高くなることに注意が必要です。

また、終身保険は加入した時の保障内容がずっと続くため、途中で生活状況が大きく変化すると必要保障額に過不足が生じる可能性があります。

保険は定期保険で必要保障額の見直しを

保険の必要性は年齢や家族構成、健康状態、資産額などによって刻一刻と変わるので、**定期的**

に保障内容を見直せる定期保険がおすすめです。

極端な話、貯蓄や投資などで1億円以上の資産を築いた場合、世の中の多くのリスクには自分の資産で対応できるので、大半の保険は不要になるからです。

保険の上手な入り方ですが、資産が少なく、子どもが小さいうちは手頃な保険料で必要な保障がカバーできる**定期保険を契約**しましょう。

子どもが独立した後や、貯蓄や投資で**一定以上の資産を築いた後は、不必要な保険は解約し徐々に保障金額を下げる**のがおすすめです。

たしかに、定期保険は終身保険と異なり、老後に保険の新規契約ができず十分な保障が受けられない可能性があります。

しかし、20代~30代の若い方であれば、老後まで数十年の期間があるため、若い時からコツコツと貯蓄や投資に励み、老後は保険に頼らなくてよい生活を目指しましょう。

● 保険見直しのタイミング

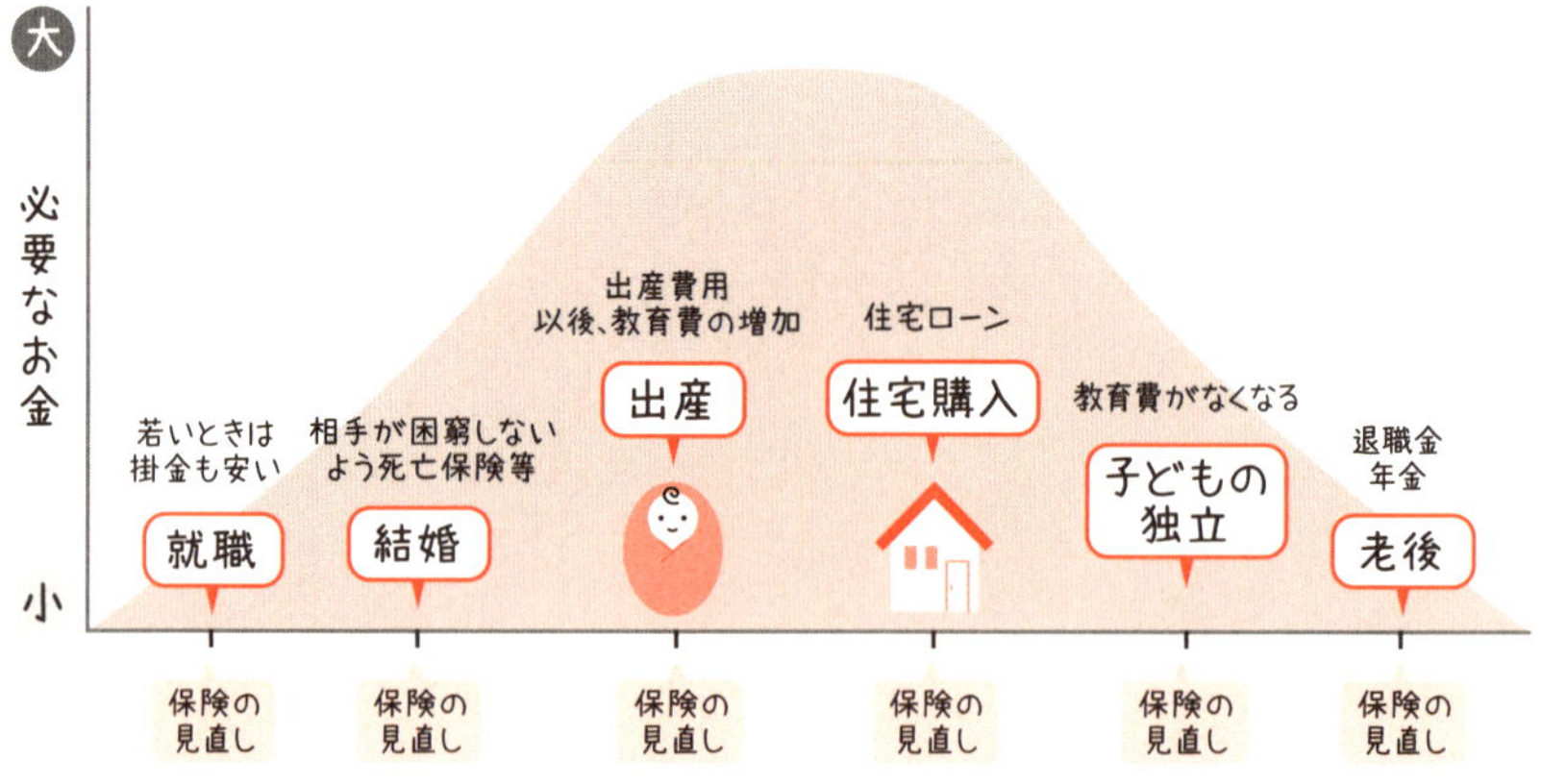

4 保険で貯蓄や投資はおすすめしない

保険会社は、保険契約者から集めた保険料を収入源として利益を得ています。

私たちが払っている保険料には、保険金の支払いに充てる「**純保険料**」以外に、**保険を売るための広告宣伝費や人件費などの経費に使われる「付加保険料」が含まれます**。

保険会社は、過去の膨大なデータに基づいて事故発生確率をほぼ正確に予測し、それに基づいて適切な保険料を設定できます。

それにも関わらず、同じような保障内容であっても保険会社によって保険料が異なるのは、主に保険会社の利益や経費が含まれる付加保険料の差によります。

このように、**保険料には保険会社の利益が上乗せされているので**、私たちが「保険で儲けよう」とか「保険で貯金しよう」と考えるのは慎むべきです。

また、貯蓄や投資機能を有する終身保険は、途中で解約すると元本割れするなどペナルティが多い点にも注意が必要です。

● 貯蓄型保険のメリット、デメリット

貯蓄型保険のメリット	貯蓄型保険のデメリット
・死亡保障金が出る ・自動的積立てで手間いらず	・途中解約すると、解約返戻金が保険料総額を下回ってしまう ・付加保険料が大きく、掛け捨て保険と比べて保険料が割高

金利や投資環境はその時々の経済状況によって変化しますが、保険の場合は解約してしまうと本来の保険機能も失われてしまうため、投資方針を変更しづらくなります。

保険には保険の機能だけを求めるべき

これらの理由から、**保険には万が一の備えとしての保険機能だけを求めるべき**で、保険と貯蓄や投資は切り離して考えることをおすすめします。

掛け捨てタイプの保険は支払った保険料が返ってこないので損をした気になるという方が多いですが、**自分に必要な最低限の保障額で組めば保険料は格安**になるため大きなデメリットにはなりません。

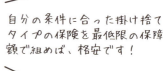

02 必要な保険といらない保険は具体的にどれとどれ？

世の中には多種多様な保険が販売されていますが、実際には、私たちに**本当に必要な保険はごく一部**です。保険の重要度によって、絶対に加入した方がよい保険、生活状況によって加入を検討してもよい保険、いらない保険の3つに分けて解説します。

1 全員必須の保険はこれだ！

自動車保険（任意保険）

自動車保険には、自動車損害賠償責任保険（**自賠責保険**）と**任意保険**の2種類があります。

本当に必要な保険、検討してもいいかなレベルの保険、まったく必要ない保険を具体的に示しましょう！

■ 自賠責保険とは

自賠責保険は自動車損害賠償保障法によって、原動機付き自転車を含む全ての自動車に加入が義務付けられている**強制保険**です。

交通事故が発生して加害者側に賠償する能力がない場合、自賠責保険がないと被害者側は全く補償が受けられなくなります。

そのような事態を防ぐため、**最低限の対人賠償を保障**する目的で絶対に加入しなければならないのが自賠責保険です。

自賠責保険の対人賠償は被害者1人あたりの支払限度額が決まっており、死亡で最高3000万円、後遺障害1級で最高4000万円、傷害で120万円です。

このように、自賠責保険は補償内容や支払限度額に限りがあるため、**不足分は任意保険で補う**必要があります。

■ 任意保険とは

自賠責保険だけで**任意保険に加入しないリスク**は主に以下の3点です。

❶ 高額の支払い請求に対応できない可能性がある

● 自賠責保険と任意保険の違い

補償の範囲 ＼ 保険の種類	相手への補償		自分への補償		その他のサービス	
	車・物	怪我・死亡	車・物	怪我・死亡	示談交渉	ロードサービス
任意保険	○	○	○	○	○	○
自賠責保険	×	○	×	×	×	×

❷ 自賠責保険で補償されるのは被害者のみで、加害者は補償されない
❸ 対人賠償のみで対物賠償が付いていない

死亡や後遺障害の場合、4億円～5億円の賠償が認められたケースがありますが、任意保険に加入していなければ、自賠責保険の支払限度額を超えた金額は自力で支払う必要があります。日頃どんなに注意して運転していても自動車事故を起こす可能性はあり、1つの事故で億単位の支払いが生じる可能性があることから、**任意保険への加入は必須**です。

自賠責保険には対物賠償が付いていない点にも注意が必要です。

対物賠償は事故で他人の物を損壊した場合に補償してくれる制度です。

相手の車を壊してしまったり、電柱やガードレールに衝突して壊してしまったケースなどが対物賠償の対象になります。

物損事故でも、高額な商品を輸送中の車や高額商品を取り扱う店舗への衝突事故では、過去に1億円～2億円以上の賠償判

● **自賠責保険の支払限度額**

相手に与えた損害の内容	支払限度額
傷害による損害	被害者1名につき120万円
後遺障害による損害	常時介護を要する場合（第1級）：被害者1名につき4,000万円 随時介護を要する場合（第2級）：被害者1名につき3,000万円 それ以外の場合： 被害者1名につき75万（第14級）～3,000万円（第1級）
死亡による損害	被害者1名につき3,000万円

決例が出ています。

　これらの事実から、**自動車保険は最低でも対人賠償、対物賠償ともに保険金額無制限で契約する**ことが重要です。

個人賠償責任保険

個人賠償責任保険とは、個人またはその家族が、日常生活で誤って他人に怪我をさせてしまったり、他人の物を壊してしまった場合の損害を補償してくれる制度です。

　自転車で歩行者をはねて怪我させてしまったケースや、野球のボールが当たって他人の車を傷つけてしまったケースなどが該当します。

　個人賠償責任保険の保険料は年間2000円前後と安く、日常生活で起こりうる様々なトラブルを対象としているのでコストパフォーマンスが高いです。

　「生計を共にする同居の親族」が補償対象となるので、親が個人賠償責任保険に加入していれば同居し

● 自動車任意保険の賠償の種類

補償の対象	治療費等、人への補償	物の賠償や補償
相手への補償	事故等で他人に怪我をさせた  対人賠償責任保険	事故等で他人の物を壊した  対物賠償責任保険
自分への補償	自分や同乗者が怪我をした ・人身傷害保険 ・搭乗者傷害保険 ・無保険車傷害保険 ・自損事故保険	自分の車を壊した  車両保険

ている子どもも補償対象となります。

子どものうっかりミスや想定外の事故に対応できるのは大きなメリットなので、特に**ファミリー世帯では加入必須**と言えるでしょう。

個人賠償責任保険に単独で加入することは少なく、多くは自動車保険や火災保険、クレジットカードのオプションとして加入します。

知らない間に重複して加入している方

● **個人賠償責任保険の補償内容**

保険金が支払われる主な事故
日常生活で起こりうる偶発的な事故が対象
自転車の事故
自転車で他人にぶつかり怪我をさせてしまった
自転車で停止中の車に傷つけてしまった
自転車以外の事故
マンションの階下に水漏れさせてしまった
飼育中のペットが他人を噛んで怪我をさせた
野球をしていて誤って隣家の窓ガラスを割ってしまった
買い物中に誤って商品を壊してしまった
友人から借りていた楽器を壊してしまった
誤って線路に立ち入り、電車を運行不能にさせた

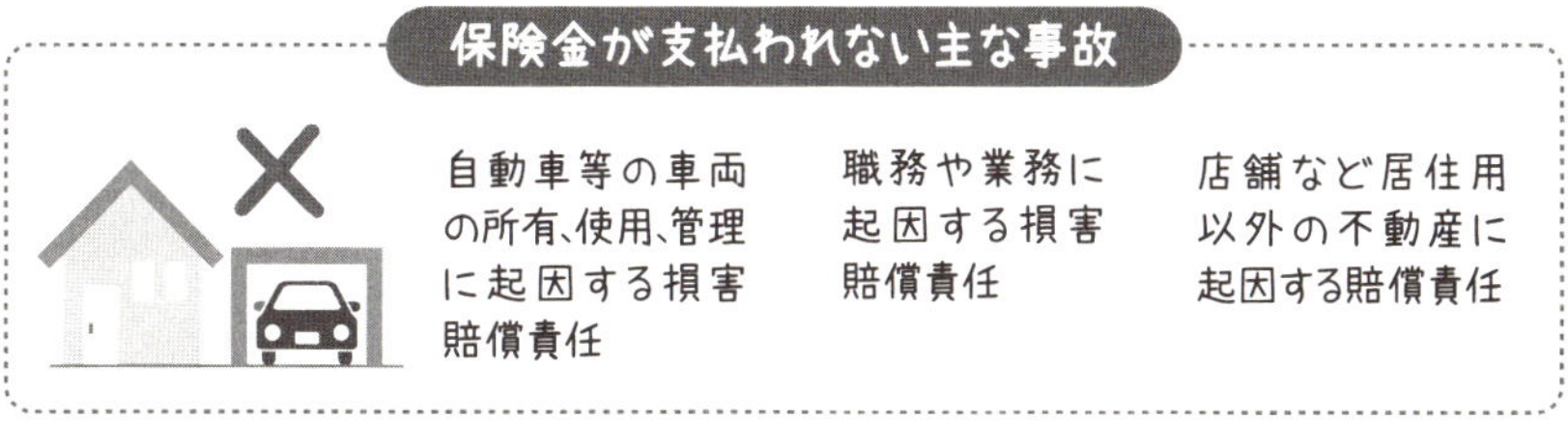
保険金が支払われない主な事故
自動車等の車両の所有、使用、管理に起因する損害賠償責任
職務や業務に起因する損害賠償責任
店舗など居住用以外の不動産に起因する賠償責任

も多いので、一度自分の保険契約を見直すとよいでしょう。

火災保険、地震保険

■ 火災保険

火災保険は、火災だけでなく、落雷や水災などの自然災害や盗難などによって、**建物や家財に生じた損害を補償する保険**です。

住宅ローンを利用してマイホームを購入した場合、多くの金融機関は火災保険への加入を必須条件としています。

賃貸住宅の場合、火災保険の加入に関して法的な義務はありませんが、実際には**賃貸契約の時に火災保険への加入を強く勧められます**。

アパートやマンションの賃貸契約には原状回復義務と言って、借りた部屋を元

● 火災保険と地震保険の補償内容

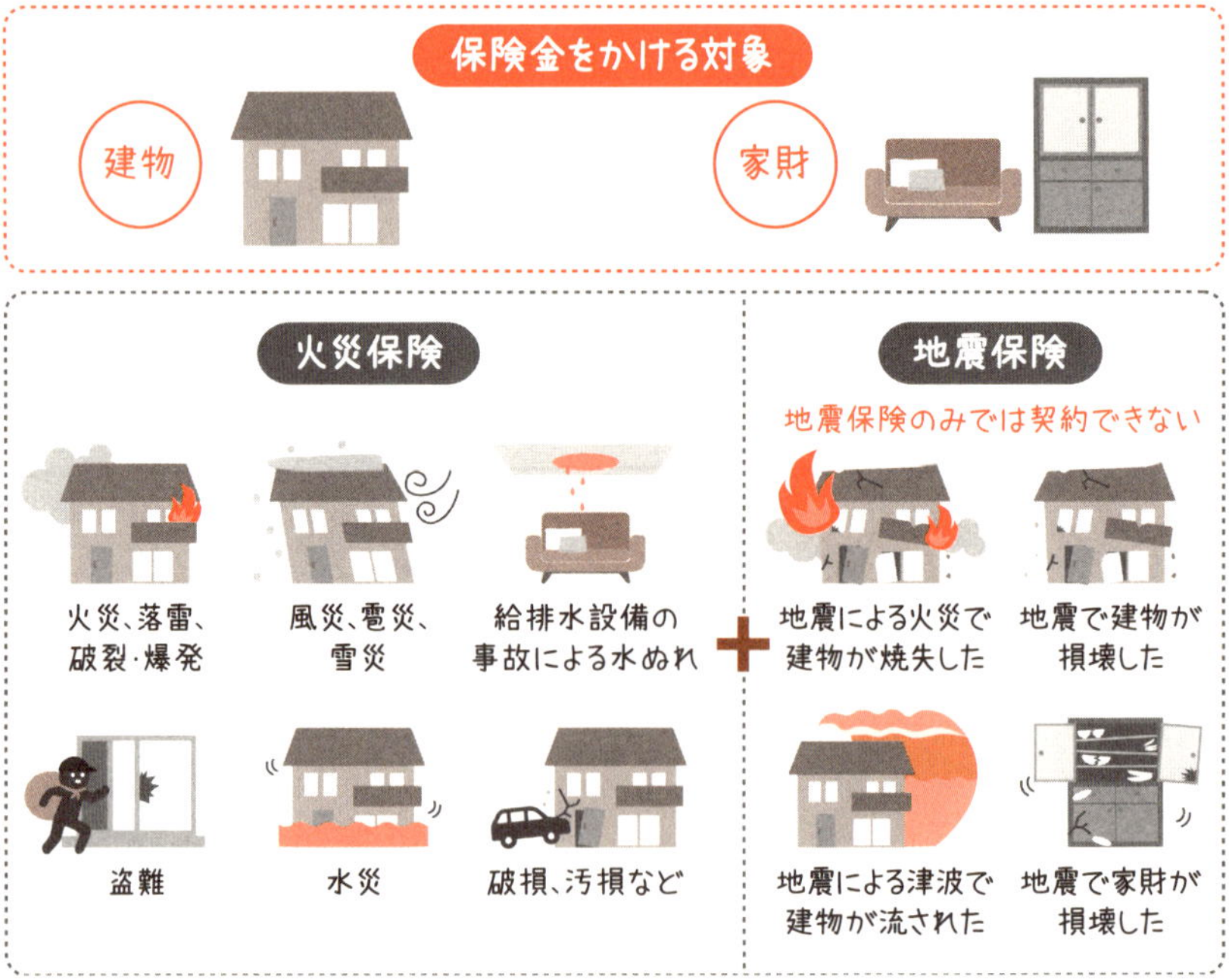

保険金をかける対象
建物
家財
火災保険
火災、落雷、破裂・爆発
風災、雹災、雪災
給排水設備の事故による水ぬれ
盗難
水災
破損、汚損など
地震保険
地震保険のみでは契約できない
地震による火災で建物が焼失した
地震で建物が損壊した
地震による津波で建物が流された
地震で家財が損壊した

通りにして返す内容が含まれています。

火災によって部屋がほぼ全焼した場合、大家さんへの損害賠償額は高額なものになり、私たちの個人資産では支払えないため火災保険への加入は必須です。

また、日本では失火責任法によって、重大な過失がない火災に関しては損害賠償請求ができないと定められています。

隣の家の火災で自分の家が巻き込まれたケースであっても、隣の家に損害賠償請求はできず、火災の損害は全て自分で対処する必要があるのです。日頃どんなに家事に気をつけていてもうっかりミスで火事を起こしてしまう可能性はありますし、隣家からのもらい火などは防ぎようがありません。

これらの事実から、マイホームと賃貸住宅のどちらであっても**火災保険は加入必須**と考えましょう。

地震保険

地震保険は単独で加入できず、**火災保険とセットで加入**します。火災保険では、火事や自然災害などによる損害が補償されますが、地震による損害は補償されません。

日本は世界の中でも地震が多い国であり、大地震が発生すると生活再建には多額のお金と時間がかかります。

大地震はいつどこで発生するか分からず、万が一発生した時の被害額も甚大であることから、火災保険とセットで加入すべきでしょう。

2 加入を検討したほうがいい保険はこれ！

生命保険（死亡保障）

生命保険（死亡保障）は、**被保険者が死亡もしくは高度障害になった時に保険金が支払われます**。残された家族は、保険金を毎月の生活費や子どもの教育費に活用できるので、一家の大黒柱が死亡した後の生活が守られます。

生命保険は、保障期間が定められている**定期保険**と、契約後は生涯保障が続く**終身保険**に分けられます。

生命保険の必要性は、年齢や家族構成、健康状態などによって大きく変わります。一般的に、生命保険に加入する必要性が高いのは以下に該当する方です。

❶ 一家の主な収入源になっている人
❷ 子どもが生まれたばかりの人

入るかどうか迷った場合、自分の年齢、所得、家族構成などの条件と保障内容、保険料等を検討して決めましょう！

独身で実家に住んでおり、両親ともに健在な場合は、死亡保障は必要ありません。

夫婦のどちらかが専業主婦（夫）の場合、その配偶者にはある程度の死亡保障があった方が安心です。子どもの教育費は1人1000万円以上かかると言われているので、**子どもが生まれた直後は一家の大黒柱の方の死亡保障を手厚く**した方がよいでしょう。

逆に、子どもが成人して独立した後や、中高年までに相当な資産を築き上げた人は死亡保障が不要になることも多いです。

このように、生命保険は**ライフステージによって必要保障額が大きく変わる**ので、定期・掛け捨てタイプを選択して定期的に見直すとよいでしょう。

もう一つ重要なのが「**遺族年金**」の存在です。

後ほど詳しく解説しますが（225ページ）、遺族年金は、国民年金や厚生年金の加入者が亡くなった場合、その人によって生計を維持されていた配偶者や子どもが給付金を受け取れる制度です。

遺族年金の受給要件や受取額を調べ、**遺族年金で不足する分だけ民間の生命保険に加入**するとよいでしょう。

医療保険、がん保険

医療保険は、**被保険者が病気や怪我で入院したり、所定の手術や治療を受けた時に給付金を受け取れる保険**です。

病気や怪我の時にお金の心配が減る点は魅力ですが、日本は公的医療保険制度が充実しているので、その補償内容を確認したうえで**足りない分だけ民間の医療保険で補いましょう**。

■ 日本の公的医療保険の概要

日本では**国民皆保険制度**が導入されており、全ての人が公的医療保険に加入しています。

病院で治療を受ける時に、保険証や保険証利用登録済みのマイナンバーカードを提示すれば、**窓口で負担する医療費は原則3割**になります。

日本の公的医療保険は以下の3つに大別されます。

❶ サラリーマンやその扶養家族が加入する被用者保険
❷ 市区町村が運営する国民健康保険
❸ 後期高齢者医療制度

被用者保険の保険料は給与水準によって定められ、被用者と企業が折半して支払います。

傷病手当金や出産手当金などの給付が充実していることが多く、病気や怪我、出産などで休業する時も安心して療

● 日本の公的医療保険制度

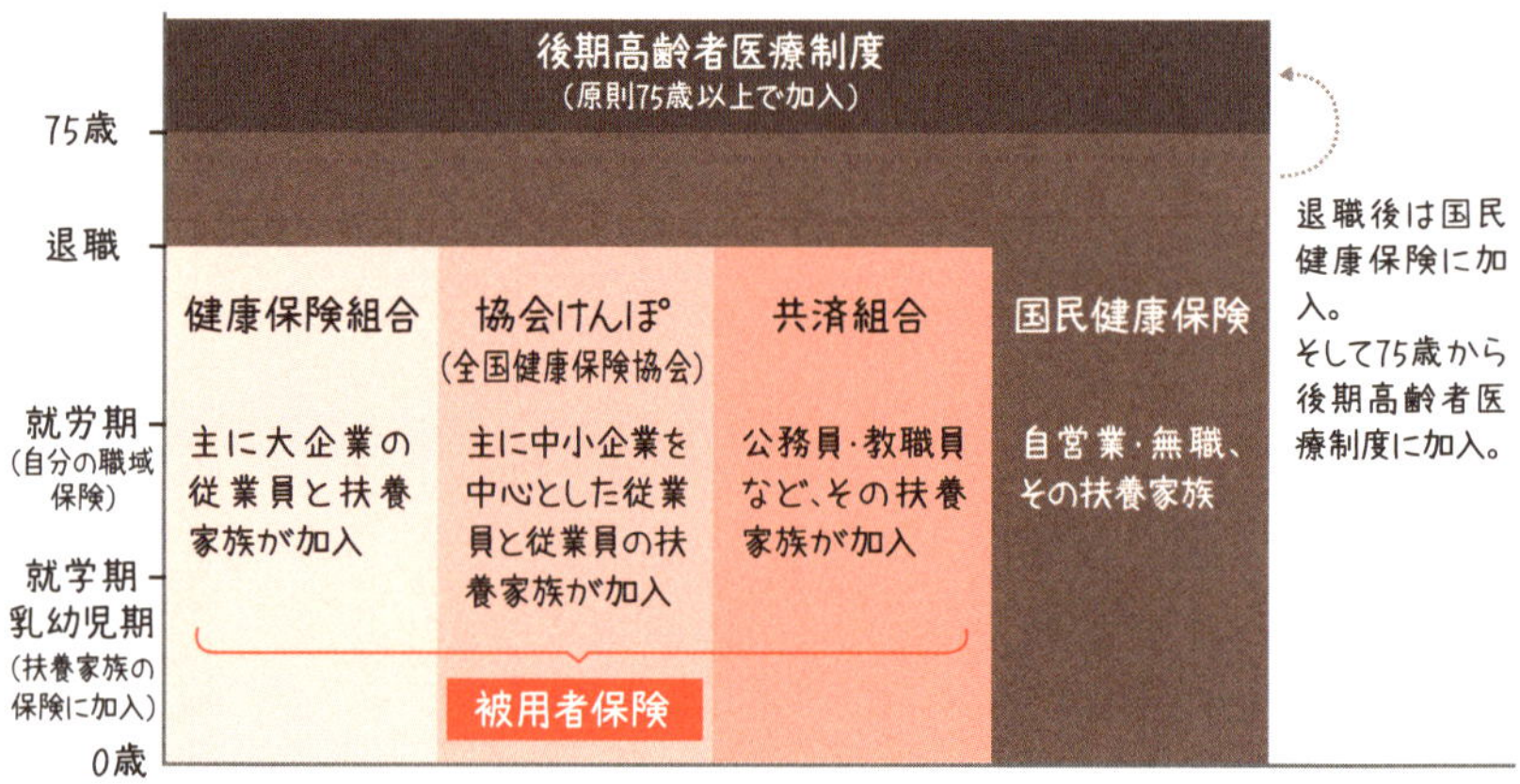

養に専念できるのがメリットです。

国民健康保険は、主に自営業やフリーランス、退職後の人など、企業に所属していない人が加入します。保険料は世帯収入や世帯人数によって算出され、世帯主が代表して支払います。傷病手当金や出産手当金などの各種給付は被用者保険より手薄な点に注意が必要です。

後期高齢者医療制度は、75歳以上もしくは65歳以上で一定の障害を持つ高齢者が加入します。窓口負担は**原則1割**ですが、所得が高いケースでは2割負担や3割負担となります。

高額療養費制度とは

近年の医学の進歩は目覚ましく、年々新しい治療薬が開発されています。

新規開発薬の中には数十万円～数百万円する高価な薬剤も多いですが、日本の公的医療保険には高額療養費制度があり、実際に負担する金額を抑えることができます。

高額療養費制度とは、**医療機関や薬局の窓口で支払う医療費が1ヶ月で一定の金額を超えた場合、超過分の給付を受けられる制度**です。

● 高額療養費制度の仕組み（69歳以下、年収約370万円～約770万円の場合）

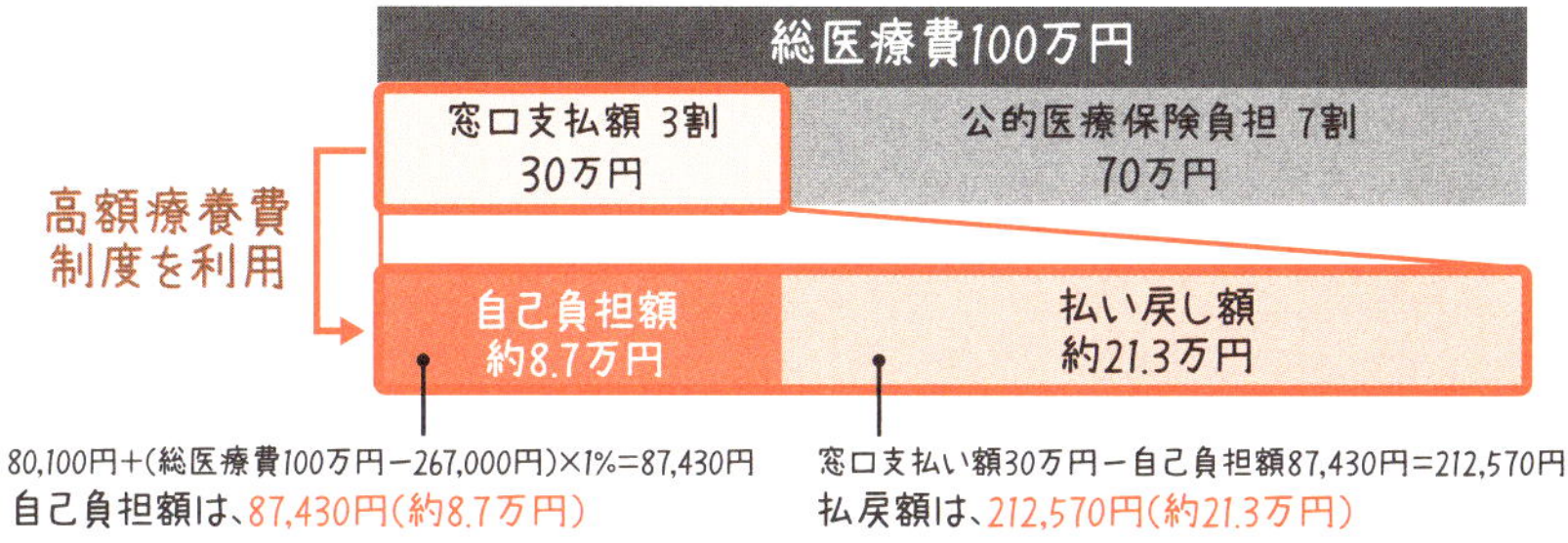

1ヶ月に支払う医療費の上限金額は年齢や所得によって異なりますが、一番上の年収約1160万円以上、69歳以下の場合で約25万2600円です。

ただし、2025年～2027年にかけて高額療養費制度の自己負担額上限が段階的に引き上げられる予定なので注意しましょう。

このように、日本では毎月の医療費がどんなに高くなっても、**支払う上限額は決まっているため**、この金額を支払う経済的余裕がある人であれば、**民間の医療保険やがん保険の必要性は低い**です。

3 いらない保険はこれです！

個人年金保険がいらない理由

個人年金保険は、老後資金など将来必要なお金を計画的に準備するための保険です。

税制適格特約が付いた個人年金保険の場合、個人年

● 高額療養費制度の年収別の上限金額（69歳以下）

適用区分	ひと月の上限額（世帯ごと）
年収約1,160万円～ 健保：標準報酬月額83万円以上 国保：所得901万円超	252,600円+（医療費－842,000円）×1％
年収約770万円～約1,160万円 健保：標準報酬月額53万円～79万円 国保：所得600万～901万円	167,400円+（医療費－558,000円）×1％
年収約370万円～約770万円 健保：標準報酬月額28万円～50万円 国保：所得210万～600万円	80,100円+（医療費－267,000円）×1％
年収156万円～約370万円 健保：標準報酬月額26万円以下 国保：所得210万円以下	57.600円
住民税非課税者	35,400円

金保険料控除の対象になり節税できるのがメリットです。

税制適格特約が付加されていない個人年金保険の場合、一般の生命保険と同じ扱いになります。

個人年金保険は老後に向けた貯蓄型保険ですが、以下の2つの理由でおすすめできません。

> **❶ 資金拘束が長く、短期間で解約すると元本割れの可能性が高い**
>
> **❷ 利率が固定されておりインフレに弱い**

個人年金保険は老後資金を準備するのが目的なので、保険料を払う期間も長くなります。

保険会社に支払ったお金は**自由に引き出せない**うえ、**中途解約すると元本割れのリスク**が高くなります。

特に、加入してから解約までの期間が短いほど、解約時に戻ってくるお金は少なくなるため加入前に慎重に検討しましょう。

一般的な定額型の個人年金保険の場合、契約時に予定利率

● 個人年金保険の仕組み（受取開始60歳、10年確定年金の場合）

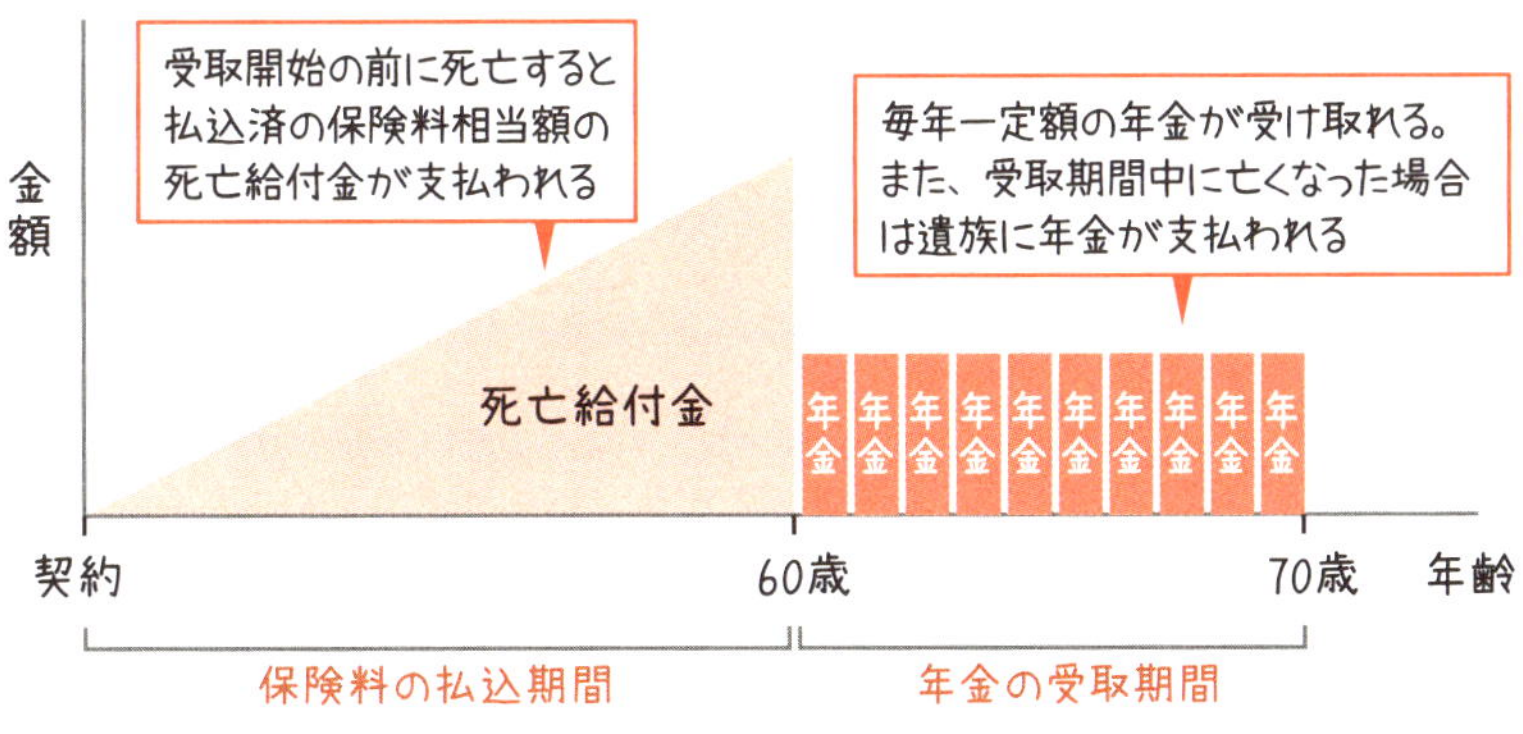

が固定されるため、その後金利が上昇しても契約中の個人年金保険の利率は変わりません。

老後までデフレが続いた場合には良い保険になりますが、近年日本でも急速に進んでいるインフレには脆弱な点に注意しましょう。

このように、個人年金保険は何十年と資金が拘束されるわりに得られるメリットが少ないため、老後資金の準備には**iDeCo（個人型確定拠出年金）など他の優れた制度を使うべき**です。

学資保険がいらない理由

学資保険は、子どもの教育資金を積み立てることを目的とした貯蓄型保険です。

保護者が契約者となり、子どもが大学に進学する**18歳時に満期保険金を受け取る商品**が一般的です。

保険料払込期間中に契約者（通常は親）が死亡または高度障害になった場合、以降の保険料の払込みが免除され、満期になると保険金は全額受け取れます。学資保険を使えば、万が一の場合も子どもの学費を確実に用意できるのがメリットです。

一方で、学資保険も個人年金保険と同様、**払い込んだ保険料は自由に引き出せず、中途解約すると元本割れする可能性が高い**点に注意が必要です。

満期になれば払い込んだ保険料の総額よりも多くの保険金が受け取れますが、予定利率が低いため、子どもが成長する間にインフレで学費や生活費が大幅に上がった場合には対応できません。

個人年金保険と同様、貯蓄を目的とした保険にはデメリットも多いです。

子どもの教育費は学資保険ではなく、子どもが小さい頃から**貯蓄や投資でコツコツ計画的に貯める**ことをおすすめします。

● 学資保険の仕組み

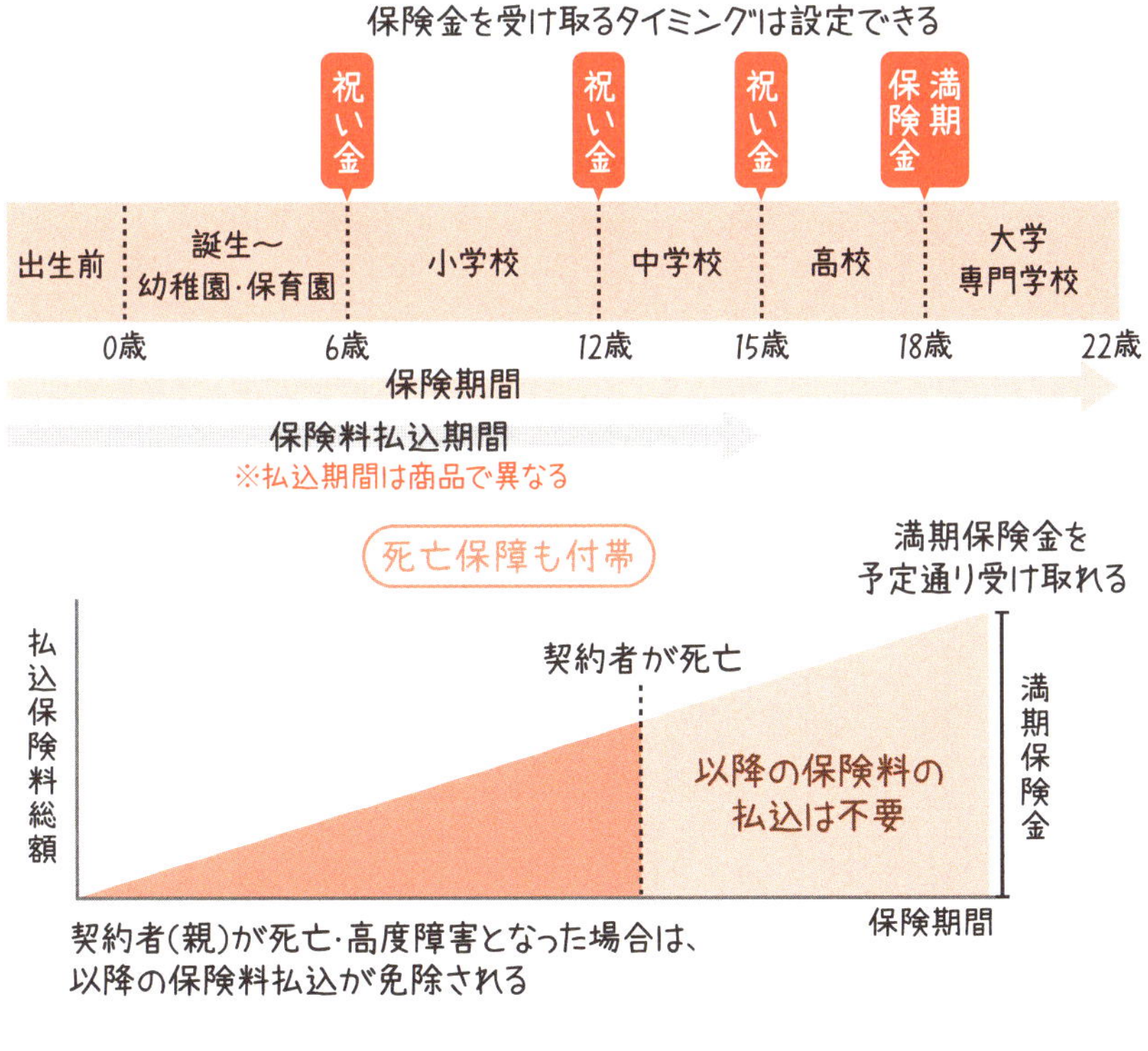

03 将来にもらえる年金はこうなっている

1 国の年金制度の概要

高齢者の生活の基礎部分を支えるため、毎年定期的にお金が給付される制度が「年金制度」です。年金には、**公的年金、企業年金、私的年金の3つの種類**があります。

2 国から受け取る「公的年金」

1つ目が国から受け取る「公的年金」です。日本国内に在住している**20歳以上60歳未満の人には、国民**

● 老後を支える3つのお金

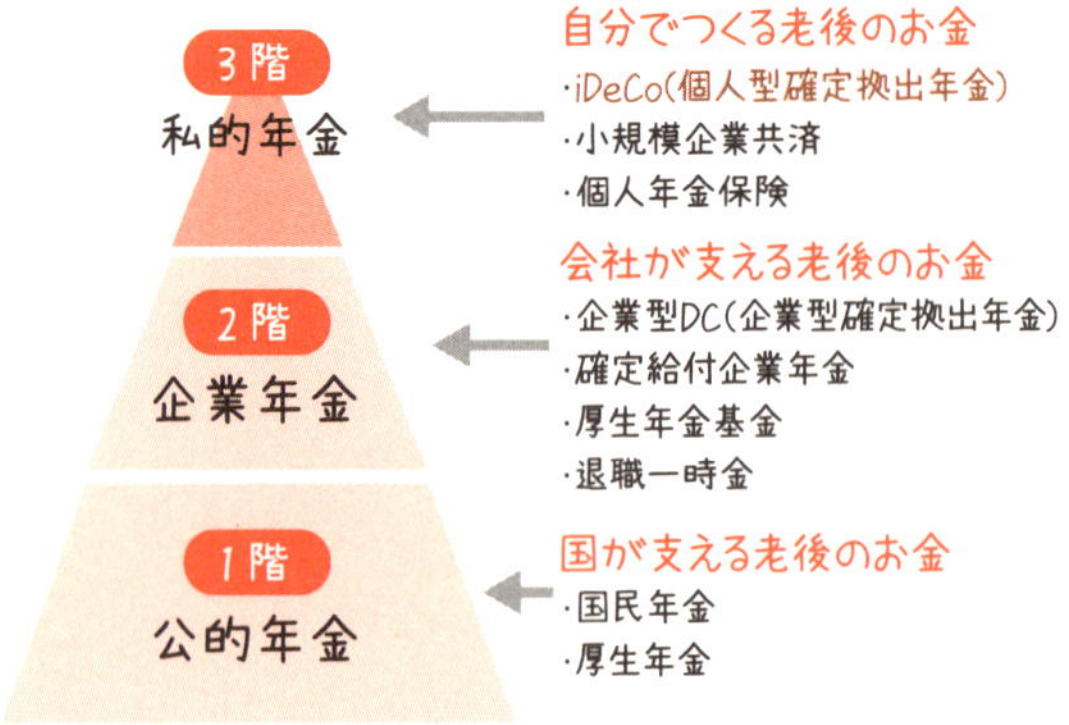

年金保険料を納める義務があります。

国民年金保険料を納めることによって、老齢基礎年金を受給できるだけでなく、所定の要件を満たした場合に**障害年金**や**遺族年金**を受給できるメリットがあります。

会社員や公務員の人は**厚生年金保険にも加入**しているため、老後に**老齢厚生年金**を受け取ることができます。

厚生年金にも、病気や怪我で障害が残った場合に受給できる障害厚生年金、被保険者が死亡した時に遺族が受け取れる遺族厚生年金があります。

年金の被保険者は3つに分けられる

国民年金の加入者は、**職業などによって第1号から第3号**までの3つに分けられます。

後ほど解説するiDeCoの加入条件にも関係しますので理解しておきましょう。

第1号被保険者は、自営業者やフリーランスとそ

● **国民年金の加入者区分**

	第1号被保険者	第2号被保険者	第3号被保険者
対象	自営業者と その配偶者 フリーランス 無職・学生など	会社員と公務員	第2号被保険者に 扶養されている 配偶者
年齢	20歳以上60歳未満	下限なし、 原則70歳未満	20歳以上60歳未満
加入する 年金制度	国民年金	国民年金 ＋ 厚生年金保険	国民年金
保険料	国民年金 17,510円 （令和7年度）	厚生年金保険料 標準報酬月額による 保険料は事業主が半分負担	扶養なので 自己負担はなし

の家族、学生、無職の方などで、国民年金の保険料を自分で直接納める人たちです。

第２号被保険者は、会社員や公務員など厚生年金に加入している人を指し、保険料は事業主と折半で毎月の給料から天引きされます。厚生年金に加入している第２号被保険者に扶養されている20歳以上60歳未満の配偶者を第３号被保険者と言います。

第３号被保険者の保険料は第２号被保険者全体で負担するため、第３号被保険者自身に保険料の負担はありません。

3 会社から受け取る退職金や企業年金

２つ目は会社から受け取る退職金や企業年金です。

退職金の仕組み

退職金の受け取り方法は次の３つです。

❶ 一括で受け取る「一時金」受取
❷ 年金方式で分割して受け取る「年金」受取
❸ 一時金受取と年金受取の併用

退職金を一括で受け取る場合、受け取った退職金は「**退職所得**」に分類され、所得税や住民税がかかります。

ただし、一時金受取には**退職所得控除**があるので、一定の金額までは税金がかかりません。退職所得控除の金額は以下の計算式で決まり、勤続年数が長いほど控除金額が大きくなります。

勤続40年で退職金を受け取った場合、「800万円＋70万円×20年＝2200万円」までは税金がかかりません。

さらに、退職金の場合は退職所得控除後の金額を2分の1にできるという優遇があるため、最終的な課税退職所得はかなり抑えられます。

このように、退職金を受け取る場合は、通常の給与所得と比べて大幅に税制優遇が受けられるのです。

企業年金とは

企業年金は、従業員の退職後の生活のために、企業が原資を拠出して給付する年金です。企業年金には**確定給付企業年金（DB）**と**企業型確定拠出年金（企業型DC）**があります。

確定給付企業年金は、退職までの勤務年数や給与などに基づいて、**従業員が受け取る給付額が約束されている企業年金**のことです。

● 退職所得控除の計算方法

勤続年数	退職所得控除
20年以下	40万円×勤続年数
20年超	800万円＋70万円×（勤続年数－20年）

運用の責任は会社が負い、運用成果が悪かった場合、不足分のお金は企業が穴埋めします。

企業型ＤＣは、**企業が掛金を毎月積み立てし、従業員が自ら資産運用を行う制度**です。自分で掛金を拠出しなくても資産運用ができるのがメリットですが、運用成果によって将来受け取る年金額が変わる危険性もあります。

マッチング拠出制度を採用している会社の場合、会社が拠出する掛金に加えて、加入者本人が掛金を上乗せして拠出することができます。

加入者が拠出する掛金は全額所得控除の対象となるため、節税しながら老後のお金を準備できるのが魅力です。

ただし、マッチング拠出を利用している方はｉＤｅＣｏが利用できませんので、どちらかを選ぶ必要があります。

マッチング拠出は各種手数料が全て会社負担になるため、ｉＤｅＣｏよりコストを抑えられるのがメリットです。

一方、自分で自由に金融機関を選べないので、会社が契約している金融機関に魅力的な投資商品がない場合はデメリットになります。

● **確定給付企業年金と企業型ＤＣの違い**

年金の種類	企業型 確定拠出年金(DC)	確定給付 企業年金(DB)	iDeCo
加入対象者	従業員	従業員	自営業者 厚生年金保険の被保険者 専業主婦 など
運用	加入者(従業員)	制度実施者(企業)	加入者
掛金	企業が積み立て	企業が積み立て	加入者が積み立て
給付額	変動あり	あらかじめ確定	変動あり
受取時期	原則60歳以降	退職時または 年金として給付	原則60歳以降

老後に向けて自分で準備するお金（私的年金）

3つ目が老後に向けて自分で準備しておくお金（**私的年金**）です。自分でお金を出して老後に向けた貯蓄や投資を行い、リタイア後のお金を準備します。

公的年金や会社から受け取れるお金が少ない人ほど、3番目の私的年金の重要性が高くなります。

私的年金には**個人年金保険やiDeCo**などが含まれます。

iDeCoは自分で金融機関を選んで加入し、毎月の掛金を支払って、定期預金や投資信託で運用することで老後のお金を準備する制度です。

iDeCoには様々な節税メリットがあり、老後のお金に不安がある人はぜひ活用したい制度ですので、後ほど詳しく解説します。

4 国民年金保険料は払うべきか？

「国民年金は将来どうなるか分からないし、自分はもらう気が

● マッチング拠出とiDeCoの違い

	マッチング拠出（企業型DC）	iDeCo
運営管理機関の選択	会社が選択する	加入者（個人）が選択する
掛金の上限額	要件1：加入者掛金は事業主掛金と同額まで 要件2：掛金上限額は「月額5.5万円－DBなど他制度の掛金相当額」まで（企業型DCのみの場合、月額5.5万円まで）	他の企業年金がない場合：月額23,000円まで 他の企業年金がある場合：「月額5.5万円 －（企業型DCの事業主掛金額＋DB等の他制度の掛金相当額）」まで（ただし、月額2万円が上限）
各種手数料	会社が負担	加入者が負担

ないから払いたくない」という意見をよく耳にします。実際には、**国内に在住している20歳以上60歳未満の人には、国民年金保険料を払う「義務」がある**ので、払わないことによるデメリットは甚大です。将来自分がもらえる年金の金額が減るだけでは済まされません。

2024年度の国民年金保険料は月額16980円です。国民年金保険料は、会社員や公務員などの第2号被保険者は給料から天引きされていますので、自分で納める必要はありません。

自営業者やフリーランスなどの第1号被保険者は、自分で納付する必要があります。本人が払えない場合、連帯納付義務のもと、世帯主や配偶者が納めることになっています。**支払い能力があるにも関わらず保険料の納付がない場合**、督促状が送付され、それでも期限内に納付されない場合、財産調査や差し押さえ予告がされます。財産調査の結果、預貯金や不動産、有価証券、銀行口座などが明らかになれば、**財産の差し押さえが執行**されます。

保険料は連帯責任で納める義務があるので、本人だけでなく世帯主や配偶者の財産も差し押さえられる可能性があります。

収入減や失業などによって国民年金保険料の納付が経済的に困難な場合、申請をすれば保険料免除制度や保険料納付猶予制度を利用できます。

保険料が払えなくても未納状態で放置するのではなく、**払えないと分かった時点で早めに年金事務所や自治体の窓口に相談**しましょう。

国民年金には、老後の年金だけでなく、障害基礎年金や遺族基礎年金も含まれています。

病気や怪我で障害が残ったり、死亡した時に給付金がもらえる制度ですが、保険料納付済期間が国民年金加入期間の3分の2以上ないと利用できません。

5 配偶者や子どもが受け取れる遺族年金

遺族年金とは、国民年金や厚生年金の加入者が亡くなった時、その人によって生計を維持されていた配偶者や子どもが受け取れる年金です。

遺族年金には、

- **国民年金に加入していた人が亡くなった時に支給される「遺族基礎年金」**
- **厚生年金に加入していた人が亡くなった時に支給される「遺族厚生年金」**

の2つがあります。

遺族年金には生計を同じくしていることに加えて**収入要件**があり、遺族の前年の年収が850万円未満である必要があります。また、遺族年金は非課税なので所得税も相続税もかかりません。

遺族基礎年金

遺族基礎年金の受給対象は、亡くなった人によって生計を維持されていた「子のある配偶者」

または「子」です。

「子」は18歳に到達する年度の末日までと定義されており、**高校卒業までの子ども**と言い換えられます。

給付額は年間81・6万円（昭和31年4月2日以降生まれの場合）で、1人目や2人目の子どもには1人あたり23・48万円、3人目以降の子どもは1人あたり7・83万円が加算されます。

遺族基礎年金を配偶者が受け取る場合、すべての子どもが18歳になる年度末まで受給できます。

このように、**遺族基礎年金は生命保険の代わりになる優れた制度**ですが、国民年金保険料の納付済期間が加入期間の3分の2以上なければ利用できませんので注意しましょう。

● **遺族年金の要件**

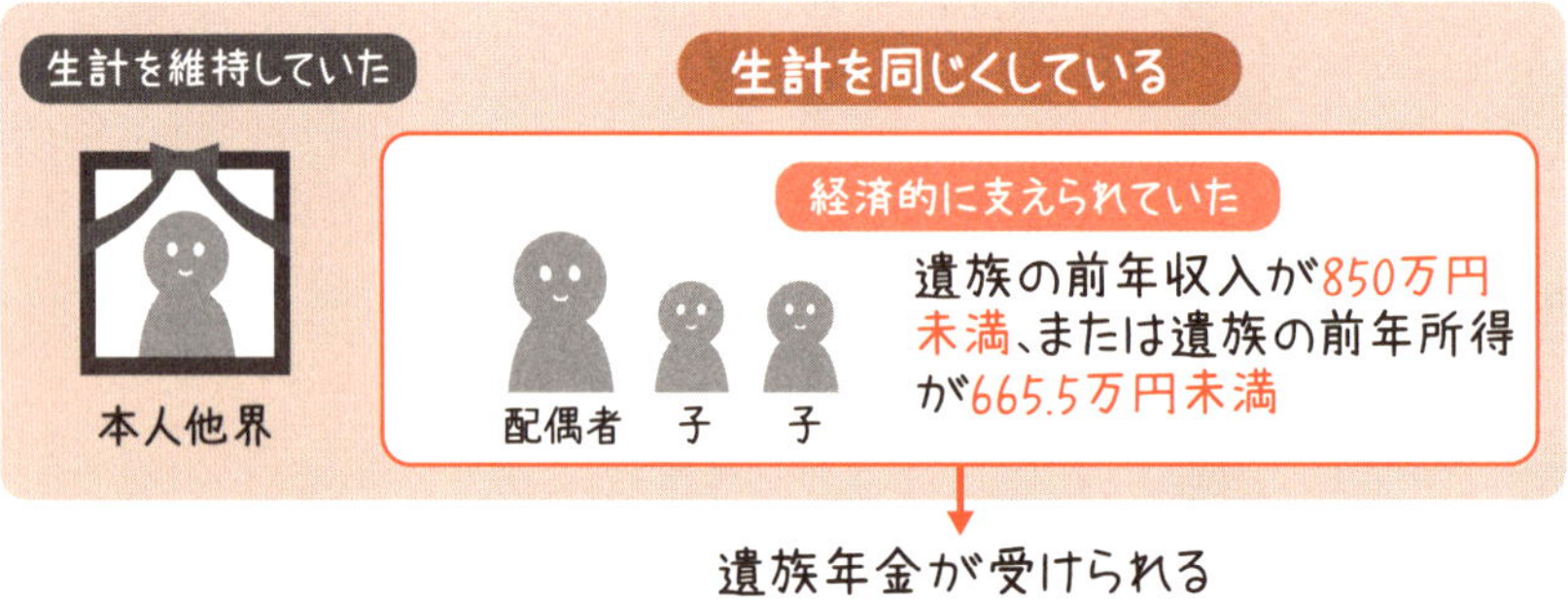

● **遺族基礎年金の受給対象**

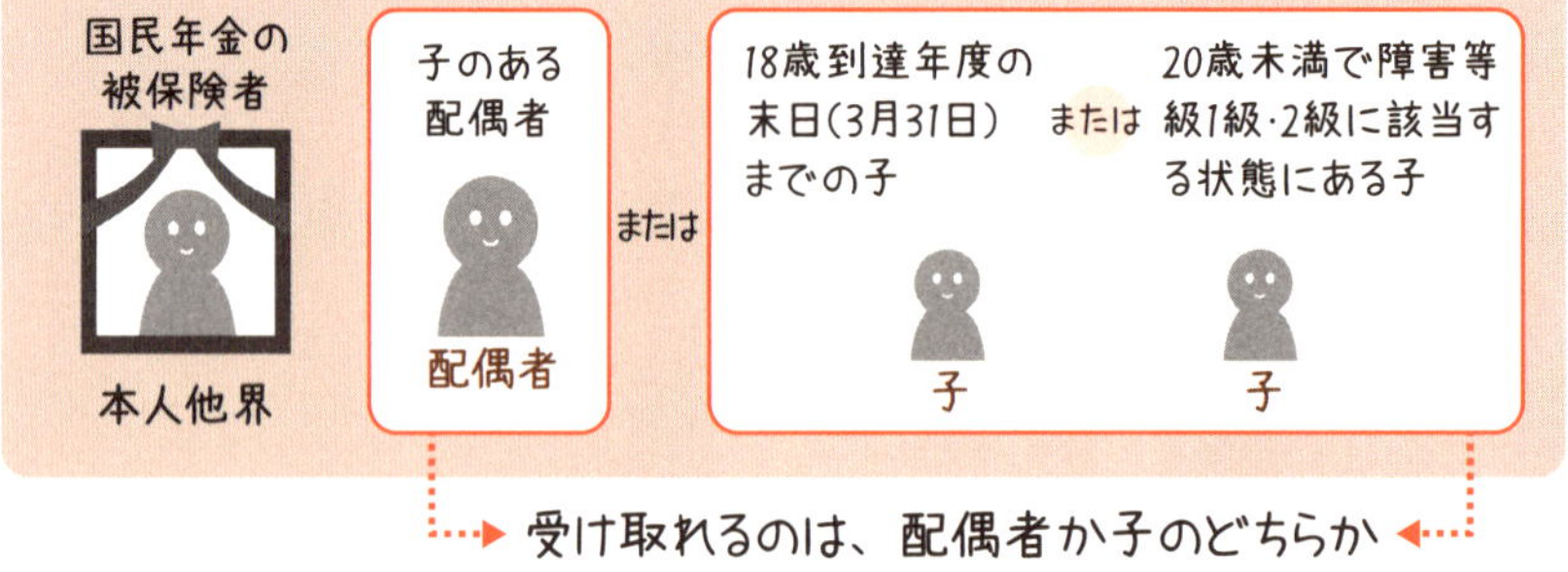

遺族厚生年金

遺族厚生年金は、**厚生年金保険に加入していた人が亡くなった時**、その人によって生計を維持されていた遺族が受け取れる年金です。

遺族厚生年金の受給対象者には優先順位があり、最も優先順位が高い人に受給権が与えられます。

遺族基礎年金と異なり、子どもがいない配偶者や、18歳以上の子どもがいる配偶者でも一定の条件を満たせば受給可能です。

● 遺族厚生年金の受給対象

生計を維持されていた遺族のうち、最も優先順位の高い人が受け取れる!

順位（高→低）	受給対象
1位	・子を持つ妻 ・子を持つ55歳以上の夫 ・18歳未満の子 （1～2級の障害がある子は20歳未満）
2位	・子がいない妻 ・子がいない55歳以上の夫
3位	・55歳以上の父母
4位	・18歳未満の孫 （1～2級の障害がある孫は20歳未満）
5位	・55歳以上の祖父母

6 もらえる年金を増やす方法

自営業者やフリーランスなどの第1号被保険者の方は、サラリーマンや公務員と異なり厚生年金がないため、将来もらえる年金が手薄になりがちです。ここでは、第1号被保険者が老後の年金を増やすための制度をご紹介しますが、いずれも加入は任意です。

第1号被保険者が利用できる付加年金

付加年金は、通常の国民年金保険料に**付加保険料を上乗せすることで、将来受け取れる年金額を増やせる制度**です。

付加年金の具体的な金額は以下の通りです。

- **付加保険料：月４００円**
- **将来追加される年金額：月２００円×付加保険料を納めた月数**

付加保険料を40歳から60歳まで20年間支払った場合、支払う金額の合計は「４００円×２４０ヶ月＝９６０００円」です。この場合、1年間に受け取れる年金額は「２００円×２４０ヶ月＝４８０００円」増えることになります。

つまり、**年金を2年以上受給すれば支払った金額よりも受け取る金額の方が多くなる**お得な制度です。

付加年金を利用できるのは、主に自営業やフリーランスなどの第1号被保険者です。国民年金に上乗せする制度ですので、土台となる国民年金が未納の場合は利用できません。

付加年金と次に解説する国民年金基金は併用できませんが、付加年金とｉＤｅＣｏは併用可能となっています。

国民年金基金

国民年金基金は、iDeCoと同様、自営業者やフリーランスなどの**第1号被保険者の2階部分に相当する制度**です。

iDeCoは自分で投資先を選び、掛金を拠出して運用するので、将来受け取る年金額は運用成績によって大きく変わります。

国民年金基金は自分で運用する必要はなく、**掛金を納めれば決まった年金を受け取れる確定給付年金**です。また、国民年金基金は終身年金なので、65歳から亡くなるまでずっと年金を受け取ることができます。

国民年金基金とiDeCoの掛金は両方合併して月額68000円が限度で、どちらを選ぶかは投資リスクをどこまで許容できるかによります。

20代～30代の若い方であれば、年金受取までに30年以上運用できるので、iDeCoでインデックス投資をした方が高いリターンが期待できると思います。

● 国民年金基金とiDeCoの違い

	国民年金基金	iDeCo
年金の種類	確定給付年金	確定拠出年金
掛金	選択したプランや加入時の年齢などに応じて決定。上限はiDeCoとの合算で月68,000円。	月額5,000円以上、1,000円単位で設定。上限は国民年金基金との合算で月68,000円。
掛金の税制	掛けた金額が社会保険料控除の対象	掛けた金額が小規模企業共済等掛金控除の対象
受給期間	基本的に終身年金	一時金または有期年金
年金の受取開始時期	原則65歳	60～75歳
運用方法	自分で運用先を選ぶ必要はない	自分で運用先を選ぶ

04 iDeCoで「自分年金」を増やす

1 iDeCoの仕組みはこうなっている

iDeCo《イデコ》（個人型確定拠出年金）は私的年金の1つで、毎月の掛金を定期預金や保険、投資信託などで運用し、運用したお金を60歳以降に受け取ることができます。

iDeCoの掛金は所得控除の対象なので税金が安くなったり、投資の運用益が非課税になるといった節税効果があるのが最大の魅力です。

加入から掛金の拠出、給付までの流れ

iDeCo全体の流れについて説明します。

将来の年金は、iDeCoというお得な制度を使って、自分で運用して積み立てていきましょう！

■ステップ1 iDeCo加入

iDeCoは自分で金融機関を選んで加入手続きを行います。金融機関によって商品ラインナップや手数料が大きく異なるため、**自分に合った金融機関**を選ぶことが重要です。

■ステップ2 掛金の拠出

加入手続きが完了してiDeCo口座が開設された後は、**毎月一定の掛金を銀行預金から口座振替や給与天引きで支払います**。

掛金は月額5000円から1000円単位で設定でき、掛金の上限は加入者の社会的属性によって変わります。

iDeCoは毎月積立が基本ですが、「**年単位拠出制度**」を利用すれば掛金を拠出するタイミングや金額を1年単位で自由に設定することができます。

ただし、確定拠出年金法の改正により、2024年12月から企業年金制度に加入している会社員、公務員の方は年単位拠出が利用できなくなったので注意しましょう。

● iDeCoの加入から受取までの流れ

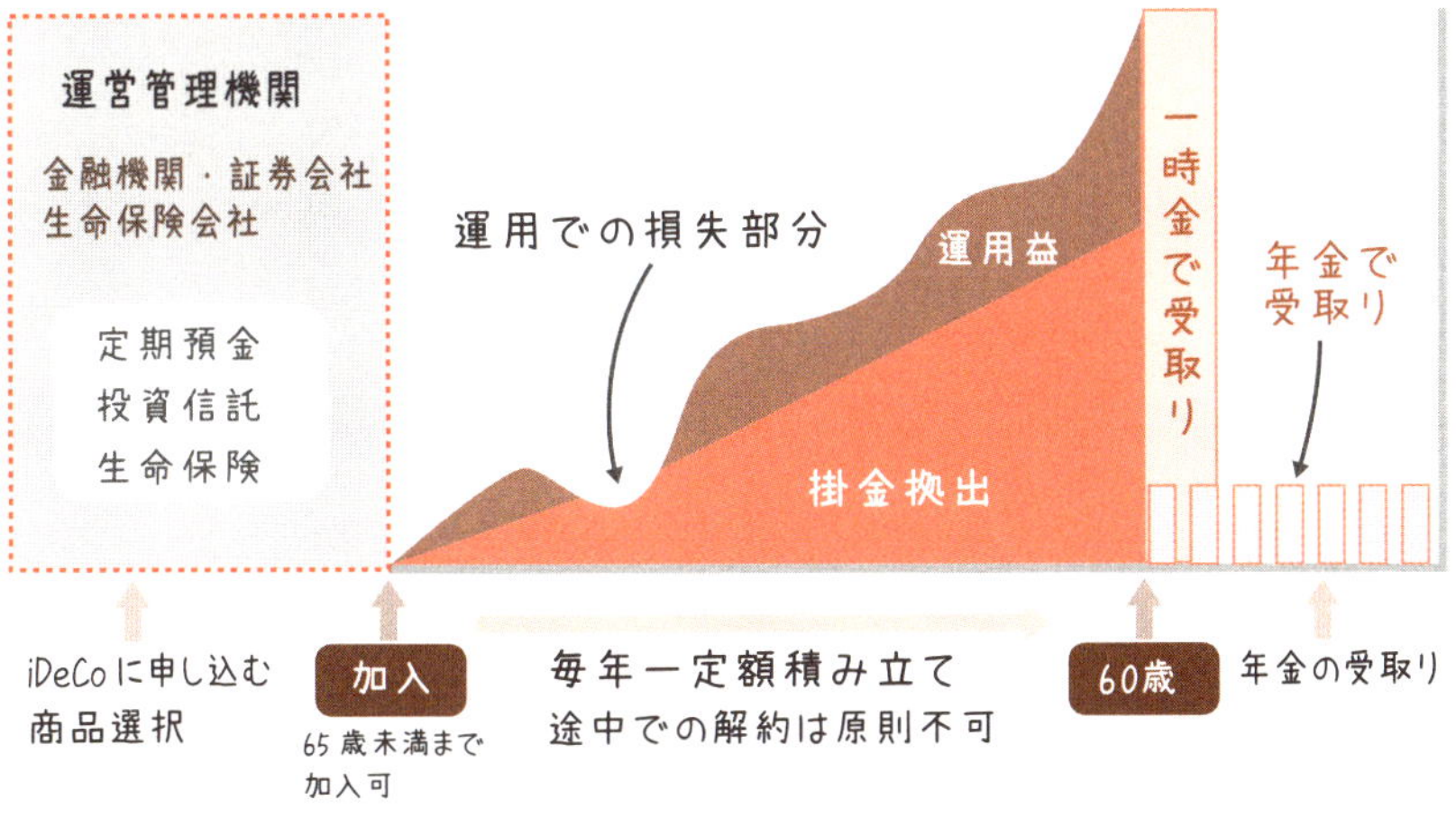

■ステップ３　掛金の運用

毎月の掛金を決めた後は、掛金をどの金融商品の購入にあてるか指定します。

iDeCoで選べる商品には、定期預金や保険などの**元本保証型の商品**と、**元本が保証されていない投資信託**があります。

1つの商品に全額投資することもできますし、複数の商品に分けて投資することも可能です。

iDeCoの運用成果は自己責任なので、ご自身のリスク許容度に応じてどの商品にいくら投資するか決めましょう。

■ステップ４　給付を受ける

iDeCoで**運用したお金を受け取れるのは60歳以降**になってからです。60歳になるまではステップ2～3の積立投資を継続することになります。

給付金の受取方式は以下の3つの中から選ぶことができます。

❶一括でまとめて受け取る「一時金」
❷分割で受け取る「年金」
❸一部を「一時金」で受け取り、残りを「年金」形式で受給

一時金受取には退職所得控除、**年金受取には公的年金等控除**が適用され、それぞれ一定の金額までは税金がかかりません。

定年退職時の退職金とｉＤｅＣｏの一時金受け取りは60歳〜65歳頃に重なることが多く、両方とも退職所得控除（２２１ページ）の対象となります。

大企業にお勤めで**退職金の金額が大きい場合**、ｉＤｅＣｏと退職金の退職所得が合算されるため、退職所得控除を大幅に上回ってしまい税金の負担が上がる可能性がある点に注意しましょう。

２０２２年にｉＤｅＣｏの制度変更があり、60歳を過ぎた後も最長75歳まで運用を継続できるようになりました。

ただし、65歳以降は新たな掛金を支払うことはできず、それまでに積み上げた資産を運用し続ける形になります。

2 ｉＤｅＣｏの加入条件は？

ｉＤｅＣｏが始まった当初は、国民年金の第１号被保険者と企業年金のない会社員しか加入できませんでした。２０１７年１月に加入条件が変更され、60歳未満のほぼ全ての現役世代が加入できるようになりました。

さらに、２０２２年10月から**加入可能年齢が60歳未満から65歳未満に引き上げられ**、企業型確定拠出年金（企業型ＤＣ）の加入者もｉＤｅＣｏに加入できるようになったため、非常に使いやすい制度になっています。

iDeCoの加入条件と掛金上限金額

iDeCoは職業や企業年金の有無によって、掛金の拠出限度額が大きく変わります（下図）。

iDeCoに加入する前に、自分がどのタイプに属するかを理解しておきましょう。

2024年12月に、企業年金に加入している会社員や公務員の拠出限度額が引き上げられましたので、その内容も含めて解説します。

第1号被保険者は自営業やフリーランスとその家族、学生などで、iDeCoの掛金の上限は**月額68000円**です。

ただし、国民年金の保険料を納めていなければiDeCoは利用できないことに注意しましょう。

第3号被保険者は会社員や公務員などの第2号被保険者に扶養されている配偶者で、月額**23000円を上限**としてiDeCoに加入でき

● iDeCoの掛金拠出限度額

加入資格		掛金
第1号被保険者	自営業者、フリーランスなど	月額6.8万円（年額81.6万円）（国民年金基金または国民年金付加保険料との合算枠）
第2号被保険者 会社員・公務員など	会社に企業年金がない会社員	月額2.3万円（年額27.6万円）
	企業型DCのみに加入している会社員 DBと企業型DCに加入している会社員 DBのみに加入している会社員	月額5.5万円ー（企業型DCの事業主掛金額＋DB等の他制度の掛金相当額）まで（ただし、月額上限は2万円まで）
	公務員など	月額2.0万円（年額24.0万円）
第3号被保険者	専業主婦（夫）	月額2.3万円（年額27.6万円）

ます。

第2号被保険者は様々なケースがあります。

会社員の場合、企業年金の有無によって掛金の上限額が変わります。**会社に企業年金がない場合、掛金の月額上限は23000円**です。

企業型DCや確定給付企業年金（DB）等に加入している場合、月額5500円から企業型DCとDB等の掛金額を引いた金額（ただし、最大20000円まで）が上限となります。

公務員の場合、掛金の月額上限は20000円です。

自分がどれに該当するか分からない場合、お勤め先の担当部門に問い合わせるとよいでしょう。

3 iDeCoのメリット

iDeCoには主に以下の4つのメリットがあります。

❶ 運用益が非課税になる
❷ 掛金が所得控除となり節税できる
❸ 一時金受取、年金受取のいずれも一定金額までは税金がかからない
❹ 商品のスイッチングが可能

運用益が非課税になる

iDeCoはNISAと同様、**投資の運用益が非課税**になります。特定口座などの課税口座の場合、投資信託の利益には20・315％の税金がかかりますが、iDeCoでは税金がかかりません。

通常なら税金として差し引かれてしまうお金も元本に上乗せして運用できるため、**長期になるほど有利**です。

iDeCoの資産は60歳以降まで引き出せないため、多くの方にとって10年～20年以上の長期運用が前提となります。

複利効果の仕組みを考えると、iDeCoの運用益が非課税であることの節税効果は非常に大きいと言えるでしょう。

掛金が所得控除となり節税できる

iDeCoの**掛金は全額が所得控除の対象**になります。つまり、iDeCoを使えば**積立投資をしながら同時に節税もできる**のです。

179ページでサラリーマンの給与と税金の仕組みについて

● iDeCoでは運用益が非課税になる

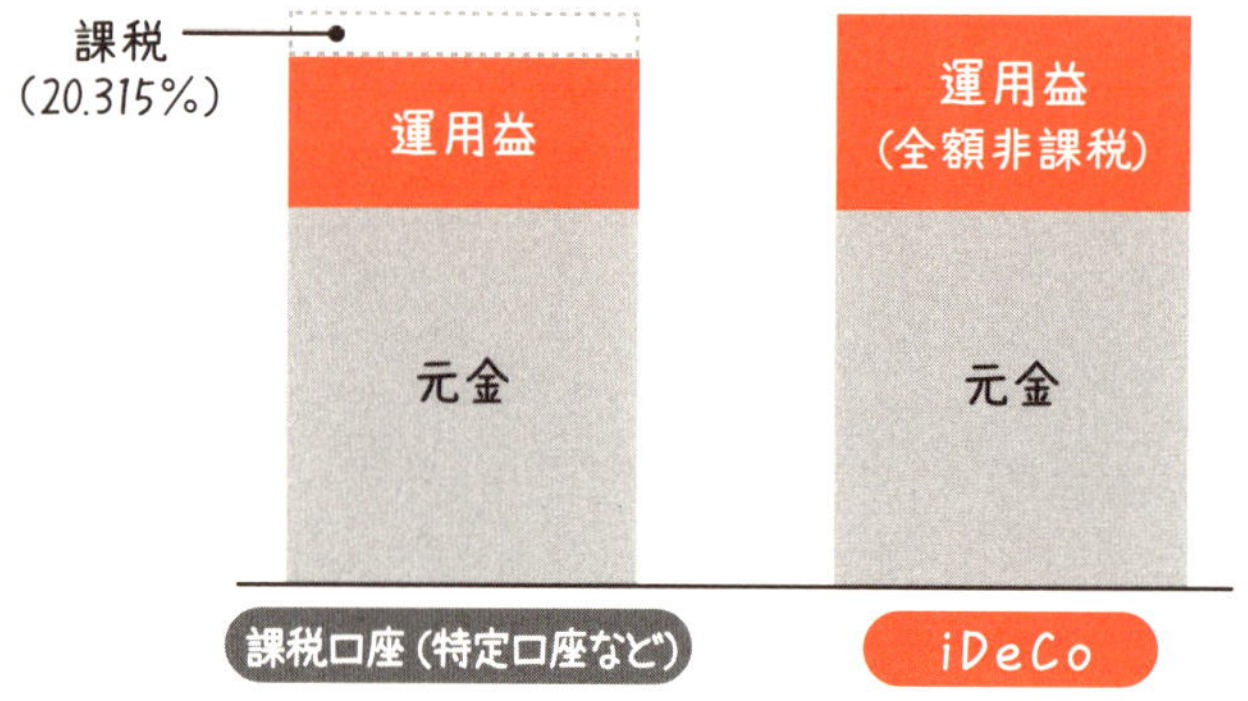

解説しました。iDeCoの掛金は「**小規模企業共済等掛金控除**」に該当し、掛金の全額が所得控除になります。

iDeCoに拠出した掛金の分、課税所得を少なくすることができるため、最終的に支払う**所得税や住民税を抑える**ことができるのです。

所得税率は課税所得とともに上がる累進課税方式のため、年収が高くて**所得が大きい人ほどiDeCoによる節税効果は大きくなります**。

一例として、所得税率が20%のサラリーマンの方が毎月23000円ずつiDeCoに拠出した場合、年間で55200円の所得税控除になります。

この節税効果は積立が終わる60歳まで毎年続き、途中で昇進・昇給した場合にはさらに節税金額が大きくなるため、トータルでは非常に大きなものになります。

商品のスイッチングが可能

NISAと異なり、iDeCoでは商品の「**スイッチング**」が可能です。

● iDeCoによる節税の仕組み

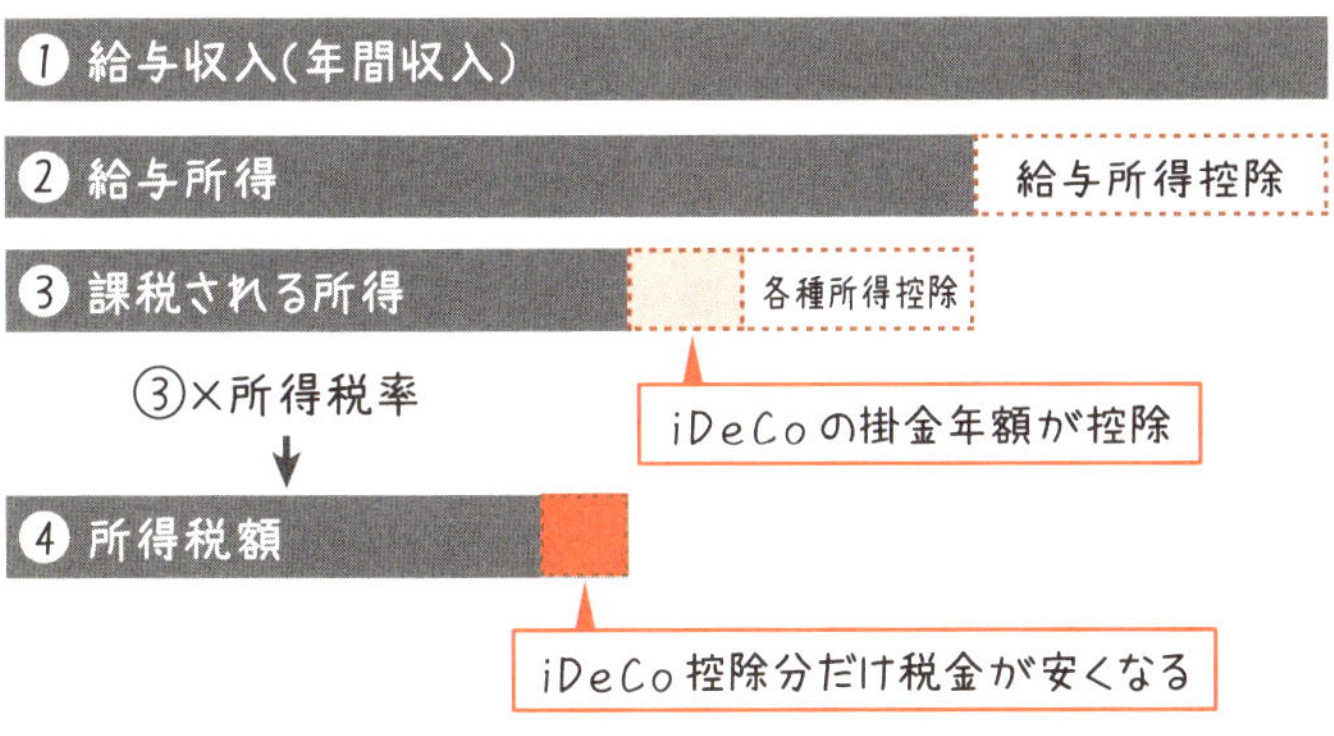

① 給与収入(年間収入)
② 給与所得
給与所得控除
③ 課税される所得
各種所得控除
③×所得税率
iDeCoの掛金年額が控除
④ 所得税額
iDeCo控除分だけ税金が安くなる

「商品Aを売却して商品Bへスイッチする」という注文を出せば、あとはiDeCo口座内で勝手に商品Aから商品Bへ預け替えられるのです。

商品Aの一部だけを売却し、売却した資金を複数の商品へ預け替えることも可能です。

iDeCoでは資産を現金のまま置いておくことはできないため、**ある商品を解約したら必ず別の商品を買う必要**があります。

iDeCoで運用しているお金は60歳以降まで引き出せませんが、元本保証の「定期預金型」の商品があるため、家計に余裕がなく**リスクを背負いたくない時期は定期預金にスイッチングする**という方法もあります。

4 iDeCoのデメリット

iDeCoの主なデメリットは以下の3点です。

❶ 60歳以降まで引き出せない

● iDeCoのスイッチングの仕組み

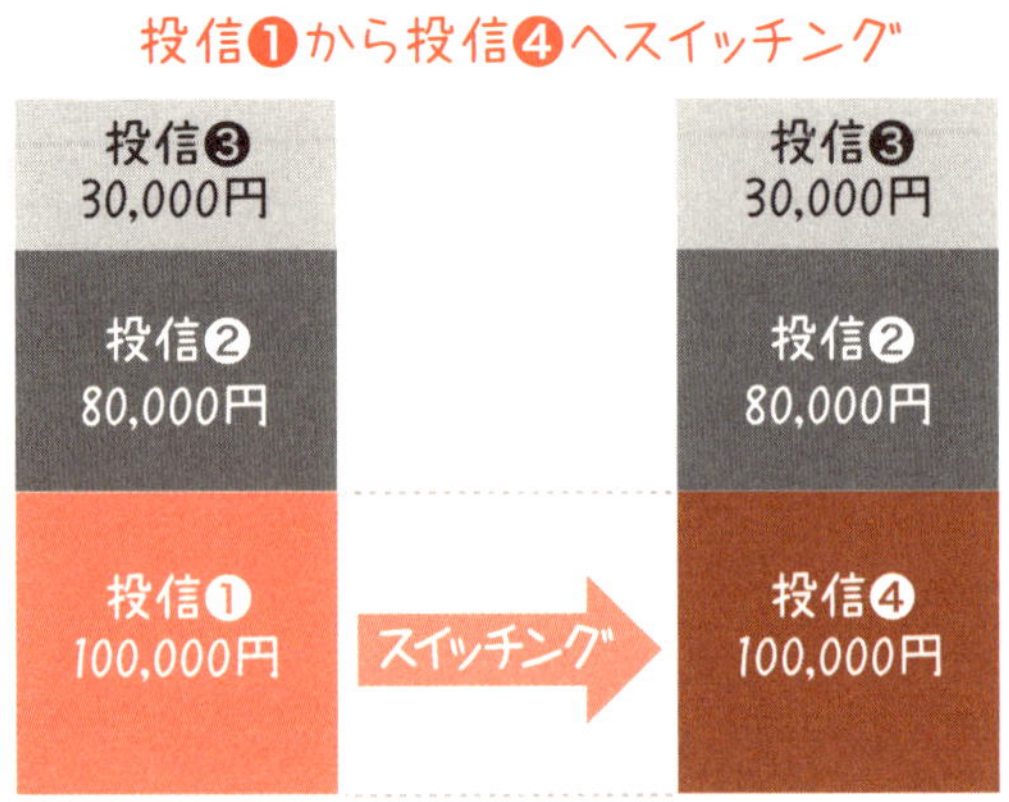

投信❶から投信❹へスイッチング
投信❸ 30,000円
投信❷ 80,000円
投信❶ 100,000円
スイッチング
投信❸ 30,000円
投信❷ 80,000円
投信❹ 100,000円

❷ 口座開設や口座管理に手数料がかかる
❸ 商品選択の幅が狭い

60歳以降まで引き出せない

iDeCoは年金なので、運用しているお金は原則60歳より前に引き出すことができません。

緊急でお金が必要になった場合、iDeCo内の商品を売却してお金を引き出すことはできないため、課税口座やNISA口座の商品を売却することになります。

このように、iDeCoは拠出した**資金が60歳まで拘束されるリスク**があるので、生活防衛資金や貯金が少ない方は注意しましょう。

ただし、資金拘束のリスクはメリットにもなりえます。

将来に向けてインデックスファンドの積立投資を始めても、途中で暴落に巻き込まれたり、お金に余裕がない月があると途中で積み立てをやめてしまう人が多いのです。

iDeCo内の商品は60歳まで引き出せないので、積立投資が

● iDeCoの受給開始は60歳から

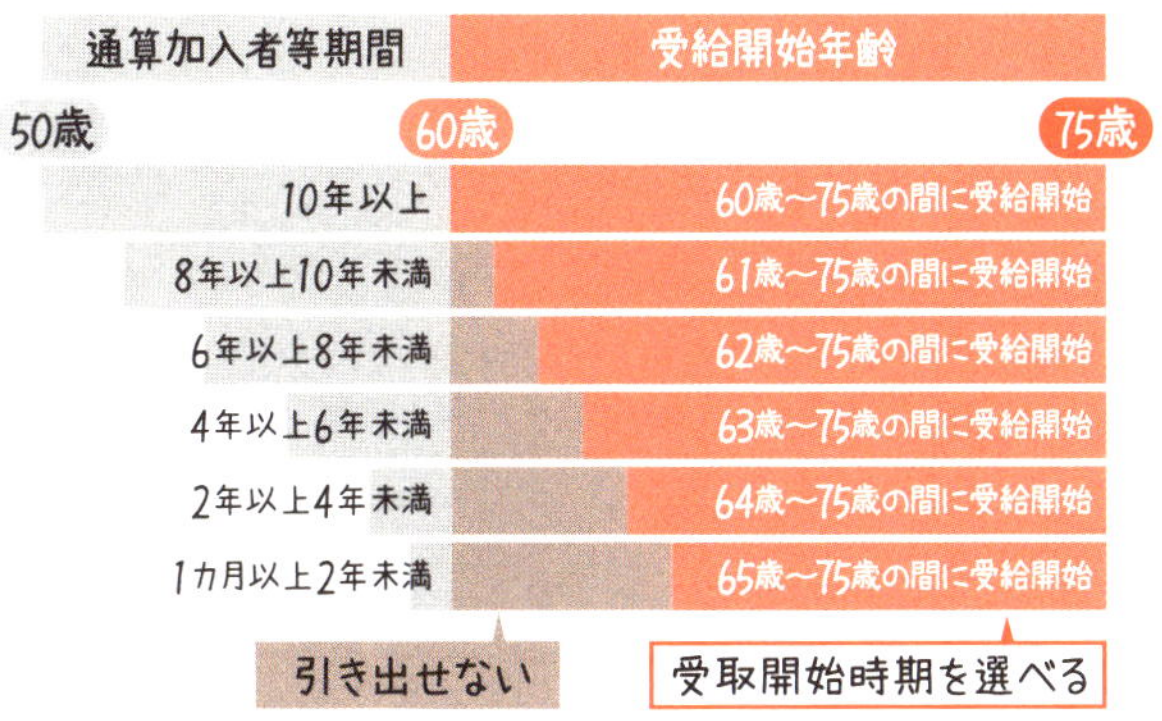
通算加入者等期間
受給開始年齢
50歳
60歳
75歳
10年以上
60歳〜75歳の間に受給開始
8年以上10年未満
61歳〜75歳の間に受給開始
6年以上8年未満
62歳〜75歳の間に受給開始
4年以上6年未満
63歳〜75歳の間に受給開始
2年以上4年未満
64歳〜75歳の間に受給開始
1カ月以上2年未満
65歳〜75歳の間に受給開始
引き出せない
受取開始時期を選べる

苦手な方でも強制的に投資を継続できる仕組みとして上手に使うこともできます。

口座開設や口座管理の手数料

特定口座やＮＩＳＡ口座と異なり、iDeCoは**加入時、加入後、給付時にかかる手数料**があります。

■加入時の口座開設手数料

iDeCoに加入する時に、国民年金基金連合会に口座開設の手数料２８２９円を支払う必要があります。この２８２９円は各社共通ですが、一部の運営管理機関ではプラスの手数料が発生する場合がありますので注意しましょう。

■加入している間の口座管理手数料

iDeCo加入後にずっと継続してかかるのが口座管理手数料です。

毎月、**国民年金基金連合会、事務委託**

●iDeCoの各種手数料、支払先

手数料の名称	金額（税込み）	支払い回数・時期	支払先
加入・移換時手数料	2,829円	最初の1回だけ支払う	国民年金基金連合会
加入者手数料	毎月105円（年1,260円）	1回の拠出につき105円。年1回の拠出なら年間105円で済む	国民年金基金連合会
事務手数料	毎月66円（年792円）	資産管理業務に支払う毎月かかる手数料	事務委託先の信託銀行など
運営管理手数料	0〜418円	原則、毎月支払う	金融機関
給付手数料	440円	給付受取のたびにかかる。一括で受け取れば440円のみ。年金として分割受取では給付手数料はかさむ	事務委託先の信託銀行など
還付手数料	1,048円	加入資格のない月に拠出された掛金や限度額以上に掛金を支払ったときに還付されるときの手数料	国民年金基金連合会
移換時手数料	4,400円	他の金融機関に移換、企業型確定拠出年金に移換する際にかかる手数料（一部金融機関のみ）	金融機関

先金融機関、運営管理機関の3つに対して所定の手数料がかかります。

3つのうち、国民年金基金連合会に支払う手数料は月額105円、事務委託先金融機関に支払う手数料は月額66円と決まっています。

運営管理機関に支払う手数料によってトータルの口座管理手数料が変わってきますので、安いコストで運用できる金融機関を選ぶようにしましょう。

SBI証券、楽天証券、マネックス証券では、運営管理機関の手数料が0円なので、口座管理手数料は最安の月額171円で運用することができます。

給付時の手数料

運用してきたお金を受け取る時、**1回の振込あたり440円の手数料**がかかります。一括で受け取れば440円で済みますが、年金方式を選んで分割で受け取ると給付手数料がかさむので注意しましょう。

口座移換時の手数料

他の金融機関に資産を移す場合、移換時手数料がかかることがあります。SBI証券、楽天証券、マネックス証券の場合は4400円となっています。

商品選択の幅が狭い

iDeCoは運用商品の上限が35までと定められているため、選べる商品の幅が狭くなります。

元本が保証された定期預金や保険型の商品を除いて、リスク資産の中では投資信託しか選べず、

個別株やETFへの投資はできません。アクティブファンドを選ぶこともできますが、手数料が割高になるため、長期投資には不向きです。

若い方がiDeCoを始める場合、20年～30年以上の長期運用となるので、他の資産と比べてリターンが高い株式を中心に投資するのがおすすめです。

eMAXIS Slimシリーズなど、業界最安水準の低コストで運用できる**株式インデックスファンドの積立投資**を続けるのがよいでしょう。

5 iDeCoを積極的に活用すべき人は？

iDeCoを積極的に活用すべきなのは、以下の条件に当てはまる方です。

❶ 自営業やフリーランスの人
❷ 高収入で所得が多い人
❸ 若年で、老後に向けて強制的に貯蓄や投資をしたい人

自営業やフリーランスの人

自営業やフリーランスなどの第1号被保険者の場合、**iDeCoの掛金の上限金額が月額**

68000円と圧倒的に高いです。iDeCoの掛金は全額が所得控除の対象になりますので、掛金が多ければ得られる節税効果も大きくなります。

iDeCoで運用している資産は60歳まで引き出せない点に注意が必要ですが、高収入のフリーランスの方は積極的に活用すべきです。

自営業者やフリーランスの場合、ほとんどの方が国民年金にしか加入していません。会社員や公務員のように厚生年金による上積みがないので、老齢基礎年金が満額支給されたとしても年間816000円（令和6年度）しか給付されません。

さらに、自営業の場合は退職金もないので、老後のお金を自ら用意しておく必要性が高く、iDeCoに最も向いていると言えるでしょう。

高収入で所得が多い人

高収入で課税所得金額が多い人は所得税率が上がるため、同じ掛金であってもiDeCoの節税効果が大きくなります。

また、支出管理を心がければ、収入が多い人ほど毎月投資に回せる金額も大きくなるため、NISAだけでなくiDeCoも使って非課税枠を最大限に活用したほうがよいでしょう。

若年で、老後に向けて強制的に貯蓄や投資をしたい人

iDeCoを株式インデックスファンドで運用する場合、運用期間が短いと元本割れのリスクが

高くなります。

株式インデックスファンドの積立投資の場合、投資リターンを安定させるには20年以上続けるのが望ましいので、**20代～30代の若い頃から開始した方がよい**でしょう。**現在50代後半の方**はiDeCoを利用できる期間が短く、**節税メリットが少ないうえ元本割れのリスクも高くなるので注意**しましょう。

毎月の貯蓄や積立投資がなかなか続けられないという方は、60歳まで引き出せないというiDeCoの特徴を利用し、強制的に貯蓄や投資するチャンスに変えてしまうのもよいでしょう。

7時限目

転職、副業、スキルシェア、働いてお金を稼ぐ

働いて収入を増やす方法には、転職、スキルアップ、副業、スキルシェア、個人事業などがあります！

01 人的資本を育て年収を増やそう

1 あなたの市場価値を高める人的資本とは？

人的資本とは、人が持つスキルや知識、能力を資本として捉える考え方です。人的資本は、教育や研修、日々の業務を通じて育てることができます。

企業側は人材を育てるのに時間やお金を投資しているので、人的資本が高い人は会社にとって辞めて欲しくない人材となり、会社内の立場や給料も高くなる傾向があります。

また、他社から見れば人材をゼロから育てる労力やコストがかかりませんので、**人的資本が高い人は転職市場における市場価値も高くなります**。

年収を増やすためには、自分のスキルアップをはかり市場価値を上げて転職する、労働時間を増やす、副業するなどの方法があります！

世の中はお金が全てではないので、給料が高くなくても自分の好きな仕事ができていれば幸せという考え方もあるでしょう。

しかし、結婚して家庭を持ち、子どもが生まれれば、独身の頃とは異なり自分の家族に安心かつ不自由ない生活を提供する社会的責任が生じます。

貴重な時間を使って勉強や研修を積むならば、年収アップに繋がる方向に努力した方がよいでしょう。

そのためには、目的や目標を決めずにやみくもに頑張るのではなく、**年収を増やすための正しい方法**を知り、正しい方向に向かって努力をするべきです。

2 年収を増やす3つの方法

私たちが年収を増やすための主な戦略は次の3つです。

- スキルアップと転職
- 労働時間を増やす
- 副業をする

● 人的資本とは

人的資本
人が持つスキル、知識等を資本として捉え、
教育、研修等を通じて育て、価値を高める
教育、研修等
人的資源
人材をコストとして捉え、
今の価値のまま消費・管理する

正社員か非正規社員か、月給制が時給制か、会社が人材育成に力を入れているか、残業や休日出勤があるか、などによって自分に最適な戦略が変わってきます。

年収を増やす王道はスキルアップと転職

年収を増やす王道は、自分の本業を通じて知識や技術を蓄え、**スキルアップして自分の市場価値を高めていく方法**です。

20代~30代の方で、社内研修や人材育成に力を入れている企業に就職している人は、この方法が最も確実で努力が報われやすいです。

昔ながらの終身雇用制度や年功序列は徐々に崩れてきており、近年は日本でも**成果主義を導入する企業が増えています**。

仕事の成果や成績によって昇給や昇格が決まる厳しい世界ですが、会社への貢献度が高ければ若い頃からステップアップが望めるので、自主的に学習したりスキルアップに励むモチベーションの高い人には向いています。

本業での努力が将来の年収アップに繋がるか否かを知るために、次の2点を検討しましょう。

> **❶ 自分の会社の業務内容が成長産業に属しているか**
> **❷ 社内での仕事内容やスキルは転職市場での需要があるか**

成長産業で努力する

現代は世界情勢や経済情勢の変化が激しく、特に競争の激しいIT関連では企業の寿命も昔と比べてかなり短くなっています。今絶好調に見える会社であっても、10年後には没落して影も形も無くなっている可能性が十分にあるのです。

変化の激しい時代において将来を正確に見通すのは困難ですが、自分の勤めている企業の業務内容が成長産業に属しているかどうかはチェックすべきです。

年々市場規模が小さくなり、**衰退していく斜陽産業に属している場合、どんなに優れた会社でも業績を維持するのは難しくなる**からです。

成長産業は競争も激しいですが、人材やスキルへの需要も大きいので、きちんと努力して適切なタイミングで転職をすれば**大幅な年収アップが期待**できます。

医療・福祉、公務員などエッセンシャルワーカーに従事する

エッセンシャルワーカーと呼ばれる、医療や福祉、農業や林業、公共交通機関、公務員、教育者などの**日常生活を維持するのに欠かせない仕事に従事する**のも1つの方法です。

これらの業種は流行り廃りが少なく、不況下でも人材需要が落ち込みにくい傾向があります。

成長産業のような競争の激しい世界で戦い続けるのは自分には不向きと感じる方は、社会機能の維持に欠かせない業種を選び、ゆっくり時間をかけて知識やスキルを蓄えるのもよいでしょう。

転職市場における市場価値を知る

世の中には多種多様な資格やスキルがありますが、どの資格でもやみくもに取得すればよいわ

けではありません。

資格やスキルを年収アップに繋げるためには、**転職市場での需要を事前に調べる**ことが重要です。資格やスキルの中には、取得難易度が高いのに年収アップに繋がらないものと、取得難易度のわりに需要が大きく年収アップに繋がりやすいものがあるからです。

会社での日常の業務内容に近く、転職市場での需要が大きく年収アップに繋がりやすい資格があれば理想です。転職に有利な資格を他の人と比べて少ない時間や労力で取得できる可能性があるので、ぜひチャレンジしてみましょう。

また、1つ1つの資格やスキルには希少性がなくても、3つや4つなど複数取得することで貴重な人材になれる可能性があります。様々な業務内容にそつなく対応してくれる人材というのは、いつの時代でも一定の需要があるからです。

このように、自分の市場価値を高める方法は様々なので、これまでの自分の職歴や資格、スキル、実績などを棚卸して、自分に合った戦略を考えてみましょう。

労働時間を増やす──即効性ある年収アップ

年収を増やす2つ目の方法は**労働時間を増やす**ことで、**パート職など固定時給で働いている人に有効な方法**になります。

人間の体力には限りがありますし、プライベートな時間も必要ですので、労働時間を増やすには限界があります。

長期的には勤続年数や業績とともに労働単価が上がっていく仕事が理想ですが、短期的には労働時間を増やすことが年収アップの即効性の高い方法です。

労働時間を増やす方法が向いているのは、

- **特別なスキルはないけれど、今すぐ年収を上げる必要がある**
- **子育てに余裕ができたので、もう少し働きたい**
- **貯蓄や投資に回すお金を少しでも増やしたい**

といった人たちです。

近年は長時間労働が悪とされる風潮が強いですが、若くて心身ともに健康なうちに、自分の判断でたくさん働いてたくさんお金を稼ぐのは何も悪いことではありません。

副業で年収アップ——空き時間を有効活用

年収を増やす3つ目の方法は**副業**です。

インターネットの普及により、個人が自由に物やサービスを売れる時代になりました。

副業をすることで、**会社に頼らずに自分の力でお金を稼ぐ力を身につける**ことができれば、生涯にわたって大きな武器になります。

一方で、副業はゼロから全て自分で用意する必要があるので、始めるのは簡単でも安定して稼ぐのは意外に難しいです。

サラリーマンは、自分の思ったとおりの成果が出なかった月でも安定した給料が保証されています。会社が用意してくれた仕組みに沿って、与えられた内容の仕事をすれば一定の給料が保証されているというのは、実はサラリーマンの最大の強みです。

副業の場合、特に始めたばかりの頃は、自分が努力して成果を出し続けない限り収入がゼロに近いことも多いです。

このように、副業に夢を見過ぎるのは禁物ですが、**空き時間を有効活用してお金を稼げる**のは大きな魅力です。

仮に副業で成功しなくても、本業をきちんと頑張っていれば毎日の生活は保障されているため、時間や体力に余裕があり、会社側が副業に寛容であればチャレンジしてみるとよいでしょう。

02 副業で収入を増やそう

1 自分に合った副業の選び方

インターネットの普及により、副業を始めるのは簡単な時代になりましたが、副業で長く稼ぎ続けている人はごく一部です。副業で稼げるようになるまでには多くの時間や労力がかかりますので、はじめに**自分に合った副業を選ぶことが重要**です。

自分の本業との相性が大事！

副業選びの1つ目のポイントは、**自分の本業との相性**です。本業で文章を書くことが多く、文章力に自信がある人であれば、ライティングやブログなどが向いています。

ネットを活用すれば副業が簡単に始められる時代です！自分に合った稼げる副業を見つけてみましょう！

写真撮影に自信があればInstagramなどのＳＮＳがよいですし、動画編集に自信があればYouTubeなども魅力的です。

副業は本業と違って業務内容を自由に選べるので、**本業で培った知識やスキルを活かし、自分の強みを発揮できる分野を選ぶことが重要**です。

作業を続けるのが苦痛でないこと

副業選びの２つ目のポイントは、**作業を続けるのが苦痛でない**ことです。

初めから簡単に稼げる副業は存在せず、副業を収益化するには膨大な量の地味な作業をこなす必要があります。

単純作業の中には、文章を書く、データ入力をする、ＳＮＳでこまめに情報発信をするなど様々なものがありますが、自分が長時間作業しても苦にならないものを選ぶとよいでしょう。

逆に、初めから収益化を狙い過ぎると、収益が落ちた時にモチベーションが低下して単純作業に耐えられず、やめてしまう確率が高くなります。

ストック型のビジネスを選ぶ

副業選びの３つ目のポイントは、フロー型ではなく**ストック型のビジネスを選ぶ**ことです。

フロー型とは報酬が単発の仕事のことで、やった分だけ報酬が上がるので短期的な収入を得やすいのが特徴ですが、自分が働くのをやめると報酬がゼロになってしまいます。

フロー型は時間の切り売りとなり、稼ぎ続けるには自分の労力を投入し続ける必要があるため、慢性的な時間不足に悩まされる可能性があります。

一方、ストック型とはブログやYouTubeのように、**収益を得る流れを構築して継続して収益を得るビジネス**のことです。

収益を得る流れを構築するために知識やスキル、ノウハウが必要で、収益化までに相当な時間と労力がかかるのがデメリットです。しかし、集客力を高めて収益を生む流れを作ってしまえば、その後は少ない労力で持続的にお金を稼げるようになります。

本業を続けたまま副業を始めるのであれば、収益化までに時間がかかっても問題ないことが多いため、長期的な視点に立ちストック型ビジネスに挑戦することをおすすめします。

2 副業にはどんな業種がある？

せどり（メルカリ）

せどりとは、仕入れた商品を仕入れ値よりも高い価格で再販す

● フロー型とストック型ビジネスの違い

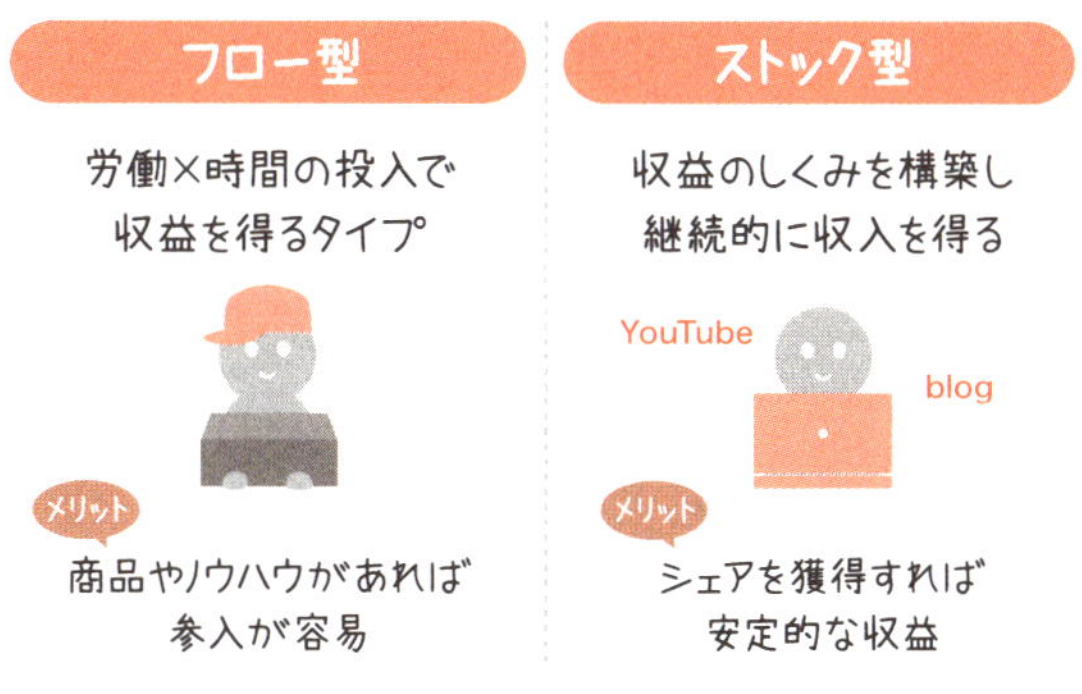
フロー型
労働×時間の投入で
収益を得るタイプ
メリット
商品やノウハウがあれば
参入が容易
ストック型
収益のしくみを構築し
継続的に収入を得る
YouTube
blog
メリット
シェアを獲得すれば
安定的な収益

ることで利益を得るビジネスです。

初期費用がかからず手軽に始められるのが魅力で、自分の得意なジャンルや知識がある場合は有利になります。

個人が小規模で始める場合、**メルカリなどのフリーマーケットサービス**を使うのが一般的です。アカウント作成から出品、発送などの一連の業務のやり方があらかじめ準備されているため、スマホ一台あれば誰でもすぐに開始できます。

一方で、**せどり**は仕入れに一定の元手がかかるうえ、商品が売れ残った場合は損失に直結するリスクがあります。

本業が多忙な人の場合、仕入れや発送にかかる時間や労力も考慮する必要があるでしょう。

メルカリなどの登場で参入障壁が低くなった分、ほぼ全てのジャンルで多くのライバルが存在するため、**元々物販が好きでコツコツ取り組める人に向いている副業**です。

● せどりの仕組み

ライティング（ブログ）

ライティングは、**インターネット環境と文章力があればすぐに始められる副業**です。

個人がブログなどのメディア媒体を持つのも広く普及しており、特定の専門に特化したブログの中には月に何百万回も読まれているものがあります。

ブログを通じて企業案件を引き受け、業務内容を広げていくことができれば、大幅な収入アップを狙えるのが魅力です。

一方で、ライティングは誰でもすぐに始められる分、ライバルが多く、特に初期の頃は単価が低い案件ばかりなので、安定して稼げるようになるにはかなりの時間と労力がかかります。

本業で文章を書く機会が多く文章力に自信がある人や、他人にはない珍しい専門性を持った人に向いている副業です。

アフィリエイト

アフィリエイトとは、**企業の広告をブログやSNSなどのメディアに掲載し、条件を達成すると報酬が受け取れるビジネス**です。**Amazonアソシエイトや楽天アフィリエイト**のように、自分がおすすめする商品の広告を載せて紹介し、実際にその商品が売れた時に報酬が得られる物販アフィリエイトは比較的簡単に始められます。

また、**Google Adsense**のように、自社サイトやブログにバナーやテキスト広告を表示して、広告がク

● アフィリエイトの仕組み

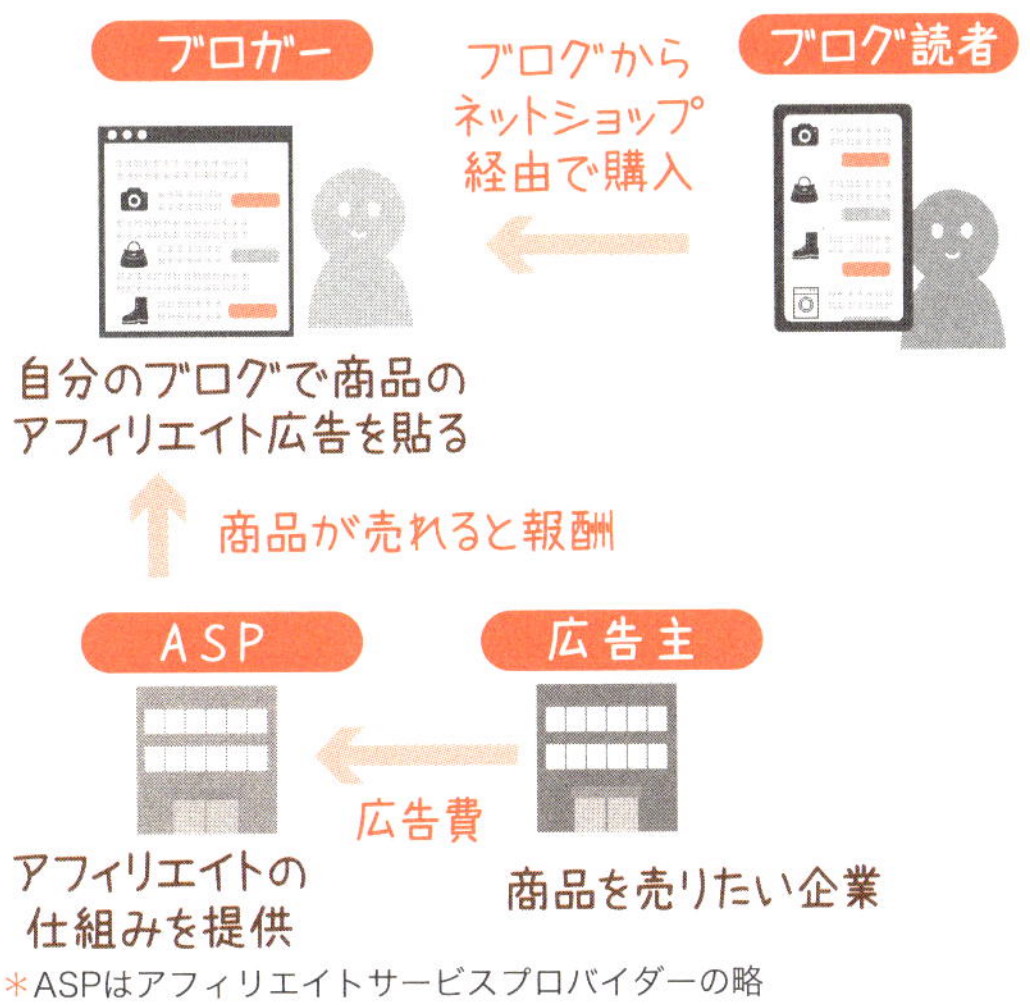

＊ASPはアフィリエイトサービスプロバイダーの略

リックされると報酬が得られるタイプも導入しやすく人気があります。

企業から直接アフィリエイト案件を引き受けて稼ぐためには、より多くの人に見てもらう必要があるため、**集客力のあるブログやSNSが必須**となります。

ブログやＳＮＳの普及によってライバルも多いですが、自分の得意分野があり、文章や写真などで情報発信をするのが好きな人におすすめです。

動画配信、動画編集（YouTube）

YouTubeやTikTokなどの動画プラットフォームの台頭により、個人が動画配信をしたり、動画編集スキルを活かしてお金を稼ぐのが一般的になりました。

トップクラスの動画配信者や動画編集者は、サラリーマンでは到底稼げないほどの高収入を稼いでおり、小学生のなりたい職業ランキングの上位にYouTuberがランクインするほど夢のある職業として認知されています。

一方で、動画配信や動画編集はスキルを身につけるまでに時間がかかることが多く、**収益化までのハードルが高いのがデメリット**です。

チームで大掛かりに取り組む場合、クライアントとの打ち合わせなどコミュニケーションスキルや、納期をきちんと守る修正力なども求められます。

本業で動画編集業務に携わっている人や、元々クリエイティブな作業が好きな人に向いている副業です。

コンテンツ販売（note）

noteなど、ブログより手軽に始められる**コンテンツ販売プラットフォーム**も普及しています。執筆や編集の専門知識が無くても、誰でもすぐに記事を公開し、有料化して販売できるのが魅力です。

noteの場合、ブログのようにSEO（検索エンジン最適化）を活用して検索エンジンで上位表示させて集客するなどの戦略やカスタマイズの幅は狭いです。よって、noteにいくら有益なコンテンツを載せても、**他のSNSなどと連携させて集客しなければ誰にも読んだり買ってもらえない**可能性があります。

noteに限らず、集客面ではXやInstagramなどのSNSが欠かせない存在になっているため、SNSマーケティングを学ぶのは多くの副業で有効です。

配達業（Uber Eats）

Uber Eats配達員などのフードデリバリーは、好きな時にいつでも働ける副業として人気があります。

自分の好きなタイミングで好きなだけ働ける副業というのは貴重で、**隙間時間を有効活用できる**のが魅力です。一人で黙々と取り組む仕事なので余計な人間関係に悩まされることもなく、運動不足が解消できるなど健康面のメリットもあります。

配達依頼が多い都市部でなければ稼げないというデメリットもありますが、体力に自信があって今すぐ取り組める副業を探しているという人におすすめです。

3 副業を会社にばれないようにするには?

副業そのものは違法ではありませんが、**勤務先の企業によっては就業規則や社内規程などで副業を禁止しているケース**があります。その場合、副業がばれると減給や降格などの懲戒処分が下される可能性があるので注意しましょう。

会社で副業が禁止されてはいないものの公にしづらい事情がある場合は、**住民税の納付方法に注意することが重要**です。

サラリーマンなどの給与所得者の場合、副業など給与所得以外の所得の年間合計額が20万円以下であれば確定申告は不要とされており、所得税はかかりません。

しかし、住民税は前年の総収入をもとに計算されるため、副業で少しでも収入が増えればその分だけ住民税は高くなります。副業の規模が小さく、副業所得が20万円以下でも住民税の申告は必要なのです。

住民税の納め方には「**普通徴収**」と「**特別徴収**」があります。

会社員の場合、原則として勤務先が年間所得を取りまとめ、従業員が住む地方自治体に給与から天引きして住民税を納めます。これを「特別徴収」と言います。

サラリーマンの場合は特別徴収が原則なので、勤務先の会社は従業員の住民税額を正確に把握できます。

副業などで自社の給与以外の収入がある場合、住民税の金額が変動するため副業が会社にばれてしまう可能性があるのです。

副業を会社にばれないようにするためには、**副業の確定申告を行う時に、住民税の徴収方法で「普通徴収」を選ぶことが重要**です。

確定申告書には、「**給与・公的年金等以外の所得に係る住民税の徴収方法**」という欄があり、ここで「**自分で納付**」を選べば、副業所得にかかる住民税は普通徴収となります。

普通徴収を選ぶと、副業分の住民税は自宅に納税通知書が郵送されて自分で納める形になり、給与所得にかかる住民税だけが特別徴収されます。

副業によって増えた住民税を会社が把握できなくなるため、副業がばれにくくなるという仕組みです。

● 住民税の特別徴収と普通徴収の違い

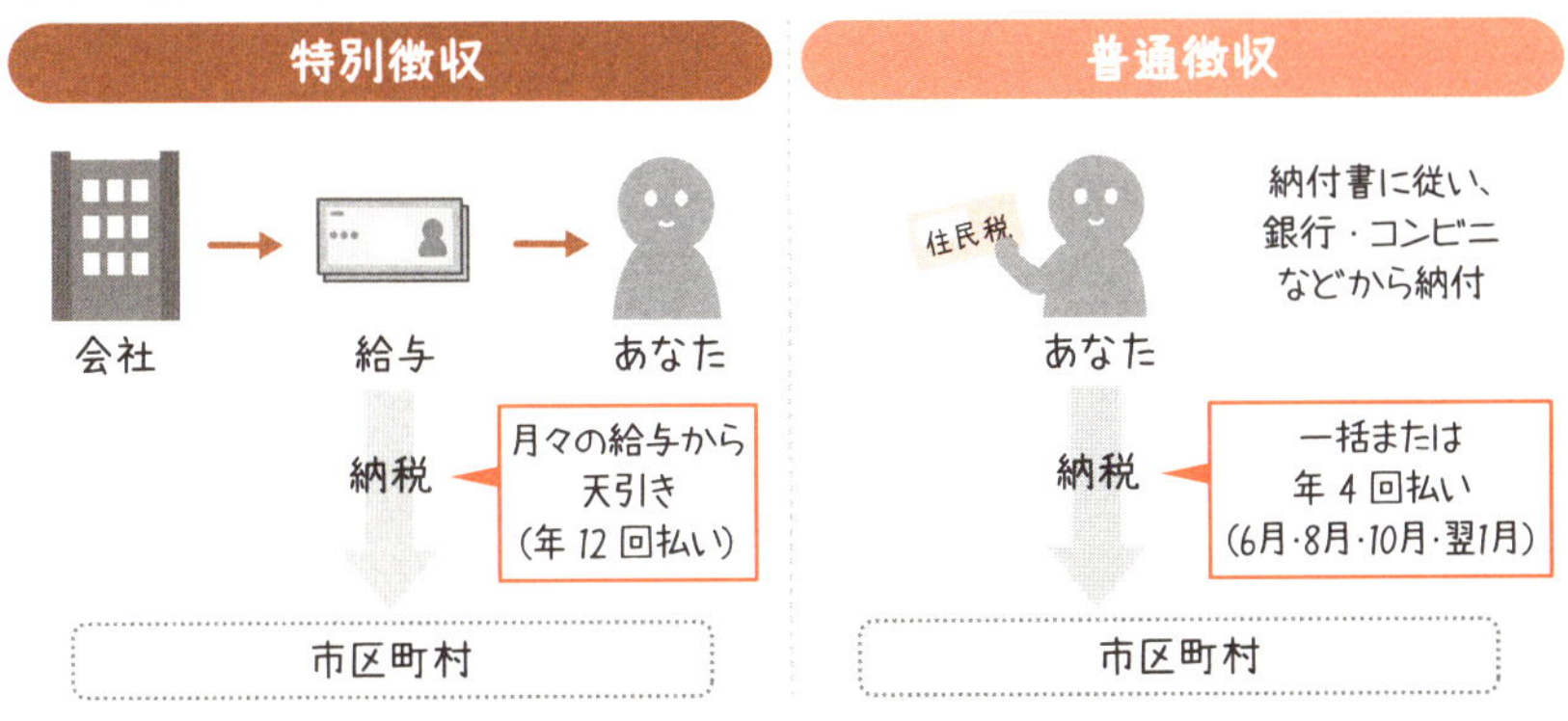

● 確定申告で「普通徴収（自分で納付）」を選択しよう

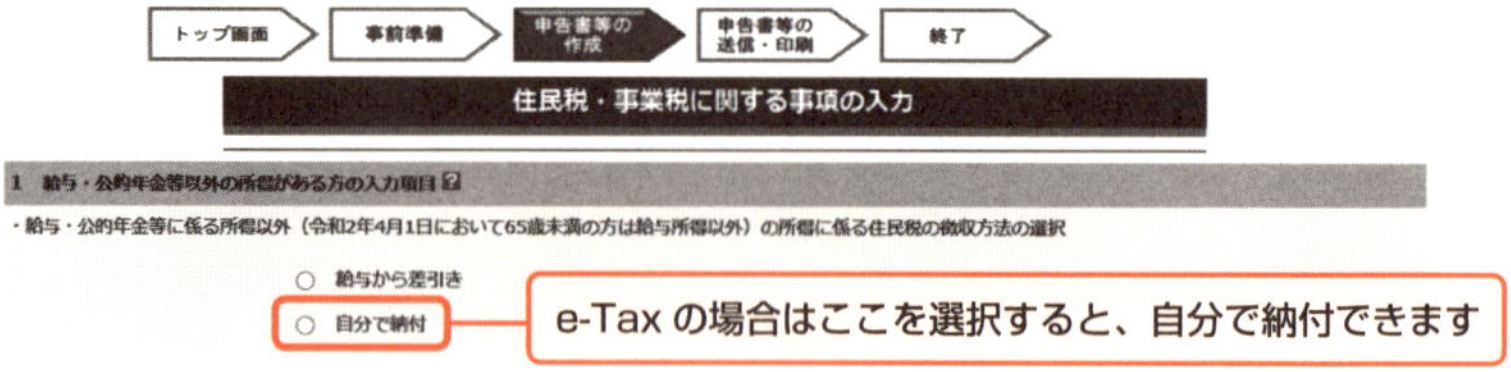

・確定申告 B

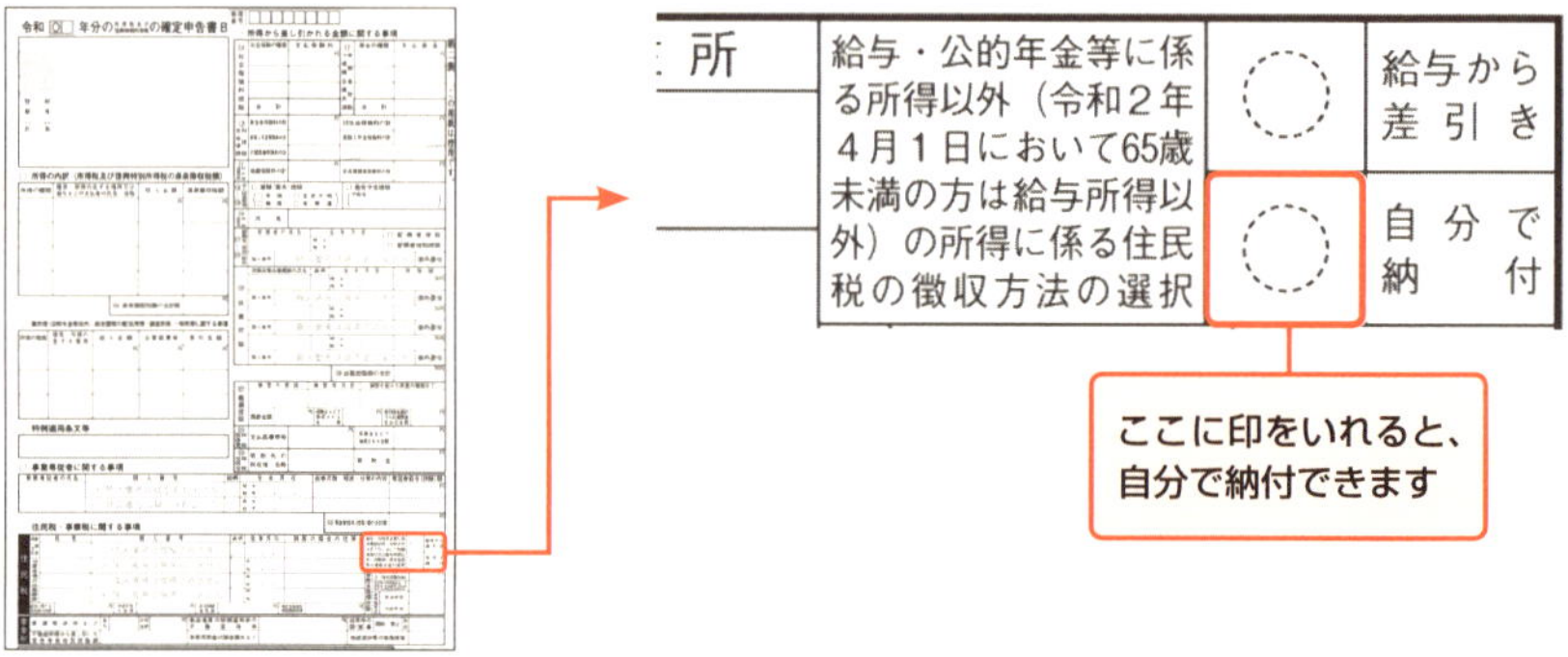

・確定申告 A

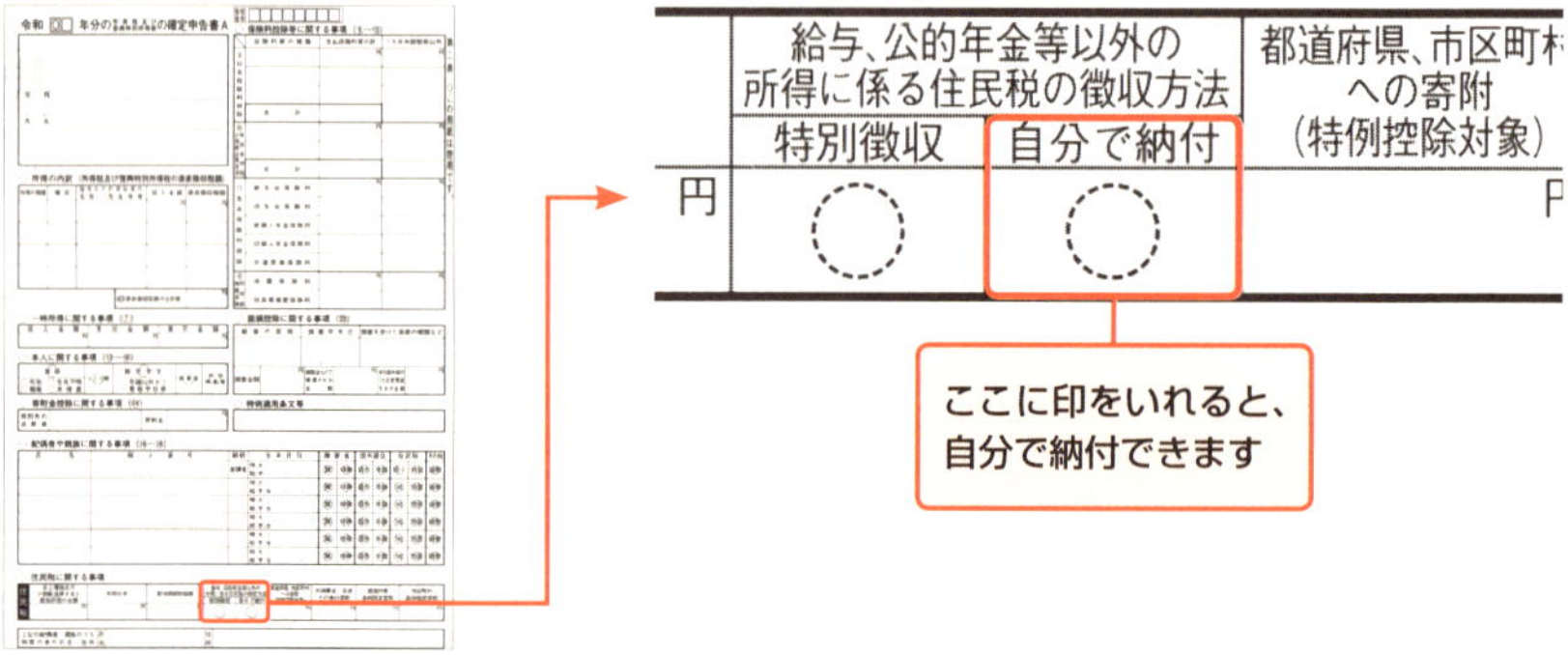

03 自分の専門性をアピールして仕事を得るスキルシェア

1 スキルシェアとは?

スキルシェアとは、**自分が持っている専門的なスキルやノウハウを他人と共有し、報酬を得る**ことを指します。

私たちスキル提供者と、そのスキルを必要としている企業の**マッチングをサポートするスキルシェア・プラットフォーム**が増え、以前と比べてスキルシェアで報酬を得るのは簡単になりました。

スキルシェアの対象はどんどん拡大しており、専門技術や特別な資格がなくても、趣味や特技レベルのスキルシェアが可能になっています。

写真や動画撮影、動画編集、ライティング、プログラミングなど

得意な仕事のスキルをネットのマッチングサービスでアピールして仕事を得るのがスキルシェアサービスです!

のデジタル系が最も多いですが、それ以外にも料理や掃除、育児、ペットの世話などの家事スキルや、英会話やオンラインレッスンなど、様々なスキルを提供して報酬を得ることができます。

スキルシェアのメリットは、**自分の好きな時間に自分の得意なことでお金を稼げる自由度の高さ**です。

プラットフォームの利用手数料が発生しますが、ゼロからビジネスを立ち上げる手間や労力を省けるため、**初期投資が不要**なのが魅力です。

ただし、スキルシェアは個人が自由に登録できるものが多く、人によってサービスのレベルや質に大きな差があります。

納期が守られなかったり、注文者が期待したレベルに届かなかったなどの理由でトラブルもありますので、事故やトラブルが起こった時の対処方法や補償制度が充実しているサービスを選ぶとよいでしょう。

● スキルシェアサービスの仕組み

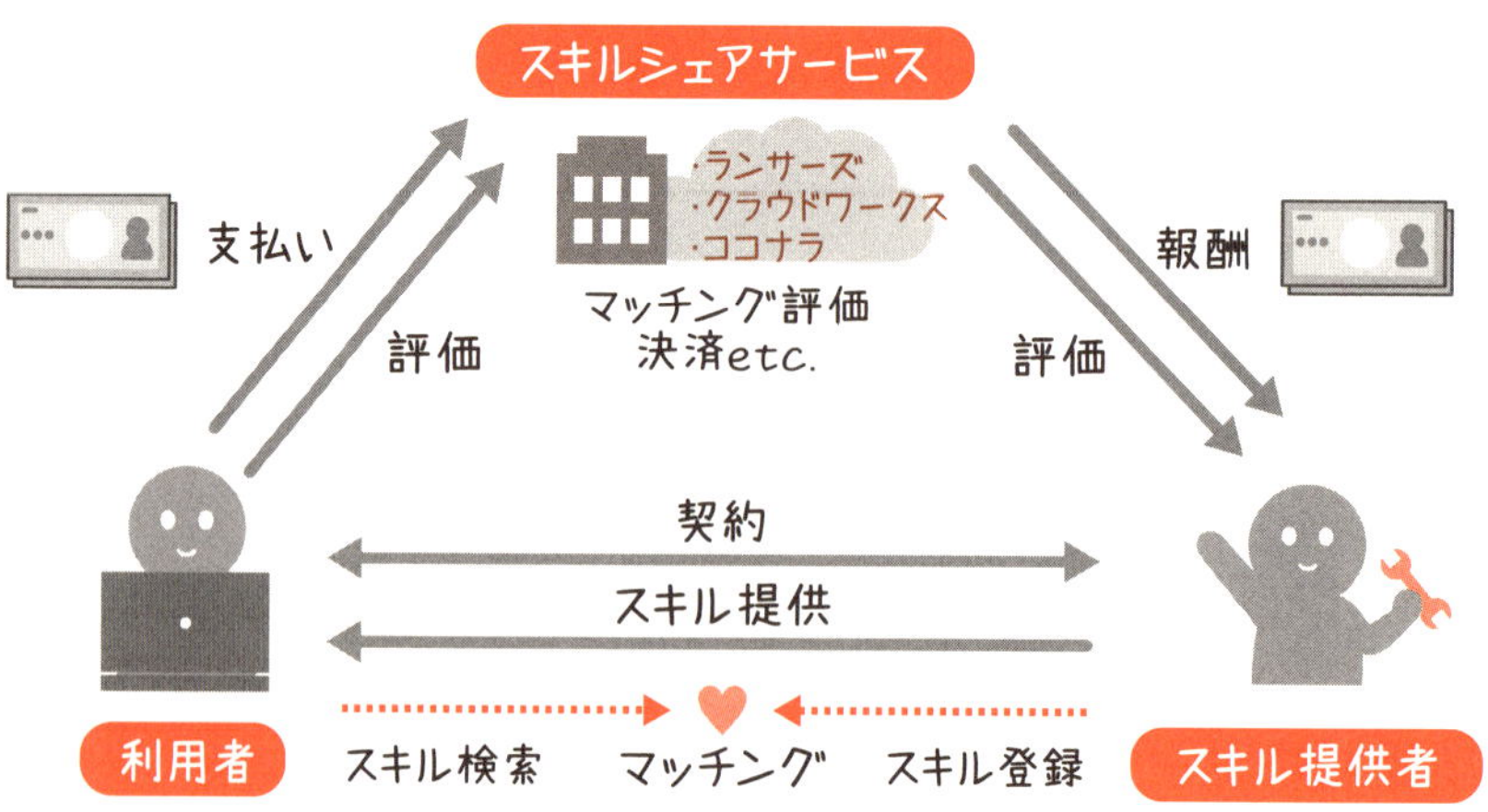

[主なスキルシェアサービス]

▪ランサーズ
ランサーズは、ユーザー数が200万人を超える日本最大級のクラウドソーシングサービスです。取り扱っている仕事の内容はウェブデザインやプログラミング、Webサイト制作、写真や動画編集、翻訳やライティングなど多岐にわたります。初心者向けの案件は単価が低いものが多いですが、簡単に取り組めるものもあるので探してみましょう。

▪クラウドワークス
クラウドワークスは、ランサーズとならぶ日本最大級のクラウドソーシングサービスです。案件数が多いのが特徴で、アンケートやデータ入力など未経験者でも受注できる案件が豊富です。専門的なスキルがない方は、ランサーズやクラウドワークスなど案件の数やジャンルが豊富なサービスから始めてみるとよいでしょう。

▪ココナラ
ココナラは、自分のスキルを気軽に売り買いできるスキルシェアサービスです。仕事のカテゴリが450種類以上と多く、イラストやWebサイト制作、動画作成などのIT系だけでなく、占いや悩み相談など趣味レベルのスキルでもシェアできるのが特徴です。ココナラは相談から見積もり、購入まで1つのプラットフォーム上で行うので、常に運営側に相談できる安心感があります。

▪シェアフル
シェアフルは、隙間時間を使ってアルバイトをしたい人のためのスキルシェアサービスです。「スキマ時間を価値に変える」をモットーに、1日単位で働ける求人を豊富に取り揃えています。履歴書の準備や面接が不要で、アプリから働きたい条件の求人を探し、応募すればすぐに働けるのが魅力です。自分の空いている日にちを登録しておけば、その日に働ける求人を紹介してもらえるのも便利です。

▪タスカジ
タスカジは、家事や育児などのハウスキーピングに特化したスキルシェアサービスです。掃除、料理、買い物、洗濯、整理収納などの中から、得意な家事を選んで仕事ができます。サービス提供範囲は首都圏と関西圏、福岡市周辺などに限られますが、家事スキルを活かして副業をしたい方におすすめです。

▪MOSH
MOSHはヨガやフィットネス、コーチングなどのオンラインスクール開催に適したサービスです。スマホ1台で簡単におしゃれなホームページが作成できる機能や、回数券を発行したり月額サブスク化してコンテンツを配信できるなど集客機能が豊富です。Zoom連携などの予約管理機能も充実しており、初心者でも簡単にオンラインレッスンを始めることができます。

2 クラウドソーシング

スキルシェアと似たものに「クラウドソーシング」があります。

クラウドソーシングは、発注する個人や企業が依頼したい業務と単価を設定し、その仕事をしたい人が応募する流れになります。

スキルシェアはスキルを売りたい人が主体となって自分のスキルを売り込みますが、クラウドソーシングは**先に仕事の内容や単価が決まっている**というのが主な違いです。

● クラウドソーシングの仕組み

発注企業
クラウドソーシング会社
個人が受注
・仕事を依頼
・報酬の支払い
・成果物の確認
マッチングサイト
受注の方法
・プロジェクト方式
・コンペ形式
・タスク形式
・応募、エントリー
・仕事の受注
・納品
・報酬を得る

04 副業から個人事業主へ お得な制度もあります！

1 副業が軌道に乗ったら個人事業主へ

副業が軌道に乗って安定した収入が得られるようになったら、個人事業主になることを検討しましょう。

個人事業主になることで**青色申告などの節税メリット**が得られるうえ、個人事業主として事業を運営すること自体がビジネスマンとしてのスキルアップにつながるからです。

個人事業主になるための手続き

個人事業主になるには、**所轄の税務署へ開業届（個人事業の開業・廃業等届出書）の提出**が必要です。

はじめた副業がうまくいって、そこそこの収入が定期的に得られるようになったら、個人事業主として活動するという選択肢もあります！

税務署に個人事業主として認められるには、一時的な雑所得ではなく、**継続的な事業所得を得ている必要**があります。

また、公務員は法律で禁止されているため個人事業主にはなれません。

青色申告で納税するための手続き

確定申告を青色申告にするため、**開業届と一緒に青色申告承認申請書を提出**しましょう。

確定申告を青色申告にするためには、青色申告承認申請書をその年の3月15日までに提出する必要があります。

青色申告で確定申告を行うと、**最大で65万円の所得控除**が受けられたり、家族や従業員に支払った給与を必要経費にできるなどの節税メリットがあります。

青色申告をする場合、日々の記帳や確定申告の書類が複雑になりますが、**会計ソフトを上手に活用**すれば対応可能です。

会計処理に自信がない場合は税理士に相談しましょう。

サラリーマンの副業は就業規則をチェック！

● 個人事業主になるメリット、デメリット

個人事業主になるメリット	個人事業主になるデメリット
・青色申告ができる	・確定申告の手間がかかる
・独立・起業につながる	・失業保険を受け取れない
・経費計上ができる	・自由な時間が減る
・屋号名で銀行口座が作れる	
・給付金の申請がしやすくなる	

サラリーマンの副業の場合、副業そのものや副業内容が会社の就業規則に違反していないか確認が必要です。会社によっては**副業許可申請書などが必要なケースもある**ため、社内のルールを確認しましょう。

2 経費を上手に活用しよう

個人事業主の所得の多くは事業所得に該当し、**事業所得は収入から必要経費を差し引く**ことが認められています。

必要経費とは、事業を営むのに必要な支出のことで、仕事で使うパソコンの購入費や、事業用の携帯料金、事業に関連する書籍や文房具などの購入費などが該当します。

個人事業主の場合は事業とプライベートの境界が曖昧なことも多いですが、事業との関連性が明確ではないものは経費計上できませんので注意しましょう。

また、副業収入が事業所得の場合、副業収入が赤字であれば、**本業の給与所得と損益通算**して課税所得を減らすことができます。

このように、個人事業主はサラリーマンと異なり、青色申告控除や経費を上手に活用することで事業所得を抑えられるのがメリットです。

3 小規模企業共済を活用しよう

小規模企業共済は、個人事業主や小規模企業の経営者が、事業をやめたり退職した後の生活資金をあらかじめ準備しておく共済制度です。

掛金は毎月1000円から7万円の範囲内で500円単位で自由に積立でき、**全額が所得控除**になるので大きな節税効果があります。**共済金は退職や廃業時に受け取り可能**で、受け取り方は「一括」「分割」「一括と分割の併用」から選べます。

一括受け取りの場合は**退職所得扱い**に、分割受け取りの場合は**公的年金等の雑所得扱い**になり、それぞれ退職所得控除、公的年金等控除が適用されるため、**受け取り時にも税制メリット**があります。

また、小規模企業共済の加入者は、払い込んだ掛金の範囲内で事業資金などの**低金利の貸付制度**を利用できます。

小規模企業共済のデメリット

小規模企業共済のデメリットは、納付期間が20年未満で任意解約

● 小規模企業共済のメリット、デメリット

小規模企業共済のメリット	小規模企業共済のデメリット
・掛金の所得控除による節税効果 ・受け取り方法の選択が可能 (一括 or 分割 or 一括・分割併用) ・専従者も加入ができる (個人事業主の場合) ・貸付制度もある	・加入期間20年未満の解約は元本割れのリスクがある ・受け取り時に課税がされる (一定金額までは控除あり) ・12ヵ月以内に解約すると掛け捨てになる

してしまうと**元本割れのリスク**があることです。

ただし、個人事業主が廃業した場合は任意解約には該当せず、共済金を受け取ることができます。

また、共済金を一括で受け取る場合は退職所得になるため、iDeCoの一時金と重なった場合などは、**退職所得控除の枠を大きく超えて課税される**可能性があります。

小規模企業共済とiDeCoの併用

小規模企業共済とiDeCoは併用でき、どちらも掛金が全額所得控除されるため、両方とも活用すれば大きな節税メリットがあります。

このように、副業を安定した個人事業に育てるには相当な時間と労力がかかりますが、個人事業主にはサラリーマンでは得られない節税メリットが多数存在するため、もし成功すれば資産形成が一気に加速します。

世界一《せかいいち》やさしい　お金の教科書《きょうかしょ》　1年生《ねんせい》

2025年 4月30日　初版第1刷発行

著　者　Dr. ちゅり男
発行人　柳澤淳一
編集人　久保田賢二
発行所　株式会社　ソーテック社
〒102-0072 東京都千代田区飯田橋 4-9-5　スギタビル 4F
電話：注文専用　03-3262-5320
FAX：　03-3262-5326
印刷所　TOPPAN クロレ株式会社

本書の全部または一部を、株式会社ソーテック社および著者の承諾を得ずに無断で複写（コピー）することは、著作権法上での例外を除き禁じられています。
製本には十分注意をしておりますが、万一、乱丁・落丁などの不良品がございましたら「販売部」宛にお送りください。送料は小社負担にてお取り替えいたします。

©Dr.Churio 2025, Printed in Japan
ISBN978-4-8007-2140-2